速讀
國貿
實務 精華

◄ 最好吸收的國貿問答錦集 ►

淡水商工資深教師
黃振瑩

康寧大學董事
商學系副教授
童中儀

國立臺北商業大學
王有康　合著

五南圖書出版公司 印行

序

　　台灣經濟成長高度依賴對外貿易，本書配合最新國際貿易實務分析探討一國進出口業者與國外從事貿易往來時，對交易條件、貿易實際作業流程等應具備的各種專業綜合知識，凡對國際貿易有興趣者，本書能提升大家對國際貿易各種基本常識與專業知識水準，在政府部門、國營事業及民間國貿相關行列參與服務並進而參與國際貿易大會考及貿易經營師專業認證考試。國際貿易交易，從買賣雙方初步接洽開始，經報價、接受、訂約，開狀、保險、運送、交貨、通關、付款為止，其間會經歷相當一定的流程。本書由國貿基本概念著手，按序編排，參考ICC國際商會原文字意與解釋，將最新國貿實務議題按序以問答、名詞方式彙編，無形中替讀者節省許多摸索時間。本書刻意與市面上多數學生使用的國貿實務教科書作市場區隔，以國貿實務問答方式，使各行業各領域讀者都能透過閱讀本書快速掌握國際貿易、押匯銀行、報關行、保險公司、船務或空運公司等實際互動情況。相較於一般市面上國貿實務教材，考量國貿新規瞬息萬變，本書融入最新貿易慣例、貿易法規、商品貨物買賣契約、信用狀種類、外幣買賣與匯率、運輸契約及保險契約、貨物包裝、檢驗公證、貨物裝卸、通關完稅、開立商業發票、匯票、產地證明書、貿易仲裁及案例分析等均納入其中。此外，本書將最新國貿專有名詞。例如：eUCP1.1、ISBP745、UCP600、Incoterms 2010、GHS包裝、RoHS、美方337條款、ADR、SGS、

PSI、貿易便捷化協定（TFA）、Berth term、DOCDEX等最新國貿專有名詞均納入其中，包括Incoterms 2010，不同貿易條件之買賣雙方權利、義務、風險、費用負擔等規定。使讀者能以最少時間獲得最大效率。尤其目前台灣大學、成功大學、中國大陸高校及國內外金融外匯與進出口部門均將「國際貿易實務」列為重要研讀科目。

　　本書花費三年付梓，也期盼這本書的誕生能讓更多有志跨足國際市場從事經貿工作的讀者因為本書而花費最少時間，一次全盤掌握最新國際貿易實務全貌。

作者　王有康　童中儀　黃振瑩　於台北 2018.2

目錄

Fumigation certificate、GHS 包裝、Branding、Neutral Packing、Allowance Clause、國際標準銀行實務 ISBP 之 Packing 規定與 RVC 貨品原產地計算之介紹。

第 5 章　商品檢驗與公證　99

本章主要介紹國際貿易商品檢驗有哪些應注意事項？有哪些檢驗機構？商品驗貨的時間與地點為何？以及國際貿易公證的種類、國際貿易商品公證費用的計算。專有名詞 SGS、RoHS 檢驗與 PSI（Pre-Shipment　Inspection）之解釋、台灣一般商品進口檢驗逐批檢驗之程序等。

第 6 章　貨櫃船運輸　113

本章內容主要介紹貨櫃船（Container Ship）的優缺點、對運送人與託運人的效益、貨櫃船的種類、整櫃裝載（FCL）、併櫃裝載（LCL）CY 與 CFS 的差異、貨櫃材積之計算，介紹專有名詞 Shipper's Load & Count Clause 與 C-TPAT 等。

第 7 章　貿易報價與完稅價格　125

本章主要介紹國際間常用的貿易報價與完稅條件，海關課徵進口稅及貨物營業稅之方式、商港服務費、推廣貿易服務費、CIF selling price、FOB selling price、國際貿易商品之採購成本、退稅、核算 W/M（weight or measurement）、DPV 完稅價格、AD Friends、邊境障礙（at-the-border barriers）等。

業給貨主的提單）之關係、信用狀統一慣例 UCP 600 有關複合運送與航空運送轉運的規定、Air Consignment Note、空運之計價方式等。

第 12 章　付款　215

本章內容主要在介紹國際貿易之匯付作業模式，包括 T/T、M/T、D/D，國際貿易託收作業模式、遠期信用狀買斷（Forfaiting）、O/A 與 D/A、假託收、國際擔保函慣例、遠期付款交單（USANCE D/P）、Debit Note、預付款擔保函（advance payment standby）等。

第 13 章　信用狀類型　237

本章主要重點內容包括：信用狀（L/C）、L/C 的關係人、信用狀統一慣例之效力、UCP600 有關國際貿易信用狀轉讓內容、國際標準銀行實務（ISBP）。Deferred Payment L/C 與 Usance L/C、GN Form L/C 與 RE Form L/C，eUCP1.1、ISBP745、綠條款信用狀、保證函（Letter of Guarantee）、Stand-by L/C、假遠期信用狀（Usance Credit Payable at Sight）、Soft Clause L/C 等名詞之介紹。

第 14 章　UCP 600　269

本章主要內容重點包括信用狀真偽之判斷、第一受益人辦理信用狀轉讓時應否表明保留修改之拒絕權、UCP600 有關信用狀修改之規定、UCP600 有關讓購與保兌及日期定義、UCP600 有關條瑕疵單據、拋棄及通知之內容、UCP600 有關銀行間補償之規定、

UCP600 電傳及預告信用狀、信用狀以不同幣別表示是否違反信用
狀統一慣例等。

本章內容主要包括信用狀審單實務範例,有郵遞信用狀各欄的內
容、以 SWIFT 簽發之信用狀電文主要內容、國際貿易信用狀中英
文詞表述翻譯範例等。

本章內容重點在於介紹台灣審核貨品稅則分類及退關處理之規定、
D8 報單進儲物流中心、報關人與關稅局之業務、海關應驗、免驗
及抽驗之規定、優惠關稅產地證明 Form A、C1,C2,C3 之三種方式
通關、貨物通關自動化,進口報單與出口報單種類、高峰關稅 (Tariff
Peak) ,關稅外配額 (out-quota) ,零對零關稅削減等。

本章內容重點包括:國際貿易雙方當事人聲請以仲裁方式解決商務
爭議之方式、商務仲裁特性、仲裁人選定方式、仲裁人的資格與不
得為仲裁人之情形、我國仲裁判斷效力、外國仲裁判斷效力、商
務仲裁的優點,商務仲裁強制執行之規範、世界主要仲裁機構、
DOCDEX Rules No.811 等。

本章內容重點主要包括國際貿易索賠的意義及其發生的原因、運

輸索賠及其損害通知與期限、國際貿易保險索賠應如何處理、貿易條件的解釋規則、《漢堡規則》與《海牙規則》的適用範圍、索賠與訴訟時效的差異、隱藏性貿易限制（Disguised Trade Restriction）、可控訴補貼等相關名詞介紹。

第1章　國際貿易基本觀念

1 何謂國際貿易（international trade）？

所謂國際貿易是指跨國之間貨品、服務與生產要素的交換活動。依交易標的型態區分為：

1. 有形貿易（visible trade）

指有實體型態的商品交易，例如：原料、半製品、製成品、機器設備與商品等買賣。傳統國際貿易多數屬有形貿易。

2. 無形貿易（invisible trade）

指交易標的物並無實體型態，例如：運輸、保險、金融、電信、商標、專利等。

2 何謂出口貿易與進口貿易？

依商品的移轉方向可區分為：

1. 出口貿易（export trade）

商品或服務由本國輸出到國外市場，又稱為輸出貿易或外銷，例如：哥倫比亞或巴西以出口咖啡為其大宗。

2. 進口貿易（import trade）

將國外的商品或服務輸入本國市場，稱為進口貿易，又稱為輸入貿易。例如：台灣本身不生產小麥，而從美國或澳洲進口小麥。

3 何謂轉口貿易與過境貿易？

1. 轉口貿易（intermediary trade）

是指商品消費國與商品生產國通過第三國進行的貿易活動，商品的生產國把商品賣給第三國（或地區）的商人，然後第三國（或地區）的商人再把商品賣給眞正的商品消費國，此種貿易型態對商品生產國與消費國來說是間接貿易（indirect trade），對第三國（或地區）來說是轉口貿易。轉口貿易大多發生於有政治考量、三角貿易或多角貿易的情況。

2. 過境貿易（transit trade）

過境貿易是指它國出口貨物通過本國國境，未經加工，在保持原狀態下運往另一國的貿易活動。可分爲直接過境貿易與間接過境貿易兩種，例如：內陸國甲國與其不相鄰之乙國間的商品貿易，必須通過第三國境內，對於第三國的海關來說，會把此類貿易歸爲過境貿易，此乃直接過境貿易。但是，假設商品是經由航空運輸飛越第三國領空的話，第三國海關並不會將此筆列爲過境貿易，此稱爲間接過境貿易。

3. 兩者的差異

轉口貿易與過境貿易的區別，在於轉口貿易乃商品的所有權先從生產國出口商那邊運到第三國（或地區）中間商人手中，然後由中間商再將該商品轉到最終消費該商品的進口國進口商手上。但是在過境貿易情況下，商品所有權無須向第三國商人進行轉移。

4 何謂轉換貿易（switch trade）？

1. 爲間接貿易的一種。

2. 爲輸出與輸入國廠商直接訂立買賣契約，貨物運送亦由輸出國直接運送到輸入國，但是貨物的清算由第三國業者辦理融通。

3. 轉換貿易適用於外幣取得有限制的國家。

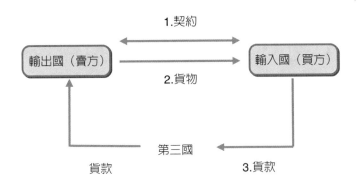

5　何謂對銷貿易（counter trade）？

　　對銷貿易，又稱爲「反向貿易」、「互抵貿易」、「對等貿易」或「易貨」。

　　一般包括易貨、記帳貿易、互購、產品回購、轉手貿易等屬於以貨物與服務作爲支付方式，而不是以貨幣現匯方式支付的進出口貿易總稱。惟此類貿易在會計記帳時，仍然以貨幣作爲價值尺度。

6　國際商會的功能性質。

　　國際商會（International Chamber of Commerce, ICC）是美國商業會於1919年所建議成立的組織，1920年總部設於法國巴黎，成立宗旨在謀求世界各國商會合作，改善國際貿易，協調統一制定國際

貿易慣例及規則，如國貿條規（INCOTERMS 2010）、信用狀統一慣例（UCP600）、國際標準銀行實務（ISBP）等，增進各國商業團體之聯繫與互助。國際商會每兩年在主要會員國召開總會，其下設有各種技術委員會。

7 美國「301條款」與「306條款監督國家」的內容為何？

1. 美國「301條款」包括「普通301條款」（針對自由流通貿易）、「特別301條款」（針對智慧財產權保護）與「超級301條款」（針對巨額公共工程或採購案）。

2. 美國貿易代表署（USTR）所指「特別301條款」國家又分為優先指定國家（priority foreign country）、優先觀察名單（priority watch list）與一般觀察名單（watch list），美國會在公告後六個月內對優先指定國家展開調查並進行諮商，若不能達成協議再決定貿易報復措施；「優先觀察名單」與「一般觀察名單」國家不會面臨立即報復措施或要求諮商。

3. 除了「優先指定國家」名單外，基本上被列入「特別301條款」的國家，對美貿易尚不致產生立即性的衝擊。

4. 相較於「特別301條款」，被列為「306條款監督國家」可視為美國將實施貿易報復的「最後通牒」國家，根據美國貿易法規定，只要美國判定未遵守雙邊智財權保護協定，即被列為「306條款監督國家」，一旦被列為此一等級，美國即可不經由調查，直接對違反國家發動貿易報復措施。

8 OEM-ODM-OBM的內容為何？

1. OEM（Original Equipment Manufacturing，簡稱委託代工）是指運用充裕勞動力提供國際市場上所需要的產品製造、組裝等委託代工服務。
2. ODM（Own Designing & Manufacturing，簡稱設計加工）是指不僅生產並包括設計加工。
3. 廠商嘗試建立自有品牌（OBM，Own Branding & Manufacturing），直接經營市場，稱為OBM。
4. 承接OEM的廠商根據OEM買主提供的產品規格與完整的細部設計，進行產品代工組裝，並依據OEM買主指定的形式交貨。
5. 承接ODM的廠商以自行設計的產品爭取買主訂單，並以買主的品牌出貨。

9 台灣輸出入貨品分類號列（C.C.C. Code）的內容為何？

1. 台灣目前採行的輸出入貨品分類號列，是以HS商品分類之前6位數，另在其後再加兩碼成為8位碼，以供海關課徵關稅與管制貿易之基準，此即為海關進口稅則號別；另於8碼後再加兩碼成為10位碼，供政府統計號別使用，其後再加1碼供電腦檢核之用；此11碼即是「中華民國商品標準分類號列（Standard Classification of Commodities of The Republic of China），簡稱C.C.C. Code」。
2. 台灣對進出口貨品原產地之認定基準，係以原材料經加工或製造後所產生之貨品，其商品標準分類前6碼是否因此改變，或經過加工已完成的重要製程或附加價值是否超過35%。

3. 目前全部進口貨物分為准許類、管制類、禁止類三種。

10　世界貿易組織（WTO）的功能與特色。

1. 世界貿易組織（World Trade Organization，簡稱WTO）是當今全球最重要的國際經貿組織之一，截至2017年共計有164個會員，含括了全球97%的貿易。透過與聯合國及各個專業性國際組織如國際貨幣基金、世界銀行、世界關務組織、世界智慧財產權組織等的密切合作，WTO為全世界國際經貿規範最重要的多邊貿易體系。

2. 利用WTO爭端解決機制，解決紛爭：會員國與各WTO會員國的貿易爭端，可透過WTO貿易爭端解決機制處理；各會員不可不遵守規範而任意對會員國產品課徵不合理關稅或片面限制會員國產品輸入。

3. 我國自2002年起，正式加入世界貿易組織（WTO）成為會員國。

4. 服務業貿易總協定（GATS）為WTO大會下的服務貿易理事會之工作小組。

5. WTO的杜哈回合談判於10年前開始，惟由於開發中國家和已開發國家未能在減少農業補貼和降低工業關稅的立場上調和，以致2008年7月，正式宣告破局。

11　何謂RCEP？

　　區域全面經濟夥伴關係（Regional Comprehensive Economic Partnership，簡稱RCEP），始於2011年11月第19屆東協高峰會，是由東協十國發起，與中國、日本、南韓、澳大利亞、紐西蘭、

印度共同籌組「10+6」，意即東協十國加六國，透過削減關稅及非關稅壁壘，建立16國統一市場自由貿易協定。RCEP設立貿易談判委員會轄下有三個主要工作部門：商品、服務以及投資。與TPP比較，RCEP開放程度沒那麼高，主要以90～95%的貨品涵蓋範圍為目標，會談內容包括服務貿易、投資、經濟與技術合作、智慧財產權、競爭政策、爭端解決等議題。RCEP可說囊括了所有亞洲國家，目前只剩下台灣與北韓未加入。

12 何謂TPP？

跨太平洋夥伴關係協議（Trans-Pacific Partnership Agreement，簡稱TPP）是2006年由新加坡、汶萊、智利與紐西蘭啟動的自由貿易協定，之後美國、澳大利亞、越南、馬來西亞以及秘魯、墨西哥、加拿大、日本先後加入談判。TPP要求100%廢除關稅，其內容比自由貿易協定（FTA）更為廣泛，自由化程度亦更高。除消除關稅等貿易壁壘外，還包括實現人員、資金流動的自由化、維護智慧財產權，改善經營環境、原產地規則、政府採購與貿易求濟等內容。是一個綜合性的自由貿易協定。美國總統川普於2017年1月23日簽署行政命令，正式退出TPP。

13 服務貿易總協定（GATS）有關服務貿易的提供方式為何？

1. 跨國提供服務（cross-border supply）：指服務提供者在一會員境內向其他會員境內之消費者提供服務。例如：遠距教學。
2. 國外消費服務（consumption abroad）：指一會員境內之服務提

供者對於進入該境內之其他會員之消費者提供服務。例如：觀
光旅遊。

3. 商業據點呈現（commercial presence）：指某一會員之服務提供
者在其他會員境內以設立商業據點方式提供服務，例如：外國
銀行或保險商在他國設立營業據點。

4. 自然人呈現（presence of natural persons）：指某一會員之服務
提供者在其他會員境內以自然人（個人）身分提供服務，例
如：服裝模特兒、工程顧問、律師等專業人士。有關服務業貿
易總協定（GATS）屬於WTO協定附錄之B。

14 何謂ASEAN？

ASEAN是1967年，印尼、菲律賓、新加坡、泰國及馬來西亞
在泰國曼谷集會，成立東南亞區域性組織事宜。並於同年簽署成
立的東南亞國協（ASEAN）宣言（又稱曼谷宣言）。印尼、菲律
賓、新加坡、泰國與馬來西亞為創始會員國，汶萊於1984年獲准加
入，東協會員國增至六國，1995年越南加入東協，1997年緬甸與寮
國加入，1999年柬埔寨加入。此即所謂東協十國，東南亞國協成立
宗旨在促進區域間經濟、社會及文化合作發展，維持區域間和平穩
定。所謂「東協（ASEAN）加三」是指東協十國再加上中國、日
本和南韓三個國家。

15 何謂智慧財產權協定（TRIPS）？

TRIPS係指於烏拉圭回合談判中所締結的世界貿易組織協定。
智慧財產權協定（TRIPS）係屬WTO協定附錄之C。該協定係為處

理因廣泛且多變的智慧財產權保護標準以及國際貿易上對於仿冒產品多邊規範的缺乏，而在國際貿易上引起日漸緊張的多邊問題所進行之談判。TRIPS適用於著作權及其相關權利、商標、地理標識、工業設計、專利、積體電路之布局設計及商業祕密之保護等議題。

其五項議題如下：

1. WTO的基本原則如何適用於多邊貿易體系和國際智慧財產權。
2. 如何使得智慧財產權能獲得足夠的保護。
3. 各國應如何在國內充分地執行哪些權利。
4. 如何透過WTO的制度來解決智慧財產權在各會員國間的爭端。
5. 當新系統在期間內被引進特別過渡性的安排問題。

16 何謂絕大多數貿易（SAT）？

有關SAT之定義，GATT第24條規定區域貿易協定（RTA）生效後，締約國須相互取消絕大多數貿易（Substantially all the trade, SAT）之關稅，惟無論是GATT第24條或該條釋義書，皆未給予SAT明確定義。

17 何謂「海峽兩岸服務貿易協議」（簡稱服貿協議）？

1. 為加強海峽兩岸經貿關係，2010年6月兩岸兩會簽署「海峽兩岸經濟合作架構協議」（Cross-Straits Economic Cooperation Framework Agreement，簡稱ECFA），ECFA服務貿易早收清單中，中國大陸只對台灣開放11項服務業項目，效益有限。為進一步有制度的規範和保障兩岸雙方服務提供者的權益，擴大業者交流合作和市場規模，並減少限制性措施，兩岸兩會於2013

年6月21日簽署完成服貿協議。

2. 服貿協議中國大陸承諾開放80項（非金融65項、金融15項），均超越中國大陸在WTO的承諾；台灣則承諾開放64項（非金融55項、金融9項），其中37項屬新增或擴大開放陸資項目。協議簽署生效後，台灣業者可利用協議中各項優惠，以更好條件進入大陸市場。大陸業者雖可依台灣方面的承諾來台投資，惟仍需依據台灣方面現行法規如「大陸地區人民來台投資許可辦法」等相關規定，經審查通過後，始可來台投資。

18 我國推動「綠色貿易推動方案」的宗旨為何？

為協助國內企業順應國際綠色趨勢，因應各國及國際大廠相應制定之綠色採購標準，經濟部國貿局2011年起推動兩階段為期六年的「綠色貿易推動方案」，以國際行銷為主軸，協助我國企業製造綠色商品及提供綠色服務的廠商拓銷國際市場，掌握綠色貿易商機，創造綠色貿易實績。方案主要透過「綠色行銷智庫與資訊擴散」、「強化綠色產業行銷能量」、「深化行銷推廣力道」及「提升綠色產業國際形象」四大策略，協助廠商爭取全球綠色貿易商機，提升台灣產業綠色國際形象。

19 我國近來推行的貿易「新南向政策」的主要目標為何？

1. 促進我國和東協、南亞及紐澳等國彼此經貿、科技、文化等各層面的連結，共享資源、人才與市場，創造互利共贏的新合作模式，進而建立「經濟共同體意識」。

2. 建立廣泛協商和對話機制，形塑和東協、南亞及紐澳等國家合

作共識，有效解決相關問題與分歧，逐步累積互信及共同體意識。

3. 推動和東協及紐澳等國家簽訂雙邊投資、租稅等協定，積極和主要貿易夥伴洽簽ECA與個別項目經濟合作，以厚植加入TPP、RCEP基礎。

20 何謂貿易便捷化協定（TFA）？

1. 貿易便捷化協定（Trade Facilitation Agreement，簡稱TFA）是2013年WTO第9屆部長會議所達成，是自WTO成立迄今的第一個新多邊協定。

2. 我國經馬英九總統於2015年7月簽署，成為第15個存放國。至2016年6月8日止，已經有81個會員提交TFA接受書。

3. TFA可簡化通關、邊境查驗所需文件及程序等措施，降低交易成本，活絡國際貿易，重要性不亞於降低或消除關稅及其他非關稅障礙。

21 何謂紅色供應鏈？

　　紅色供應鏈係中國大陸在產業發展上的一個轉變，特別是在電子產業的發展方面，早期的中國大陸有許多的電子零件需要從台灣進口，供應大陸電子產業生產鏈所需，惟近年來，當中國大陸的經濟實力愈來愈強大，中國大陸推動產業提升與資源整合並投入大量資金，推動在中國大陸內部建立完整產業供應鏈，逐步取代早期電子科技產品要從台灣出口至中國大陸的情形，加上中華文化一直以來對紅色有特別的喜愛，所以世界各國就把中國大陸在國內建立之

完整產業供應鏈稱為紅色供應鏈。

22 美國337條款之內容為何？

美國337條款，係美國「行政救濟」措施，最早出現在1930年美國關稅法第337章節，並經多次修訂。當進口行為存在不正當競爭，且對美國國內相關產業造成實質性損害時，美國國際貿易委員會（ITC）可根據美國國內企業的申請進行調查，範圍包括著作權、商標、專利等侵權行為，以及涉及營業祕密、廣告不實等行為。如果ITC行政法官對某一商品作出侵權判決，這個商品將不准繼續進口至美國境內，此對有意進口至美國的商品殺傷力甚大。

23 國際貿易所謂權利耗盡理論。

係指智慧財產權人就其所製造、創作或經其同意所製造或重製之物品，於第一次進入市場後，即喪失其對該物品之販賣權與使用權。亦即智慧財產權人就該物品之販賣權與使用權已經被耗盡，任何合法取得該物品之第三人，均得自由將該品讓與他人或任意使用，智慧財產權人不得予以干預或主張權利。

24 何謂第五方物流？

第五方物流（Fifth Party Logistics, 5PL）是指專門為第一方、第二方、協力廠商和第四方提供物流資訊平台、供應鏈物流系統優化、供應鏈集成、供應鏈資本運作等增值性服務的活動。第五方的優勢是供應鏈上的物流資訊和資源。但並不實際承擔具體的物流運

作活動。

25 自動出口設限（Voluntary Export Restraints，簡稱VER）與自動進口擴張（Voluntary Import Expansion，簡稱VIE）之意涵。

1. 自動出口設限（Voluntary Export Restraints，簡稱 VER）

　　是進出口國雙方透過協商，由出口國「自願性」的限制其出口量不得超過雙方約定的某一水準。VER採用的動機除了新保護主義的興起是肇因之一外，尚導因於其對進、出口國所具有之政治與經濟等多方面的意義。就進口國而言，採用VER的優點是可以「較低的成本」達到保護的目的；並可針對干擾來源國家加以管制，不需經過立法程序。就出口國而言，如果進口國保護主義之風日盛，進口管制勢在必行，則在自動設限之下，出口國只能勉為其難的接受。

　　由於此種設限協議一般並非出於出口國的自願，而是由進口國以明示或暗示方式要求出口國採行，出口國若不自我設限，將遭受其他方式的不利益。例如：被課徵反傾銷稅、平衡稅或由進口國對其產品設定配額。依GATT第11條規定，GATT原則上禁止利用配額等措施來執行貿易上的限制。但是許多國家卻利用此種VER規避第11條規定，在1994年烏拉圭回合談判後，VER已被明文禁止。

2. 自動進口擴張（Voluntary Import Expansion，簡稱 VIE）

　　意指進出口國之間的協定，由進口國在某一特定期間、自願性地的增加其進口量，使進口占有率達某一目標水準。

26 「貿易便捷化協定」之意涵為何？

1. 「貿易便捷化協定」是WTO成立以來通過的第一個新協定，透過該協定的執行，可降低全球貿易成本，而該協定生效所帶來的交易成本降低及通關效率提升的效益，可提升台灣GDP、總產值、總出口及總進口。

2. 「貿易便捷化協定」內容共分三節，要點如下：

   (1) 第I節（第1~12條）：內容包括改善法規透明化之措施、改善貿易程序與規費之措施、強化轉運自由之措施、會員間關務合作之措施等。

   (2) 第II節（第13~22條）：針對開發中國家及低度開發國家會員之特殊暨差別待遇條款。

   (3) 第III節（第23~24條）：規範WTO及會員應設立或維持貿易便捷化協調機制，以及最終條款。

27 何謂環球配額（global quota）？

環球配額又稱總配額、全球配額，是對某種商品只籠統規定一定時期內其進口的最高限額，但不作國別或地區分配，不論哪國出口商申請出口時，先申請者先被批准出口，直至配額用完為止。環球配額屬於世界範圍的絕對配額，對於來自任何國家和地區的商品一律適用。由於環球配額不限定進口國別或地區，在配額公布後，進口商競相爭奪配額並可從任何國家或地區進口。同時也強化了出口商之間的競爭，易引發國家間的貿易摩擦。比如，環球配額對鄰近國家或地區較為有利，它們可憑藉地理位置接近、到貨快等優

勢，搶先拿到配額，處於有利地位；而其他國家則處於相對不利地位。

28 何謂杜賓稅（Tobin tax）？

由經濟學者杜賓1972年提出的財稅措施，主張針對現貨外匯交易，徵收全球統一的稅額，其目的在於減少因投機性買賣而造成市場的動盪。其認為若全球採用這套稅制，將可以減少外匯市場因為投機買賣而造成的波動，穩定全球市場。而徵稅所得，可以作為全球性的收入重分配，投入低度發展國家，增進低度發展國家的經濟發展。

29 貿易融資（trade finance）

是因貿易而生之資金融通，貿易融資係以單筆交易之形式向銀行辦理資金融通。屬於自償性融資之範圍，故又稱自償性貿易融資。受理此種融資模式的銀行，係針對進出口廠商單筆貿易地個別需要，提供短期性融資，並以該筆貿易所產生之貨款收入，做為到期時直接還款的來源。

30 何謂ISF（10+2）？

係指CBP（U.S. Customs and Border Protection）的「Importer Security Filing and Additional Carrier Requirements」法令，針對經由船舶進口至美國的貨物，進口商及Carrier須於船開前24小時將申報資料傳送予CBP，其中屬於進口商須申報的資料有10項，屬於Carrier須申報之資料有2項，故此法令亦被稱為ISF10+2。

31 深度整合型FTA與傳統FTA有何不同？

深度整合型FTA與傳統FTA的差別如下：

1. 談判主要包括市場進入〔如關稅或促進外商直接投資（Foreign Direct Investment, FDI）〕、貿易規則（如反傾銷）與新興議題（勞工與環保議題）等三大區塊。

2. 深度整合型FTA的經貿效應主要包括：FTA的關稅差別待遇效應（貿易創造、貿易轉移、投資創造、投資轉移、貿易條件改變，以及FTA的投資相關規範（投資議題本身、服務貿易、智慧財產權、自然人移動與競爭政策）與原產地原則（Rules of

Origin, ROOs）所引發的投資效應等。

32 何謂Waiver？

係指WTO會員給予其他會員之特別許可，使其國際貿易在特定範圍內免除適用特定條文下所應負的義務，例如：已開發會員給與開發中國家及低度開發國家的普遍性優惠關稅制度（Generalized System of Preferences, GSP），即需取得WTO之豁免，排除最惠國待遇原則之適用，在WTO之規則下，豁免必須經過全體會員四分之三以上同意。一旦通過，之後仍須接受定期檢討。

33 微量補貼（de minimis subsidy）

1. 係指低於從價1%以下的補貼，主管調查機關進行補貼調查時，若該補貼屬於微量補貼，應立即停止調查。
2. 開發中國家會員在微量補貼認定時，享有特別條款之適用，亦即，對來自開發中國家之進口產品進行平衡稅調查時，系爭產品之補貼整體程度如未超過該產品按單位計算總值的2%，則該補貼即視為微量補貼，主管機關應停止調查。

34 伯恩公約（Berne Convention）

我國為WTO之會員，即應遵守TRIPs協定，依據TRIPs協定第9條第1項規定，會員應遵從伯恩公約第1條至第21條及附錄之內容。

1. 國民待遇原則

係指一個國家對他國國民之待遇不得低於其給予本國國民的待

遇而言。

2. 最低限度保護原則

　　係指伯恩公約各成員國得依據各成員國國內法之規定，對享有國民待遇之外國國民提供著作權及其相鄰權的保護。其不論於保護之範圍、期限等條件，均不得低於公約所特別規定之最低要求。

3. 自動保護原則

　　伯恩公約會員國於各會員國內，享有及行使著作權及其相鄰權等權利，不需履行任何形式要求。

4. 獨立保護原則

　　著作人權利享有與行使，應獨立於著作源流國既存之保護規定。換言之，各會員國對於應保護之著作，依各會員國之法律保護之，不問該著作在其他國家係如何規範。

35 凱恩斯集團（Cairns Group）

　　係指於1986年農業出口國家於澳洲凱恩斯部長會議時，決議組成國家集團，主張農業貿易需回歸於公平且市場導向的機制，尤其強調農業貿易自由化之重要。目前成員包括阿根廷、澳洲、巴西、加拿大、智利、哥倫比亞、哥斯大黎加、瓜地馬拉、印尼、馬來西亞、紐西蘭、巴基斯坦、巴拉圭、祕魯、菲律賓、南非、泰國、烏拉圭、越南等19個會員。

36 魚之友（friends of fish）

　　「魚之友」（friends of fish）為規則談判小組中漁業補貼議題之次級談判團體，由阿根廷、澳洲、厄瓜多、冰島、紐西蘭及祕

魯等會員組成。「魚之友」主張採取「由上而下」（top-down）
的漁業補貼規範架構，也就是廣泛地禁止大部分漁業補貼，僅容
許部分例外許可的漁業補貼。而台灣與日韓則主張「由下而上」
（bottom-up）漁業補貼規範架構，認為漁業補貼不應一味禁止，
應先行評估其效果是否引起貿易扭曲或者破壞海洋生態環境。

37 三十三國集團（G33）

係指於2003年坎昆部長會議後逐漸形成的開發中國家集團，
其訴求為爭取開發中國家的特殊待遇，成員包括中國、古巴、多明
尼加、海地、宏都拉斯、印尼、韓國、模里西斯、蒙古、尼加拉
瓜、巴基斯坦、巴拉圭、巴拿馬、祕魯、菲律賓、塞內加爾、斯里
蘭卡和土耳其等。

38 母國措施（Home Country Measures, HCMs）

係指所有跨國企業之母國所採行的政策措施，設計去鼓勵對
外直接投資流入其他國家，這是屬於其國家利益及在其領土內公司
總部的利益，這些利益來自商業、戰略、或人道動機，還有國際承
諾與義務。地主國歡迎以母國措施作為地主國吸引FDI以促進其發
展之補充。為此，母國政府可協助其發展，包括資訊提供、技術協
助、能力建構、金融、財政、以及相關貿易措施、技術移轉措施。

39 線性關稅削減（linear tariff cut）

在GATT時期最普遍使用的關稅削減方式之一。線性關稅削減

係指就所有類型之產品為相同程度的關稅削減，通常以百分比表示之。此一方式於甘迺迪回合之多邊貿易談判中正式引進，在甘迺迪回合前未採取此種方式最主要理由是，美國尚未取得此種方式的談判授權。美國在烏拉圭回合則拒絕採用線性關稅削減之方式。

40 傾銷差額（margin of dumping）

1. 傾銷差額係指主管機關所估算，存在於產品之正常價格及其出口到其他國家之出口價格間之差額，乃決定反傾銷措施課徵額度的重要基準。

2. 確定傾銷差額的標準與程序規定在《反傾銷協定》第2條，即各國在課徵反傾銷稅時，應以足以消除傾銷差額及其所導致損害之必要程度內之金額課徵，亦即課徵稅額應為傾銷差額之全部，或低於傾銷差額。

41 開放天空協定（Opening Skies Agreement, OSA）

1. 隨著經濟全球化的發展，打破對等、爭取航空自由成為眾多國家的迫切需要。美國率先制定「開放天空協定範本」，成為第一個打破對等、爭取航空自由，「開放天空（開放航權）」的國家。隨後，不少國家相繼「開放天空」。

2. 所謂「開放天空協定」，一般即指取消航權對等原則，並開放締約國航權的相關協定。

42 巴黎俱樂部（Paris Club）

1. 巴黎俱樂部於1956年成立，其主要目的為紓解開發中國家長期
   而持續嚴重的外債問題。自20世紀80年代開始，成員國評估窮
   國狀況，並擴大了債務減免規模，協助債務國處理短期流動性
   問題，減輕債務壓力。近年來逐漸直接勾消債務，以紓解債務
   國長期性的債務壓力。
2. 所有巴黎俱樂部的會員形成一個團體，一起與特定債務國進行
   協商，所有的協商都必須經過所有參與的成員全數通過。
3. 其對高度負債貧窮國家（Heavily Indebted Poor Countries,
   HIPC）的債務減免倡議扮演相當重要的角色，並且有相當程度
   的貢獻。

43 義大利麵碗效果（Spaghetti-Bowl Effect）

1. 緣於經濟學者Bhagwati及Panagaryia於1996年出版之《優惠貿易
   協定經濟學》（*The Economics of Preferential Trade Agreements*,
   American Enterprise Press, 1977）書中，用以說明區域或雙邊優
   惠貿易協定並非推動貿易自由化的最佳方式。
2. 其認為，區域貿易結盟的現象如鍋裡煮的義大利麵般相互糾
   結，貿易規則複雜的程度使規則難以執行，對於多邊貿易體系
   可能有負面的影響。
3. 典型的例子為每一自由貿易區可能有不同之原產地規則，如果
   一個國家加入許多此類協定，即必須面對不同的原產地規則，
   則對於進口貨品處理將變得困難。

44 單一認諾（single undertaking）

1. 係指WTO會員對於杜哈回合的所有談判結果，只能選擇一併接受或拒絕，無法就其中某幾項議題單獨接受或拒絕。

2. 依據單一認諾之原則，各項談判議題必須在WTO會員對各議題之所有細節均達成共識後，才能一致通過（Nothing is agreed until everything is agreed），亦即任何談判之成果都屬於整體不可分的一部分。

3. 會員只能選擇一體接受，或不接受談判成果，不能單獨就某項議題表示接受。在WTO杜哈回合的談判項目中，除爭端解決議題外，其他談判議題均屬於單一承諾的範圍。

45 敏感產品（sensitive product）

1. 係指容易因貿易自由化而受到衝擊的產品，例如：多數的農產品、紡織品、成衣及鞋類、客車、化學品等，有時亦包含鋼鐵。

2. 這些產品具有敏感性之理由不一，可能係基於保護國內占眾多就業人口之傳統產業之需要、國內產業欠缺迅速調整之能力、政治因素等。

3. 在杜哈回合農業談判中，因考慮農業具有的非貿易功能，以及會員農業發展之差異，已同意給予敏感產品特別的彈性處理，以減緩自由化帶來之衝擊。

46 琥珀色措施（amber box measures）

係指WTO《農業協定》第6條規定，除了符合「綠色措施」與「藍色措施」外，所有被認定會扭曲生產和貿易的境內支持措施皆含在內，且須納入農業境內總支持（AMS）削減計算之措施，例如：價格支持措施、或其他與生產水準有關的補貼，如倉儲費用補貼、利息補貼等。

47 WTO-Plus

係指超越WTO降稅與市場開放之自由化承諾，一般用於簽署自由貿易協定（FTA）時，係指其自由化程度超越會員在WTO之承諾。部分WTO-Plus FTA則指其涵蓋貿易便捷化、政府採購、競爭政策等新加坡議題。

48 何謂複邊協定？其與多邊協定有何不同？

複邊協定（plurilateral agreement），是指非強制性的協定，會員得自由選擇加入此類協定。WTO的複邊協定有政府採購協定、民用航空器協定，以及資訊科技產品協定。多邊協定則是所有會員必須共同遵守的規範，在WTO下則是指馬爾喀什設立世界貿易組織協定下之附件一、二及三中之協定及各項相關法律文件。

國貿流程與國際慣例

1 國際貿易出口流程

國際貿易出口流程包括：

1. 市場調查與開發

國際貿易流程通常始於市場調查，貿易商在完成市場調查及蒐集商情後，即可訂定拓銷策略。

2. 寄開發信函

在市場中尋找可能交易對手後，發出開發函（letter of proposal），表明交易之意願，提出交易條件，並依情況附上商品目錄（catalog）及價目表（Price List，簡稱P/L）。

3. 信用調查

為交易順利進行及確保債權，交易前對交易對手所作的信用調查，此即國際貿易俗稱之KYC（know your customer）。

4. 報價

賣方接獲買方的詢價，評估後會提出報價，賣方的報價，買方不一定要接受，惟買方若接受報價必須為無條件，不可附加其他條件，附條件之接受報價，視為拒絕報價或再重新詢價（還價），交易是否繼續進行，取決於賣方是否接受新的報價。亦即，根據聯合國國際貨物買賣契約公約（UN Convention on Contracts for the International Sales of Goods, CISG）規定雙方在

未訂立合約前，只要撤銷通知在買方同意接收報價的書面通知
到達賣方以前，賣方均可撤銷報價。惟賣方如在報價中已載明
selling offer不可撤銷者除外。又counter-offer係指買方不同意或
不完全同意賣方提出的品質、數量、交貨期或貨款等條件。

5. 簽訂買賣契約

經前述程序，倘買賣雙方達成協議，即可簽訂買賣契約
（contract），買賣契約內容包含：貨品名稱、價格、數量、
金額、貨物交付之條件（包括：包裝、運送之方式-海運或空
運、運送之起／迄地點、報關通關之處理……）、貨款支付條
件（付款方式-L/C、T/T、D/A、D/P……、付款時點-即期或到
期、出貨前或出貨後……）、適用的國貿條規（選用雙方確認
的貿易條件，例如：FOB、CIF……等）、契約有效期間及其他
（例如：適用之法律或管轄之法院、仲裁之機制等……）。

6. 準備貨物

製造商須備料生產，貿易商應向供應商下單訂購。

7. 洽訂艙位

若依約由出口商負責安排洽船，如貿易條件為CFR、CIF、
DES、DEQ等，出口商應符合裝運期限之要求，向船公司洽訂
艙位，取得裝貨單（shipping order），憑以安排報關及裝船手
續。

8. 出口簽證（export licensing）

實施貿易管制國家大多規定貨物出口前應先辦理出口簽證，我
國自1993年起貿易法已將原本的「正面表列」（原則簽證，例
外免簽）改為「負面表列」（原則免簽，例外簽證），如屬免
簽項目，出口商可逕至各關稅局辦理報關出口，如屬表列貨物

需簽證者，則依貨物性質送往各單位申請簽證。

9. 辦理出口融資

對於出口商在訂貨或安排出口裝運時，有資金周轉需求者，可持有國外買方委託進口當地銀行所開來的信用狀，到銀行申請裝船前信用狀融資。

10. 出口檢驗／出口公證

依據進口國法令或契約（信用狀）規定，貨物需辦理出口公證（survey）者，出口商應洽公證行（surveyor or inspection company）辦理公證，並取得公證報告（survey report）。

11. 投保貨物運輸保險

依貿易條件規定在CIF或CIP等條件，由出口商投保貨物運輸保險，並於出口時提示保險單據。

12. 貨物進倉

當完成交貨準備之後，出口商可將貨物在結關前送往碼頭倉庫或貨櫃集散站，於獲得進倉證明之後，連同其他通關文件親自或委託報關行向海關投單報關。

13. 出口報關及裝船

報關行以「電腦傳輸」將貨物進倉資料，經「關貿網路（T/V）」送達海關，經海關篩選，若抽中：

⑴ 免審免驗（C1）者，直接放行。

⑵ 核列為「應審免驗（C2）」及「應審應驗（C3）」者，報關行應補送書面報單／文件，並辦理後續審核及／或驗貨程序；且須於次一工作日補單，海關始得於補單當日完成貨品放行。

⑶ C3案件由驗貨單位受理書面報單／文件辦理驗貨後，送往分

估單位，經分估單位審核書面文件完成分估作業後，送往放行。C2案件免驗貨，直接由分估單位審核書面文件完成分估作業後，送往放行。倉儲業者接獲海關放行通知訊息，開具貨櫃運送單（Container Note, C/N）出站，將貨櫃（或貨物）運至碼頭裝船出口。

海關網頁提供「進口分估單位電話表」，廠商可上該局網站「空運通關資料庫查詢／進口報單通關流程查詢」後，可即時接洽承辦之驗貨及分類估價關員，以掌握C2（文件審核）報單及C3（貨物查驗）報單處理狀況及進度。對C2報單及C3報單處理狀況及進度有疑問，可依據「報單關別」及「申報貨物之稅則章別」查詢該管分估單位之電話分機號碼，以加速貨物通關。

14. 發出裝貨通知

使用C類之貿易條件交易時，出口商有義務於貨物裝運出口後，向進口商發出裝貨通知（shipping advice）。

15. 押匯

完成通關裝船手續後，出口商一方面向船公司換領提單，同時依據信用狀及信用狀統一慣例規定，在規定時限內備妥押匯單據準備押匯，向已請准押匯額度之往來銀行申請押匯，以取得出口貨款。

16. 寄送出口押匯單據

出口商完成押匯，押匯銀行將信用狀連同押匯文件，寄到進口商所在地開狀銀行，要求償付信用狀款項。

17. 索賠

若進口商不依約付款，出口商可向進口商索賠因此所造成的損失。

2 國際貿易買方進口貨物流程

國際貿易買方進口流程包括：

1. 市場調查（market research）

了解貿易對手國市場法規限制與供貨來源。

2. 尋找交易對手

參考工商名錄、參展、派員出國洽商、透過外匯銀行或往來廠商介紹。

3. 信用調查

包括對供貨來源國家、出口商個人的品格、經營能力、資本等進行調查。

4. 詢價及接受

包含價格、貿易條件（trade term）、折扣及退佣、付款方式、供貨情形、最低採購需求、交貨期、是否提供樣品、貨物之包裝及運輸、保固及售後服務、報價之有效期間等。

5. 簽訂買賣契約

大致與出口作業流程相同。

6. 進口簽證

進口須簽證之貨物，須事先申請輸出許可證，憑以報關進口。

7. 申請開發信用狀

依據買賣契約所訂之付款條件，如以開發信用狀爲付款方式時，進口商即須向其往來銀行申請開立信用狀。

8. 贖單

依據即／遠期信用狀，於進口單據到達時，以還款贖單（即期信用狀），或是以承兌贖單／到期還款（遠期信用狀）。

9. 進口檢驗與檢疫與進口報關

依據進口國規定及貨物性質，於進口貨物抵達時，執行檢驗與檢疫工作，進口報關大致同出口作業流程。由國外運進進口國貨物，如直接轉運到國外，廠商同時向海關辦理進出口，海關通常會同時將進口與出口一起查驗，亦即只驗關一次。

10. 提貨

完成通關手續後，進口商應持海關放行通知單及提貨單（Delivery Order, D/O，俗稱小提單）到海關倉庫辦理領貨。或存入保稅倉庫（不得超過二年，原貨退運出口免稅，但售給國內要繳進口關稅）。此外若有設備產品需修理或出口商出口退運貨品之不結匯進口，應填具不結匯輸入許可證，向國貿局申請核准。

上述保稅倉庫可分為：普通保稅倉庫、專用保稅倉庫（例如：展覽物品等）、發貨中心保稅倉庫。

11. 索賠

因進口貨物短缺或毀損，依規定向保險公司申請理賠，買方向賣方提出正式索賠應提出以下文件：

⑴ 索賠函（claim letter）。

⑵ 索賠清單（statement of claim）。

⑶ 鑑定報告（survey report）。

⑷ 借項通知單（debit note）：是出口商向進口商表示對其享有債權的通知文件。該通知單表明其已將一定金額列記對方帳戶借方。

3 國際貿易法規的適用對買賣雙方的影響為何？

　　貿易條件又稱為價格條件（price terms）或運送條件（delivery terms），由於聯合國國際貨物買賣契約公約、信用狀統一慣例（UCP600）、國際擔保函慣例、華沙牛津規則（Warsaw-Oxford Rules 1932）、美國對外貿易定義（American Foreign Trade Definitions）與國貿條規（International Commercial Terms, Incoterms 2010）等所涉及的範圍並不完全相同，對於同一貿易條件的解釋亦有異，所以買賣雙方應於合約上明確記載所適用的法規為何，以免權益受損。買賣雙方如欲採用Incoterms 2010，可在合約中註明下列條款："Unless otherwise expressly stipulated herein, this contract is subject to Incoterms 2010, ICC publication No.715E"。

4 制定國際貿易條規應評估哪些事項？

　　首先應考量買賣雙方從事國際貿易時，哪些要項將影響雙方之權益，因此在訂定契約時應審慎評估：

1. 賣方完成交貨義務之地點（亦即貨物之風險轉移買方負擔之分界點）。
2. 費用之負擔（亦即交易之價格除貨物之價金外，是否包含主要運費、保險費等）。
3. 權利與義務之劃分（輸出／輸入通關手續、運送契約之訂定及主要運費之交付與否、是否代為投保保險、單據之交付等）。

5 繪圖說明國際貿易進出口流程與步驟。

　　國際貿易進出口流程與步驟可爲買方與賣方，其中買方與賣方就詢價報價及訂約事宜洽定，接著買方委託進口所在地的開狀銀行（issuing bank）開立信用狀（即letter of credit），並由開狀銀行將信用狀寄給出口所在地的通知銀行（advising bank）或開狀銀行的往來銀行，再由出口商準備商業發票（commercial invoice）、匯票（draft）、裝箱單（packing list）、提單（bill of lading）、保險證明單據（insurance policy）、輸出許可證（export lincense）（有些產品規定要出具）、產地證明書（certificate of origion）、信用狀（L/C）等文件向出口所在地之押匯銀行辦理押匯。再由押匯銀行將上開文件寄交開狀銀行請求買方向開狀銀行辦理付款贖單後，由開狀銀行將款項歸墊給押匯銀行。

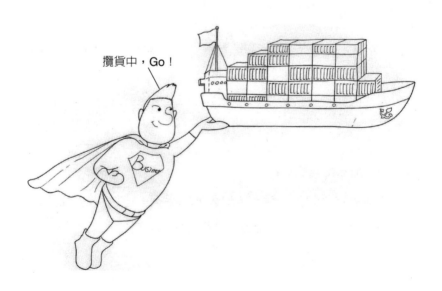

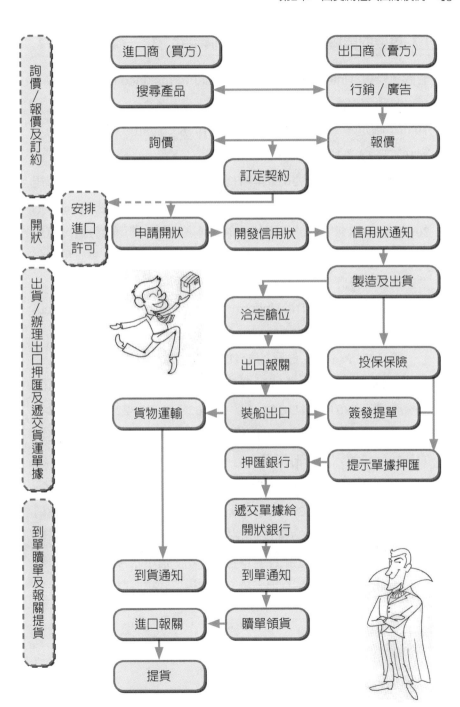

6 重要的國貿條規與國際商會信用狀之統一慣例有哪些？

1. 國貿條規（International Commercial Terms, Incoterms 2010）

是由國際商會（International Chamber of Commerce, ICC）在1936年制定，共經歷1953、1967、1976、1980、1990、2000、2010年等7次階段性修改。

現行最新版本為2010年所修訂之國際商會貿易條件解釋規則；一般統稱『國貿條規Incoterms 2010』。『國貿條規Incoterms 2010』明訂買賣雙方於國際貿易中應負之責任、費用之分擔、應有之權利，依買賣雙方權利義務不同，分條訂定標準化貿易條規，以憑供買賣雙方訂立周詳貿易契約，詳明權利與責任以共同信守。

2. 信用狀統一慣例（The Uniform Customs and Practice for Documentary Credits, 2007 Revision, ICC Publication No.600）

簡稱UCP 600，最早始於1933年制定，歷經外在相關之金融、運輸、保險等產業貿易型態迭經變革，為因應改變，國際商會分別在1951年（UCP151）、1962年（UCP222）、1974年（UCP290）、1983年（UCP400）及1993年修訂，目前最新使用的是2006年第六次修訂通過之信用狀統一慣例2007修訂版本，亦即國際商會第600號出版物"The Uniform Customs and Practice for Documentary Credits, 2007 Revision, ICC Publication No. 600"，簡稱UCP600，並自2007年7月1日起施行。UCP 600，全文共39條，修正內容主要在加強縮短銀行看單審單日期，信用狀各單據內容一致性標準放寬等。中國是全世界第一個將信用狀統一慣例提升至法律位階的國家。

7 目前的國際貿易主要國際慣例與公約。

1. 美國對外貿易定義（American Foreign Trade Definitions）

美國民間團體於1941年協訂，主要作為國際貿易報價用的報價條件術語，美國曾在1990年修訂對外貿易定義（American Foreign Trade Definitions 1990），其內容包括運輸工具上交貨（Free On Board，簡稱FOB）、FAS運輸工具邊交貨、CFR運費在內條件、CIF、DEQ及EXW等六項。不過因貿易條件FOB又分為6種，故實際上所解釋的貿易條件共11種。

2. 華沙牛津規則（Warsaw-Oxford Rules 1932）

由國際法協會於1932年制定，全部共有21條，其僅針對CIF貿易條件特性及買賣合約當事人權利義務加以規範。包括貨物的品質是否與約定者相符，以裝運時的狀態為準。投保金額依行業習慣，如無習慣，則按CIF價款另加10%投保之等規定。

3. 聯合國國際貨物買賣契約公約（UN Convention on Contracts for the International Sales of Goods, CISG）

該公約於1980年由62個國家參加的維也納外交會議正式通過，1988年1月1日正式生效，該公約分四部分共有101條條文，包括「適用範圍及總則」、「買賣契約之成立」、「貨物之買賣」與「最終規定」。

4. 國際商會託收統一規則（Uniform Rules to Collection, 1995 Revision, Publication No.522）

簡稱URC522，是國際商會在1995年根據國際間的託收慣例加以修訂彙編而成的規則。根據《託收統一規則》，託收是指銀行依據所收到的指示處理金融單據（匯票或支票）和／或商業單據（例

如：提單），以便於取得付款和／或承兌；或憑以付款或承兌交單；或按照其他條款和條件交單。

　　URC522共分七部分26條，包括：(1)總則與定義；(2)託收類型與結構；(3)提示之型式；(4)義務與責任；(5)付款；(6)利息與費用支出；(7)其他規定。URC522不是法律，當事人若同意適用本規則，必須在「託收指示」本文內記載受其約束，本規則才對所有當事人具約束力。

5. 國際擔保函慣例（International Standby Practics, ISP98）

　　俗稱ISP98，由美國的國際銀行法律與實務學會（The institute of International Banking Law & Practice, Inc.）所訂，國際擔保函慣例（International Standby Practices, ISP98）已於1999年1月1日起正式實施，內容共有10條條文，ISP98主要在統一全球銀行與企業界對於擔保信用狀的運作，其適用於國際信用狀也適用於國內信用狀。

　　擔保函一般可分為：(1)履約擔保函；(2)預付款擔保函；(3)押標金擔保函；(4)保險擔保函；(5)財務擔保函；(6)直接付款擔保函；(7)商業擔保函；(8)相對擔保函。

6. 2009 年協會貨物保險基本險條款

　　係依據1963年制定的協會貨物全險條款修改而來，此次修訂ICC（A）、ICC（B）、ICC（C）條款、協會航空貨物戰爭險（郵包險）條款、協會航空貨物附加險（郵險除外）等。

7. 鹿特丹公約（Rotterdam Convention）

　　管制的化學品及農藥共計31項，要求締約國在輸出受禁用與限制使用之化學品與農藥前，必須先通知進口國並獲得預先同意（PIC）始得輸出。

8 In Bond（保稅倉庫）之交貨條件為何？

所謂In Bond保稅倉庫交貨條件是指賣方須負擔貨物風險至將貨物存於進口地的保稅倉庫Bond為止，並負擔交付貨物前的一切費用，包括交貨日期前的倉租與進倉費用，買方則負擔自交付貨物後的一切風險與費用，包括輸入通關手續費、輸入稅捐與約定交貨日期後的倉租。

9 UCP600有關轉運之規定意涵為何？

UCP600在第19條c項中針對UCP500第26條b項有關轉運之規定，以不同於UCP500的表達方式來表現，但更趨明確。新規定中強調：1.運送單據得表明貨物將轉運或可能轉運（the goods will or may be transhipped），但以全程係由同一運送單據所涵蓋者為條件；2.即使信用狀禁止轉運，惟表明將轉運或可能發生轉運（transhipment will or may take place）的運送單據，可以接受。

10 UCP600規定國際貿易承攬運送人之內容為何？

過去UCP400的時代，對於由承攬運送人簽發的提單，除了FIATA FBL外，銀行通常不願意接受。但隨著時代進步，攬貨人逐漸發展成為承攬運送人，甚至成為物流業者，在UCP500中，在第30條中加入「承攬運送人簽發之運送單據」規定，不再獨厚FIATA的貨運承攬商。惟2007年的UCP600之修訂，更往前邁進一大步，在第14條l項中規定，「運送單據得由運送人、船東、船長或傭船人以外之任何一方簽發，但以該運送單據符合本慣例第19、20、

21、22、23或24條之各項要求爲條件」，以取代原UCP500第30條之規定，這可說是UCP600修訂的一個重大的改變。

對貿易商而言，本條規定所表彰的就是Freight Forwarder一詞，將從此在UCP統一慣例中消失，因爲如此一來，承攬運送人所簽發的運送單據與實際運送人所簽發的運送單據將不會有所差別，故2007年7月1日以後，信用狀條款若出現HAWB acceptable、HAWB not acceptable、Forwarder's bill of lading acceptable等字樣，將被視爲：沒有意義的條件及文字。

11 何謂歐盟ENS之入境申報要求？

1. 與美國海關進口安全申報類似，自2011年1月1日起，歐盟成員國針對其進口或轉船（口）貨物，實施艙單預先申報，以確保貨物到達歐盟地區之前，必須執行安全風險評估。
2. 根據歐盟規定，船公司必須在裝船前24小時，完成艙單傳輸動作，貨主須於船公司所指定的時間內，把正確完整的提單資訊，提供給船公司，船公司根據此資料，透過電子傳輸至歐盟國家海關。如未能遵守規則或未符合有關報備規定的貨物，將可能導致貨物無法順利完成裝卸動作，或在歐洲首個進口港或卸貨港被海關攔截，甚至會有罰款。

12 國際貿易條件中，哪些條件是屬於主要條件？哪些條件是屬於次條件（一般條款）？

1. 國際貿易條款可分爲：主要條件及次條件（一般條款）。
2. 國際貿易交易條件視交易商品的不同、交易對象的不同、時地

的不同而有詳略之分，基本上包括八個基本交易條件，分別為：(1)品質條件；(2)驗貨條件；(3)數量條件；(4)價格條件；(5)包裝刷嘜條件；(6)保險條件；(7)交貨條件及(8)付款條件。此八個條件在報價時視為報價的基本條件，一旦報價為對方接受，則報價的八個條件立刻轉為國際貿易契約條款。

但國際貿易契約條款並不限於上述的八個基本條件，其他如(1)第三者公證；(2)關稅、報關；(3)不可抗力條件；(4)契約糾紛條款；(5)有關智慧財產權的條款，均可視實際交易情況而納入買賣契約中，故上述五項條款又稱為次條件。

3. 貿易契約書基本交易條件的特性：
   (1) 是契約的主要條件。
   (2) 效力優先於一般交易條件。
   (3) 牽涉契約是否因該條件而成立。
   (4) 一般交易條件可視為基本條件的補充條件。

13 國際貿易的ICP意涵為何？

根據「企業內部出口管控制度認定要點」，如果公司內部已經建構七項管理要件（包括正式公告、權責劃分、檔案紀錄、訓練計畫、通報流程、訂單處理系統、內部查核等）與三項篩選要件（包括出口管制實體清單篩選、出口管制貨品清單篩選、紅色警戒清單篩選等），得向經濟部貿易局提出企業內部管控制度（Internal Compliance Program，簡稱ICP）認證申請。

14　目前中國大陸物品輸入之管理措施為何？

　　中國大陸物品輸入管理，已自1998年4月1日起，由農、工產品正負面兩表並列之方式，改依「中華民國輸出入貨品分類表」辦理。在「中華民國輸出入貨品分類表」內「輸入規定」欄列有「MW0」代號者，為「大陸物品不准輸入項目」；列有「MP1」代號者，屬於「大陸物品有條件准許輸入項目」，其餘未列有「MW0」或「MP1」代號者，屬於「大陸物品准許輸入項目」。

15　有關中國大陸物品輸入適用免除輸入許可證之措施內容。

　　經濟部公告准許輸入之中國大陸物品，除「中華民國輸出入貨品分類表」內「輸入規定」欄有「121」（由貿易局簽發輸入許可證）之項目，及「中華民國輸出入貨品分類表」內「輸入規定」欄列有「MP1」（即大陸物品有條件准許輸入項目），且於「大陸物品有條件准許輸入項目、輸入管理法規彙總表」內「特別規定」欄列有「MXX」代號之項目，應向國際貿易局辦理簽證外，其餘項目免辦輸入許可證。

16　前項適用免除輸入許可證措施之進口人有哪些？

1. 經國際貿易局核准登記為出進口廠商者。
2. 政府機關及公營事業。
3. 已立案私立小學以上學校。
4. 入境旅客及船舶、航空器服務人員攜帶行李物品，量值在海關規定範圍以內者。

5. 各國駐華使領館、各國際組織及駐華外交機構持憑外交部簽發之在華外交等機構與人員免稅申請書辦理免稅公、自用物品進口者。

6. 其他進口人以海運、空運或郵包寄遞進口，其離岸價格（FOB）為美元2萬元以下或等值者。

最新國際貿易條件

1 國際商會（ICC）國貿條規「INCOTERMS 2010」與 INCOTERMS 2000」之差異比較。

1. 買賣契約

買方與賣方訂定之契約如有費用細項與新版條規不同，或未敘明版本時須特別訂明。此點舊條規未明定。

2. 運送契約

出貨人與運送人訂立之運送契約通常以出口商的出貨通知為依據，由於買方不易與出口所在地的運送人簽訂運送契約，故常由賣方協助代辦運送契約。此點舊條規未明訂。

3. On Board

新版條規對FOB條規在交貨中之定義為，賣方須安排將貨物於船上放置定位才完成交貨。此點與舊條規定義為越過船舷有所不同。

4. 整櫃貨適用

新版條規建議海運整櫃貨不宜使用FAS（船邊交貨）、FOB（船上交貨）、CFR（成本加運費）、CIF（成本保險費加運費）四種條件，因為貨櫃會移往內陸櫃場或延伸貨站，但此四種貿易條件僅規範到港為止，與實際規定的指定目的地差別很多，FAS、FOB、CFR、CIF這四種舊條規在整櫃貨使用上對買方的

風險較大。

5. 進口稅金

新版條規對於DDP（Delivery Duty Paid）規則，明確說明Duty是指包含進口地的任何加值稅及其他稅捐。

6. 運送人

新版條規定義運送人（carrier）爲「與出貨者訂立運送契約的一方」，空運即爲航空公司或承攬業者（Forwarder），海運則是指船公司或承攬業者。

新版條規著重在買賣雙方義務的確定、貨物風險的移轉地點、雙方費用負擔的界線、以及應提供的單據。

2 哪些是INCOTERMS 2000有，但是INCOTERMS 2010已取消的貿易條件（trade term）？

INCOTERMS 2000有，但是INCOTERMS 2010已取消的貿易條件包括：

1. Delivered at Frontier（邊境交貨條件）。
2. Delivered Ex Ship（目的港船上交貨條件）。
3. Delivered Ex Quey（目的港碼頭交貨條件）。
4. Delivered Duty Unpaid（輸入國稅前交貨條件）。

3 INCOTERMS 2010之貿易條件內容。

國貿條規2010年版各類條件規定如下：

2010年版國貿條規	共分第一類與第二類
Rules for any mode or modes of transport:	第一類適用於任何或複合運送方式規則～ EXW、FCA、CPT、CIP、DAT、DAP、DDP
工廠交貨條件規則－EX WORKS	EXW（insert named place of delivery）
貨交運送人條件規則－FREE CARRIER	FCA（insert named place of delivery）
運費付訖條件規則－CARRIAGE PAID TO	CPT（insert named place of destination）
運保費付訖條件規則－CARRIAGE AND INSURANCE PAID TO	CIP（insert named place of destination）
終站交貨條件－DELIVERED AT TERMINAL	DAT（insert named terminal of port or place of destination）
目的地交貨條件規則－DELIVERED AT PLACE	DAP（insert named place of destination）
稅訖交貨條件規則－DELIVERED DUTY PAID	DDP（insert named place of destination）
Rules for sea and inland waterway transport:	第二類適用於海運及內陸之水路運輸規則～FAS、FOB、CFR、CIF（整櫃貨會移往內陸者不適宜使用第二類）
船邊交貨條件－FREE ALONGSIDE SHIP	FAS（insert named port of shipment）
船上交貨條件－FREE ON BOARD	FOB（insert named port of shipment）
運費在內條件－COST AND FREIGHT	CFR（insert named port of destination）
運費保費在內條件－COST INSURANCE AND FREIGHT	CIF（insert named port of destination）

　　進出口業者在適用INCOTERMS 2010貿易條規時，當事人在契約中的特別規定效力優於解釋規則；例如：在FOB條件下，本來運輸由買方洽訂，但是雙方可自行議定改由賣方洽訂。

4 說明INCOTERMS 2010之工廠交貨價格條件－EX WORKS EXW（insert named place of delivery）內容。

INCOTERMS 2010與2000年最大的不同是：「將指定地
（named place）改為指定交貨地（named place of delivery）」。

"Ex"表示「自」（from out of），即自某地交貨或交付的意
思。"Works"是表示「工廠」或「倉庫」；at the disposal of the
buyer方式交貨。

1. 代號：EXW。

2. 定義：廠內交貨條款（於條款後列明指定地點）。

3. 費用：費用以貨物在賣方的廠內或倉庫為止，接著由買方負擔
   費用。包括查驗品質、丈量、過磅與包裝費用等。

4. 風險：風險以貨物在賣方的廠內或倉庫為止，轉由買方承接。
   賣方必要時得以買方風險與費用協助其取得輸出許可證。

5. 保險：未規定，買賣雙方可針對自己負擔的風險範圍承保。

6. 買方必須支付「任何裝運前的檢驗」（Pre-Shipment Inspection,
   PSI），包括該檢驗係輸出國當局強制要求實施的情形。

7. 此賣方工廠交貨條件屬於「現場交貨條件」（Loco Terms），賣
   方負擔的義務最小，此條件於國際貿易較少使用。惟當買方無
   法直接或間接辦理出口通關手續時，不應使用本條件。

8. EXW報價及訂契約時，賣方必須將指定交貨地點清楚列出，以
   示賣方負擔貨物的一切費用到此地為止。必要時，賣方得以買
   方風險及費用協助其取得輸出許可證。

   例如　台灣出口商向美國進口商報價，約定在台北的工廠，工
   廠交貨價為每打5美元；報價方式：US$5.00/dozen EXW

seller's factory in Taipei R.O.C. INCOTERMS 2010.

台灣出口商向美國進口商出口運動服裝，約定在出口商台南的工廠交貨，工廠交貨價為每打10美元；共600打；

We offer to sell sport shirts 600 dozen US$10 per dozen Ex seller's factory in Tainan, delivery during May.

5 INCOTERMS 2010之貨交運送人條件價格－FREE CARRIER FCA（insert named place of delivery）內容。

INCOTERMS 2010與2000年國貿條規最大不同為：將指定地（named place）改為指定交貨地（named place of delivery）。但賣方並無義務支付進口稅捐或辦理貨物進口通關手續。

1. 代號：FCA。
2. 定義：輸出地貨交運送人條款（條款後列明指定地點）。
3. 費用：賣方支付內陸運費、出口通關手續費。
4. 風險：賣方在賣方營業處所或其他指定地點貨交買方指定的運送人為止。如在賣方場所交貨，該場所地址為確定指定交貨地，如在其他地方交貨，賣方須明確告知一個特定交貨地（a different specific place of delivery）。
5. 保險：未規定，買賣雙方可針對自己負擔的風險範圍承保，報價及訂約時，FCA必須將貨物交付運送人交接地點清楚列出，以示賣方負擔貨物的一切費用到此交接地點為止。

例如 台灣出口商向美國進口商報價，約定在基隆貨櫃集散站運送人交貨價為每打8美元。

報價方式：US$8.00/dozen FCA Carrier Keelung R.O.C.

CFS Incoterms 2010。

例如　We offer to sell sport shirts 1,000 dozen US$8 per dozen FCA Taoyuan International Airport,Taiwan,delivery during April.

6 INCOTERMS 2010之運費付到指定目的地價格條件－CARRIAGE PAID TO（insert named place of destination）內容。

此一CPT貿易條件，INCOTERMS 2010與2000年規定相同。此貿易條件可適用於任何包括複合運送在內的運送方式。

1. 代號：CPT。
2. 定義：運費付訖條款（條款後列明指定目的地）。
3. 費用：賣方支付內陸運費、出口通關手費、但無義務支付進口稅捐或辦理貨物進口通關手續。亦無義務支付貨物在目的地的卸貨費（例如：進口目的地貨櫃場內搬運費）。
4. 風險：同FCA。
5. 保險：未規定，買賣雙方可針對自己負擔的風險範圍承保。
6. 報價及訂契約時，CPT後必須將運送之目的地清楚列出，以示賣方負擔貨物的運費到此指定目的地爲止。

例如　台灣出口商向美國進口商報價，內容爲貨物之運送費付訖至紐約，交貨價爲每打8.5美元。

報價方式：US$8.50/dozen CIP Chicago Incoterms 2010。

例如　We offer to sell sport shirts 700 dozen US$6 per dozen CPT New York,delivery during April.

CPT與CFR最大不同之處，在於CFR僅適用在海運與內陸水運。

7 INCOTERMS 2010運費與保險費付到指定目的地價格條件－CARRIAGE AND INSURANCE PAID TO（insert named place of destination）內容。（附註：此條件為適合於任何運輸或複合運送）

1. 代號：CIP。
2. 定義：運保費付訖條款（條款後列明指定目的地）。
3. 費用：賣方支付內陸運費、出口報關費、主運費、保險費，其餘由買方負擔。
4. 風險：同FCA。
5. 保險：主運送保險規定由賣方承保，其餘買賣雙方可針對自己負擔的風險範圍承保報價及訂契約時，CIP後必須將運送之目的地清楚列出，以示賣方負擔貨物的運費及保險費到此指定目的地為止。

例如　台灣出口商向美國進口商報價，內容為貨物之運送費及保險費付訖至芝加哥，交貨價為每打10.5美元。

報價方式：US$10.50/dozen CIP Chicago Incoterms 2010。

例如　We offer to sell sport shirts 1,000 dozen US$6 per dozen CPT Chicago, delivery during December.

8 INCOTERMS 2010指定目的港或目的地之指定貨運站交貨價格條件－DELIVERED AT TERMINAL（insert named terminal of port or place of destination）內容

本條件是2010年新增的貿易條規。本條件所指終點站包括任何地方，不論是否有遮蔽、倉庫、貨櫃場或公路、鐵路站均能適用。

1. 代號：DAT。
2. 定義：終點站交貨條款（條款後列明目的港或目的地之指定終點站）。
3. 費用：賣方負擔貨物出口通關手續，但無義務支付進口稅捐或辦理貨物進口通關手續。
4. 風險：賣方負擔將貨物交運到指定目的港或目的地的貨運站，包括卸載在內的所有危險。
5. 保險：未規定，買賣雙方可以針對自己負擔的風險範圍承保。
6. 報價及訂契約時，DAT後必須列明目的地或目的港的指定終點站，以示賣方負擔貨物的一切費用到此指定終點站為止。

　　例如　台灣出口商向美國進口商報價，內容為貨物運抵休士頓港口，交貨價為每打8.5美元。

　　報價方式：US$8.50/dozen DAT Houston Port Incoterms 2010。

　　例如　We offer to sell 2,000 sets portable telephone Model i-5 US$1,000 per set DAT Berlin(CY), delivery during April. 即德國柏林貨櫃場交貨。

9 INCOTERMS 2010指定目的地交貨價格條件－DELIVERED AT PLACE DAP（insert named place of destination）內容。

本條件是2010年新增國貿條規。

1. 代號：DAP。
2. 定義：目的地交貨條款（條款後列明指定地點）。
3. 費用：賣方負擔貨物出口通關手續，但無義務支付進口稅捐或辦理貨物進口通關手續。賣方無權要求買方負擔在運送契約中有關貨物在指定目的地發生的卸貨成本。
4. 風險：賣方負擔將貨物交運到指定目的地之所有危險。
5. 保險：未規定，買賣雙方可針對自己負擔的風險範圍承保。
6. 報價及訂契約時，DAP後必須列明目的地，以示賣方負擔貨物的一切費用到此目的地爲止。

   例如　台灣出口商向美國進口商報價，內容爲貨物運抵休士頓港口碼頭，稅前交貨價爲每打20美元。

   報價方式：US$20/dozen DAP Houston Port Incoterms 2010。

7. 本條件是將INCOTERMS 2000中的DAF（delivered at frontier，邊境交貨）、DES（delivered Ex Ship，目的港船上交貨）、DEQ（delivered Ex Quay，目的港碼頭交貨）與DDU（delivered duty unpaid，未完稅交貨價格）等加以整合而成，如買賣雙方對於輸入通關採免稅措施（例如：歐盟國家彼此間或東協國家彼此間），則賣方將貨物運至買方國內交付，即可採用本款貿易條件。

10 INCOTERMS 2010指定目的地稅後交貨價格條件－DELIVERED DUTY PAID（insert named place of destination）內容。

此條件INCOTERMS 2010與2000年國貿條規相同。

1. 代號：DDP。
2. 定義：輸入國稅付訖交貨條款（條款後列明指定目的地）。
3. 費用：賣方支付內陸運費、出口報關費、主要運輸費、保險費、過境費、進口報關、VAT（加值稅）及其他稅捐。
4. 風險：賣方必須在約定的日期或交貨期限內，在指定目的地將交貨運輸工具上尚未卸下的貨物交給買方或買方指定的其他人處置。
5. 保險：未規定，買賣雙方可針對自己負擔的風險範圍承保。

報價及訂契約時，DDP後必須列明指定目的地，以示賣方負擔貨物的一切費用到此指定目的地為止。

> 例如　台灣出口商向美國進口商報價，內容為貨物運抵新奧爾良港口碼頭，稅訖交貨價為每打43.5美元。
>
> 報價方式：US$43.50/dozen DDP New Orleans Incoterms 2010。

11 INCOTERMS 2010出口港船邊交貨價格條件－FREE ALONGSIDE SHIP（insert named port of shipment）內容。

INCOTERMS 2010與2000年國貿條規相同。

1. 代號：FAS。

2. 定義：輸出港船邊交貨條款（條款後列明指定裝貨港）。

當指定船舶可以進港靠岸時，係指在裝船邊碼頭；當指定船舶無法進港裝船靠岸時，係指在駁船上。買方須將船名、裝貨地及時間通知出口商，以便出口商事先備貨。

3. 費用：賣方支付內陸運費、出口通關手續費，但無義務支付進口稅捐或辦理貨物進口通關手續。賣方亦不負責裝船費，輸入許可證由買方辦理。但賣方須自付費用並取得輸出許可證。

4. 風險：賣方在貨交輸出港買方指定船邊之碼頭或駁船上（船無法停靠碼頭）為止，之後的風險轉由買方承接。

5. 保險：未規定，買賣雙方可針對自己負擔的風險範圍承保。

6. 報價及訂契約時，FAS必須將裝運港清楚列出，以示賣方負擔貨物的一切費用到此該裝運港船邊為止。所以買方需事先將船名裝貨地及時間通知賣方。

例如 台灣出口商向美國進口商報價，內容為貨物運抵基隆港，買方所指定的船邊交貨價為每打12美元。

報價方式：US\$12.0/dozen FAS Keelung Incoterms 2010。

12 INCOTERMS 2010之出口港船上交貨價格條件－FREE ON BOARD（insert named port of shipment）內容。

INCOTERMS 2010與2000年國貿條規相同。

1. 代號：FOB。

2. 定義：出口港船上交貨條款（條款後列明指定裝運港）。

3. 費用：賣方支付內陸運費、出口報關費（含負擔輸出許可證申辦費用與裝船費），後續由買方負擔。

不過INCOTERMS 2010同意在適用個別規定時，例如：在FOB
條件下，本來運輸由買方洽訂，但買賣雙方當事人可自行約
定改由賣方洽訂，當事人在契約中的特別規定效力優於解釋規
則。

4. 風險：賣方承擔的風險於貨交輸出港買方指定船舶上（on board
the vessel nominated by the buyer）放置定位才完成交貨，接著轉
由買方承接。

　此點與舊條規定義爲越過船舷規定有所不同。

5. 保險：未規定，買賣雙方可針對自己負擔的風險範圍承保。

6. 報價及訂契約時，FOB必須將裝運港清楚列出，以示賣方負擔
貨物的一切費用到該裝運港船上就定位爲止。

> 例如　台灣出口商向美國進口商報價，內容爲買賣雙方約定在
> 台中港船上交貨價爲每打12美元
> 報價方式：US$12.0/dozen FOB Taichung Harbor R.O.C.
> Incoterms 2010
> 各國海關對進出口貿易價格統計，出口值多以FOB計算
> （又稱離岸價格），進口值則依CIF計算完稅價格，故
> CIF價格又稱爲離岸價格。

13 INCOTERMS 2010之賣方將貨交運到指定目的港且賣方支付運費的價格條件－COST AND FREIGHT（insert named port of destination）內容。

INCOTERMS 2010與2000年國貿條規相同。

1. 代號：CFR。

2. 定義：含運費在內交貨條款（條款後列明指定目的港）。

　　賣方須支付海運費並安排船運事宜，其中Cost是指出口港FOB的成本而言。

3. 費用：賣方負擔貨物支付內陸運費以及運送至指定目的港為止之所需海運費、出口通關手續費，但無義務支付進口稅捐或辦理貨物進口通關手續。CFR條件下，賣方必須按通常條件、通常航線、洽訂適當船舶，以防止賣方為節省運費，任意洽訂廉價船。

4. 風險：同FOB。

5. 保險：未規定，買賣雙方可針對自己負擔的風險範圍承保。

6. 報價及訂契約時，CFR必須將目的港清楚列出，以示賣方負擔貨物的海運費到指定目的港為止。例如：CFR Hamburg port EURO8.0/dozen.

> **例如**　台灣出口商向美國進口商報價，內容為運費付至紐約港交貨價為每打8美元，報價方式：US$8.0/dozen CFR New York Incoterms 2010。

> **例如**　We offer to sell white gloves 500 dozen US$20 per dozen CFR Seattle,shipment during April.
>
> 　　在實務上，部分買賣當事人仍使用傳統C&F（或C and F，C+F）用法，且將其與CFR劃上等號，這不是正確的用法；依據國際商會解釋，CFR是全世界唯一普遍認可對Cost and Freight（...named port of destination）貿易條件標準縮寫字的貿易條件。正規貿易條件並無C&F（或C and F，C+F）這類用法。

14 INCOTERMS 2010賣方將貨物置於船上並負擔運費與投保最低保險費在內價格條件－COST INSURANCE AND FREIGHTCIF（insert named port of destination）。

INCOTERMS 2010與2000年國貿條規相同。

1. 代號：CIF。

2. 定義：含運、保費在內交貨條款（條款後列明指定目的港）。
   但港口擁擠費與繞航費不包括在內。在CIF條件下有的規定按CIF金額加10%投保平安險（FPA）（free of particular average），有的規定賣方應投保水漬險（With Average/With Particular Average，簡稱WA/WPA）。水漬險又稱單獨海損險，是指單獨海損負責賠償，是海洋運輸貨物保險的主要險別。這裡的海損是自然災害及意外事故，導致貨物被水淹沒，引起貨物的損失。

3. 費用：賣方支付內陸運費、出口報關費、海運費、保險費，接著由買方負擔。

4. 風險：同FOB。

5. 保險：主運送保險規定由賣方承保，其餘買賣雙方可針對自己負擔的風險範圍承保報價及訂契約時，CIF後必須將目的港清楚列出，以示賣方負擔貨物的保險費及海運費到指定目的港為止。CIF條件下賣方應與信用良好的保險人訂約並至少以Clause C款險投保，在買方要求下，可以以買方費用加保Clause A款險或Clause B款險，或加保戰爭、罷工等附加險。

   例如 台灣地區出口商向美國進口商報價，內容為運費保費付至紐約港口，交貨價為每打10美元。

報價方式：US$10.0/dozen CIF New York Incoterms 2010.

各國海關對進出口貿易價格統計，有關進口值大多是以CIF來計算（又稱到岸價格）。

15 目前國貿條規INCOTERMS 2010對於交貨、通關、保險與運送規定。

相關內容 國貿條規	賣方交貨地點 （風險轉移之地點）	輸出／輸入通關手續之辦理	訂定運送契約及支付主要運費	保險及保費支付	適用之運送方式
Rules for any mode or modes of transport:					
EXW（加註指定交貨地 "named place of delivery"）	於賣方營業處所或（出口地）其他議定地點將尚未辦理輸出通關手續且未裝載上任何收貨運送工具之貨物交由買方處置，即賣方已為交貨；買方須負擔自此地點起所生之一切費用及風險。 EXW條件為賣方承擔最小義務之條件。	買方／買方 （EXW條件為國貿條規中，唯一買方負責辦理輸出通關手續之條件）	買方	買方	適用於一切運送方式及運送全程使用一種以上運送方式之複合運送。
FCA（加註指定交貨地 "named place of delivery"）	於（出口地）議定地點將已辦妥輸出通關手續之貨物交付買方指定之運送人或其他人，即屬賣方交貨；FCA條件亦可在賣方營業處所交貨，若在賣方營業處所交貨，賣方負責裝載；若在其他地點交貨，賣方不負責將已運抵該交貨地點貨物之卸載。	賣方／買方	買方	買方	適用於一切運送方式及運送全程使用一種以上運送方式之複合運送。

相關內容 國貿條規	賣方交貨地點 （風險轉移之地點）	輸出／ 輸入通 關手續 之辦理	訂定運送 契約及支 付主要運 費	保險 及保 費支 付	適用之 運送方 式
CPT（加註 指定目的地 "named place of destination"）	同FCA但係交付賣方指 定之運送人。另倘運送 全程須使用一位以上之 運送人，且未議定交貨 地點時，則在貨物交付 第一受益人時，風險移 轉。另倘當事人希望風 險於運送全程中一個"a later stage"（稍後地 點）移轉時，則當事人 須於契約中載明。	賣方／ 買方	賣方 賣方須訂 立自議定 交貨地至 指定目的 地之運送 契約並支 付運費	買方	同FCA
CIP（加註 指定目的地 "named place of destination"）	同CPT。	賣方／ 買方	賣方 同CPT	賣方 賣方 須訂 立保 險契 約並 支付 保費	同FCA
DAT（加註目的 港或目的地之指 定終站"named terminal at port or place of destination"） DAT不須辦理輸入 通關	賣方須將貨物運抵（通 常為進口地）契約所指 定目的港或目的地之 指定終站（terminal） 地點，並從運送之工 具卸載完成時（once unloaded）交付買方處 置，視為賣方交貨；賣 方須承擔至此地點之一 切風險、費用及其他相 關作業，但不須辦理輸 入通關。	賣方／ 買方	賣方	賣方	適用於 一切運 送方式 及運送 全程使 用一種 以上運 送方式 之複合 運送。

相關內容 國貿條規	賣方交貨地點 （風險轉移之地點）	輸出／輸入通關手續之辦理	訂定運送契約及支付主要運費	保險及保費支付	適用之運送方式
DAP（加註目的地"named place of destination"） DAP不須辦理輸入通關	賣方須在契約所指定（進口地）目的地，將已運送抵達此地點但尚未從承運之運送工具上卸載，亦未辦理輸入通關之貨物，交付買方處置時，視為賣方交貨。除由買方辦理辦理輸入通關手續及繳交進口稅賦外，賣方須承擔將貨物運抵（進口地）指定目的地，所衍生之一切費用，風險及其他相關作業。	賣方／買方	賣方負擔運費	賣方負擔保費	同DAT條件
DDP（加註目的地"named place of destination"）	在（進口地）指定目的地，將以運抵此地點且辦妥輸入通關手續但未卸載之貨物交付買方，並承擔至此之一切費用及風險（在可適用之情況下包括輸入稅賦）	賣方／賣方	賣方負擔運費	賣方負擔保費	同DAT條件

Rules for sea and inland waterway transport:

相關內容 國貿條規	賣方交貨地點 （風險轉移之地點）	輸出／輸入通關手續之辦理	訂定運送契約及支付主要運費	保險及保費支付	適用之運送方式
FAS（加註指定裝運港"named port of shipment"）	將已辦妥輸出通關手續之貨物放置於出口地指定裝載港買方所指定之船舶邊（碼頭或駁船）或「取得」已如此交付（procuring the goods so delivered）之貨物，即為賣方交貨。	賣方／買方	買方	買方	只能使用於海運或內陸水路運送。倘貨物以貨櫃運送，應使用FCA條件。

國貿條規＼相關內容	賣方交貨地點（風險轉移之地點）	輸出／輸入通關手續之辦理	訂定運送契約及支付主要運費	保險及保費支付	適用之運送方式
FOB（加註指定裝運港 "named port of shipment"）	將已辦妥輸出通關手續之貨物於出口地指定裝運港裝載於買方所指定之船舶上或「取得」已如此交付之貨物，即屬賣方交貨。	賣方／買方	買方	買方	只能使用於海運或內陸水路運送。倘貨物以貨櫃運送，應使用FCA條件。
CFR（加註指定目的港 "named port of destination"）	同FOB	賣方／買方	賣方	買方	只能使用於海運或內陸水路運送。倘貨物以貨櫃運送，應使用CPT條件。
CIF（加註指定目的港 "named port of destination"）	同FOB	賣方／買方	賣方	賣方	只能使用於海運或內陸水路運送。倘貨物以貨櫃運送，應使用CIP條件。

在DAT、DAP及DDP等貿易條件下，有關海上（或空運）保險
之投保，雖未予以強制規定，但考量賣方交貨（風險轉移）的
地點在進口國，因此，爲避免商品遺失，賣方最好還是以自己
費用投保到進口國交貨（風險轉移）地點比較保險。

16 INCOTERMS 2010年版的CIF及CIP與D類型貿易條件之賣方所負擔的風險有何不同？

1. D類型係屬抵達類型之貿易條件，係指賣方須以其自身風險及費
   用將貨物運至進口國之目的港或目的地之指定終站（DAT）或
   指定之目的地（DAP/DDP），至於以CIF及CIP條件交易，交易
   價格中包括主要運費及保險費，因此，以此貿易條件交易，進
   口商在進口地領貨時，不須繳交主要運費，亦不須另外購買海
   上基本運輸保險。

2. D類型的貿易條件，一直至進口國指定交貨地點以前的風險是由
   賣方承擔，在此段航程貨物發生損害時，損失均由賣方負責，
   故其所投保的保險是承保賣方的危險；但在CIF及CIP條件，其
   貨物運輸的風險在出口地（CIF-船舷，CIP-貨交運送人）即已
   轉由買方承擔，在此點之後，貨物發生損失，損失則由買方承
   擔，保險理賠的申請亦由買方提出。

3. 以CIF或CIP條規交易時，買方應於契約中註明應投保的保險條
   款，否則賣方會依據國貿條規規定，僅以最低承保範圍作爲投
   保內容，若雙方未約定最低保險金額時，一律以契約所定價金
   加一成（110%）投保。

   依INCOTERMS 2010規定CIF賣方須將貨放在船上定位，與以前

只越過船舷不同。另INCOTERMS 2010規定CIF加一成為保險價金，其中一成即為進口商預期利潤或貨物有滅失時，買方除交易成本可獲保險公司賠償外，預期利潤亦可一併獲得保險公司理賠。

所以CIF = FOB + Freight + Insurance

17 INCOTERMS 2010有關買賣方各自的義務為何？

條件	EXW	FAS	FOB	CIF	CPT	CIP	CFR	DDP
輸出許可證	B	S	S	S	S	S	S	S
訂立運送契約	✕	B	B	S	S	S	S	S
訂立保險契約	✕	✕	✕	S	✕	S	✕	✕
輸入許可證	B	B	B	B	B	B	B	S
運輸費用	B	B	B	S	S	S	S	S
保險費用	✕	✕	✕	S	✕	S	✕	✕

備註：B表示買方，S表示賣方，✕表示不一定

出口簽證係指向政府指定簽證機構（例如：國貿局）申請輸出許可證而言。

18 CIP、CPT與FCA有關出口商的風險分界點為何？

依INCOTERMS 2010有關CIP、CPT與FCA的賣方風險轉移點均相同，均為貨交買方運送人為止，但不同的是，CPT多付運費至目的地（港），CIP多付保費與運費至目的地（港）。

19 台灣出口商最近收到紐西蘭進口商要求以FIS貿易條件報價，何謂FIS？

所謂FIS貿易條件是指「買方倉庫交貨條件」（Free into Store），即賣方負擔一切危險費用、關稅、進口報關費用、進口港至買方倉庫的運費，其與INCOTERMS 2010之DDP貿易條件很像，但是因為FIS貿易條件為非定型化貿易條件，不屬於INCOTERMS 2010所規定的範圍，對出口商風險較大，為避免日後爭議，可由臺灣出口商請紐西蘭的進口商改採DDP貿易條件報價。

想跟我做生意，你得先把最新國際貿易條件弄懂。

Yes, sir！

20 DDP及DAT貿易條件之賣方所負擔風險的差異。

1. DAT是指賣方在指定目的地將尚未辦理輸入通關手續且尚未從到達之運送工具卸下之貨物交付買方，賣方不負責辦理通關手

續，亦不負擔輸入稅負及通關手續費。

2. DDP係指賣方在指定目的地將已辦理輸入通關手續而尚未從到達之運送工具卸下之貨物交付買方，賣方須負責辦理通關手續及負擔輸入稅賦及通關手續費。

21 圖示說明INCOTERMS 2010各種貿易條件之賣方所應負擔風險、保費、運費之差異

1. EX WORKS

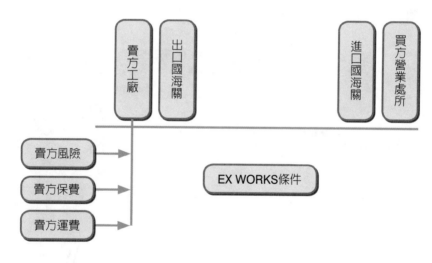

2. FAS

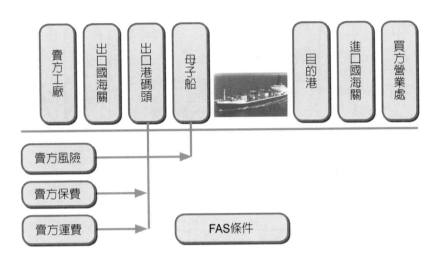

賣方工廠　出口國海關　出口港碼頭　母子船　　目的港　進口國海關　買方營業處

賣方風險

賣方保費

賣方運費

FAS條件

3. FOB

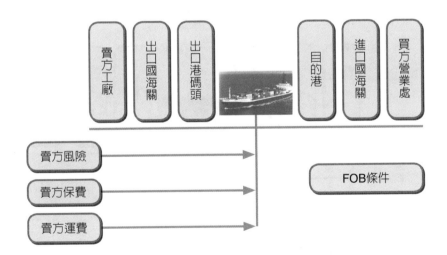

賣方工廠　出口國海關　出口港碼頭　　目的港　進口國海關　買方營業處

賣方風險

賣方保費

賣方運費

FOB條件

4. CFR

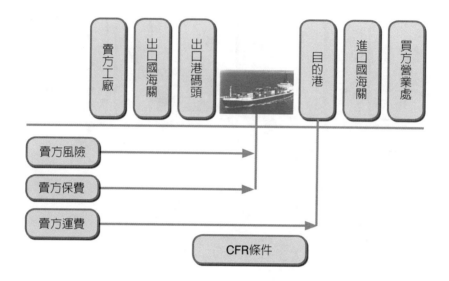

5. CIF

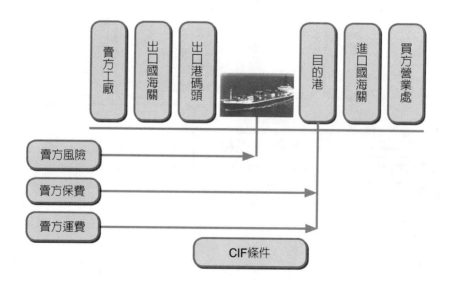

　　CIF條件下賣方之成本包含主要運費（付至指定目的港），保險費。

　　CFR則有主要運費；此費用係買方附加於交易價格內一起交付予賣方代爲支付。

6. FCA

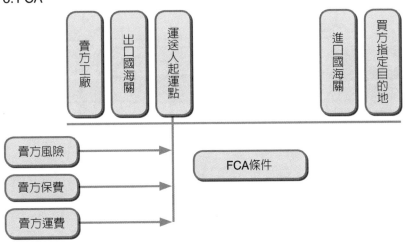

7. CPT

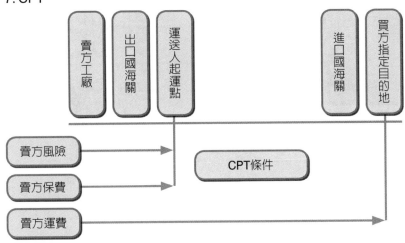

8. CIP

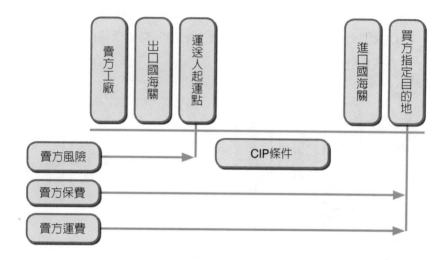

9. DAT

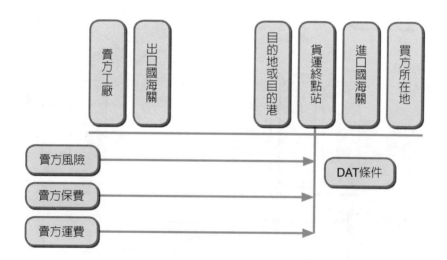

10. DAP

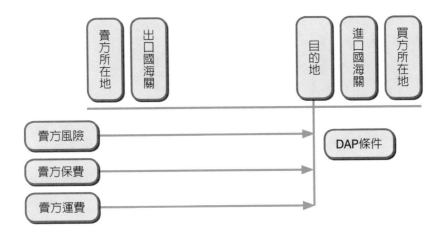

11. DDP

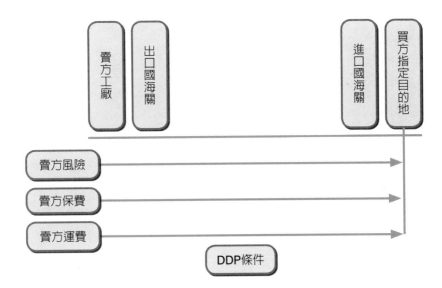

包裝、數量與原產地證明

1 國際貿易交易條件（terms and conditions of the transaction）之內容包括哪些？品質證明書之簽發人為何？

1. 國際貿易交易條件，基本上有八個基本交易條件，分別是：品質條件、驗貨條件、數量條件、價格條件、包裝刷嘜條件、保險條件、交貨條件及付款條件。

2. 一旦報價為對方接受，則報價立刻轉為國際貿易契約條款。但國際貿易契約條款並不限上述八個基本條件，其他如不可抗力條件、契約糾紛條款及有關智慧財產權條款，均可視實際交易情況而納入買賣契約中。

3. 品質證明書為裝運貨物的品質之證明，簽發人通常為：(1)出口商；(2)公證行；(3)鑑定人；(4)同業公會；(5)製造商。

2 國際貿易交易條件（terms and conditions of the transaction）的商品名稱與品質條件應注意之事項為何？

1. 注意是否為同名異物

例如：英文Coke可以是「可口可樂」或是「古柯鹼」，為避免混淆，於訂名時應就商品規格與形態具體描述。

2. 注意品名與關稅的關聯性

　　例如：「靜相攝影機」（still image video cameras）如以「數位靜相攝影機」（digital still image video cameras）報關，關稅為免稅，如以「其他靜相攝影機」（other still image video cameras）名稱報關，關稅為4.5%。

3. 品名與運費的關係

　　以美國線海運為例，運費計算方式隨貨品名稱不同而計價，例如：「一般用紙」如果以「廢紙」名義運送，其運費只有原來運費的二分之一不到。

4. 一般而言，買賣雙方約定品質的方法有下列五種：

　　(1)商品實物；(2)規格；(3)標準物；(4)品牌；(5)說明書。

3　國際貿易以規格約定品質的標準為何？

　　國際貿易買賣雙方憑一定的品質標準規格（standard specification）而達成的交易，稱為憑規格的交易（sale by grade）。一般國際貿易上常見的規格種類包括：

1. 國際標準

　　如歐盟自1992年起實施新CE標誌的產品認證制度，即完成採用ISO（International Standard Organization）所規範的品質標準。

2. 國家標準

　　由國家制定的標準規格，例如：我國CNS（Chinese National Standards）為經濟部標準檢驗局所訂定各項產品標準規範，英國BS（英國標準及守則）；德國DIN（德國國家標準及守則）等。例如：我國的鍋爐產品銷往外國，如未能符合當地標準

（壓力容器的設計、建造、檢驗），會被退貨。另歐盟制定的 CE（Confirmity to European）、美國保險業者試驗所（UL）等均是。

3. 團體標準

　　由產業公會或學會所制定的標準，如：

　　(1) 日本的JIS（日本國家級標準中最重要、最權威的標準）根據日本工業標準化法的規定，JIS標準對象除對藥品、農藥、化學肥料、蠶絲、食品以及其他農林產品制定有專門的標準或技術規格外，還涉及到各個工業領域。

　　(2) 美國的ASTM是美國材料與試驗學會成立於1898年，為目前全球最大的標準規範制定單位之一，該學會為非營利性機構，主要為訂定材料規格並擬訂標準規範。

　　(3) 美國食品藥物檢驗局（Food & Drug Administration）制定藥品GMP，目的在確保藥品品質。

4. 公司標準

　　國際間居領導地位等大公司，如IBM，MOTOROLA係等以公司自定的品質標準為交易的依據。

4 國際貿易以標準物約定品質之標準內容。

1. 一般農產品標準品質表示方法有：

　　(1) 平均品質（Fair Average Quality, FAQ）

　　　　規定貨物的品質為裝運地該季節運銷商品的平均品質：依本條件交易時，必須約定以哪一地、哪一年、哪一季的FAQ為標準。

例如 Quality: Chicago wheat, 2012 Summer Crop. FAQ.

⑵ 優良商品品質（Good Merchantable Quality, GMQ）

規定賣方須保證所交付貨品品質具有良好商業銷售價值，木材及冷凍魚蝦等商品交易，多以此方式約定品質。

2. 以品牌或商標約定品質標準（trade by brand or trade mark）。

3. 以規格說明書或型錄圖樣約定品質標準（trade by specification or catalog）。

4. 憑產地名稱交易（trade by name of origin）

某些產地商品因具有地方特色，一般消費者對其品質認知，多以該產地名稱為依據，例如：新竹米粉、麻豆文旦、台南玉井芒果等。

5 國際貿易如何確定商品品質的時間與地點？

國際貿易商品由出口地運至買方指定目的地經常要耗費一段時間，有些貨物尚須經過一些自然環境迥異地區，商品在運送途中發生變質的情況亦時有所聞，故品質認定的時間與地點重要。在不同貿易條件下，品質認定可分為：

1. 出廠品質條件（maker's quality terms）：對製造商最有利。

2. 裝船品質條件（shipped quality terms）：一般以公證人或檢驗機構出具的報告書為證明。

3. 起岸品質為準（landed quality final）：賣方須負責貨物於目的港卸落岸上時的品質能符合約定標準，一般以公證人或檢驗機構出具的報告書為證明。

4. 買方品質條件（buyer's quality terms）：對買方最有利，通常須經安裝試車的機械設備常採此法。

5.

確定品質的時間與地點		
貿易條件	時間	地點
EXW	交貨時	賣方工廠
FAS, FOB, CFR, CIF	裝貨時	裝貨港
DAT	卸貨時	目的港／目的地
FCA, CPT, CIP	交付運送時	運送人接收地
DDP, DAP	進口地交貨時	目的地

6. 以FOB條件爲出口地交貨，若買方不願負擔此風險，可以在FOB條件之外，另行約定以「起岸品質爲準」（landed quality final）爲條件。FAS、CFR、CIF亦同。

7. 在DAP、DAT或DDP條件下，若賣方不願意負擔貨品不可避免的毀損，可與買方於契約中附加約定以「裝船品質爲準」（shipped quality final）爲條件，將風險移轉由買方承單。

8. 貨品固有瑕疵、意外、自然變質、短裝等情形賣方應負擔，保險公司不負責賠償。

6 國際貿易如何確定交貨數量、時間與地點？

1. 貨物經過長途運送、物性極可能發生變化，例如：受潮則貨物重量增加，酒類遇蒸發則重量減少。故在國際買賣契約中，若以重量爲交貨數量條件，何地、何時決定交貨數量便成爲買賣雙方關心重點。

2. 一般買賣雙方確定重量時、地依貿易條件而定，例如：EXW以在賣方倉庫交貨時爲準（shipping weight final），FOB、FAS以在裝船時爲準；DAP、DDP以進口地交貨時爲準（將尚未從

「到達的運送工具」上卸下的貨物交付買方）。其對買賣雙方影響如下：

(1) 依裝船時的數量條件（shipped quantity terms），對賣方較有利。

(2) 依卸貨時的數量條件（landed quantity terms），對買方較有利。

貿易條件	數量確認時點
EXW	以在工廠交貨時的數量為準
FCA, CPT, CIP	以交給承運人時的數量為準
FAS, FOB, CFR, CIF	以在裝貨港裝運時的數量為準
DAT	以在目的港卸貨時的數量為準
DAP, DDP	以在目的地（將尚未從「到達的運送工具」上卸下的貨物交付買方）交給買方時的數量為準

7 國際貿易交易的數量寬容條款（allowance clause）。

1. 係允許交貨數量不足或過多之規定，信用狀統一慣例UCP 600第30條a項規定，信用狀所載數量若使用about或approximately，可解釋為容許該數量10%以內的差異。此條款又稱為溢短裝條款（More or Less clause M/L clause）或容忍限度條款。

2. 一般來說，如果信用狀對金額和數量溢短裝有明確規定則按規定辦理；若信用狀沒有使用about或approximately字眼，可以有5%溢短裝。

3. 根據UCP600條款，如果計量單位是以個別件數或包裝單位來規

定貨物數量者，例如：冰箱，則此項規定不適用。

根據UCP 600第30條b項規定，若非論件數量交貨，未約定容許該數量10%以內的差異，則貨物數量未超過5%上下限係屬容許範圍。

8 國際貿易交付數量發生歧異應如何解決？

1. 貨物依個數或件數（piece）交易時，賣方為保護自身權益，可在契約中要求於約定數量上下若干百分比（如10%）內可以彈性交貨，或在契約數量前加上approximately字樣。

2. 裝運量與契約重量相符但與起岸重量歧異時

   例如：酒、樟腦丸或汽車芳香劑等揮發性貨物容易在運送中發生損耗，通常於契約中規定損耗限度（如2%），假使起岸重量（landed weight）少於裝運重量（shipping weight）超過2%，損耗由賣方補償，損耗不到2%賣方不負責，此2%稱為「免賠額」（franchise）。契約中常見規定如下：shipping weight, any loss in weight exceeding 2% to be allowed for by the seller.

3. 裝運重量與契約重量不符時

   散裝貨物（如黃豆、小麥、穀物農產品），或因收成季節性或因艙位變動，少有如數交貨者，賣方可主動提出彈性交貨條款，如約定5% more or less at seller's option，以增加自身來履約的籌碼。

9 貨櫃的國際通用規格為何？

1. 20呎貨櫃，國際通用是以TEU（Twenty-foot Equivalent Unit）表

示，40呎貨櫃，國際通用是以2個TEU表示。

2. 美國總統號輪船公司（American president liner）首創45呎長，9 呎半高的貨櫃，在台灣隧道、人行陸橋、立體交叉路可通行9呎 半高度的貨櫃，但日本的高架橋則無法通行9呎半高度的貨櫃。

10 何謂長噸、短噸、公噸，如何換算為磅及公斤？

1. 由於各國採用的重量單位不同，為避免發生交易糾紛，一般重 量分為長噸（Long Ton, L/T）、短噸（Short Ton, S/T）、公噸 （Metric Ton, M/T），其換算為磅及公斤如下：

長噸	2,240磅	1,016公斤	英國採用
短噸	2,000磅	907公斤	美國採用
公噸	2,204磅	1,000公斤	法國採用

2. 一般而言，價格條件中的計價單位應與數量條件中採用的數量 單位相同，例如：數量單位為（M/T），價格條件亦應以per M/ T為計價單位。

3. 有些特殊情形像，鋼條數量是以束（bundle）表示，但計價時卻 以長噸（Per L/T）來表示；此外，生絲數量單位是採捆（bale） 計算，但計價時卻以磅（Per lb）為計價單位。

11 國際貿易商品之包裝（packing）規定與包裝條件之內 容分別為何？

為避免運輸途中發生損毀，除大宗物質或農礦產品外，貨物須

有適當包裝；因此，包裝條件亦為買賣契約之必要條件，買賣雙方於訂定契約時，需將包裝相關之刷嘜條件一併考量，各條件項目包括：

1. 包裝條件

買方有關包裝條件之約定項目常見有：包裝之材料、方式、數量、尺寸……等；倘買賣契約未對包裝之約定項目有明確之規定，而使用像是「習慣包裝（customary packing）」或「標準出口包裝（standard export packing）」時，賣方在處理貨物之包裝時，必須考量貨物運送過程所需之最適包裝，及包裝是否能保護貨物安全運抵買賣契約所約定之目的地。

一般包裝條件範例可表示如下：

Packing: One dozen to a box,10 boxes to a carton.（每一打裝一盒，每十盒裝一箱）。

2. 包裝種類

⑴ 散裝貨物（bulk cargo）：不須包裝而是直接裝載於運輸工具，例如：穀物、礦砂、原木。

⑵ 裸裝貨物（nude cargo）：貨物在型態上自成一件，不須加以包裝者，例如：汽車或機車。

⑶ 包裝貨物（packed cargo）：須加以包裝之貨物。

3. 貨物包裝

分內包裝（packaging）與外包裝（packing）。

⑴ 內包裝係指以適當材料或容器裝成貨品的初次包裝，以保護商品並兼具美化商品的功能，例如：鮮奶用紙盒裝。

⑵ 外包裝是指運送貨物時，將一件或數件貨物裝入容器內或加以包紮的二次包裝，目的在保護商品，便於運輸及儲存，例

如：橡木桶冰酒。

例如　假設貨物毛重為105KGS，外包裝為2.5 KGS，內包裝為0.5 KGS，則淨重為102.5 KGS，純淨重為102KGS。

12 指定品牌（branding）與中性包裝（neutral packing）的定義。

1. 指定品牌（branding）

指買方下訂單時通常會指定品牌，若該品牌為賣方所有則無問題，若非賣方所有，例如：代工生產OEM模式，則賣方即須進行品牌商標所有權確認，以免觸犯商標權。

2. 中性包裝（neutral packing）

是指國外買方要求賣方在商品的內外包裝上，不標示生產國別。中性包裝又分為兩種：

(1) 指定品牌中性包裝：賣方在商品本身或包裝上使用買方指定品牌商標，但不標示生產國別。

(2) 無指定品牌中性包裝：賣方在商品本身或包裝上均不標示任何品牌商標，亦不標示生產國別。

13 依國際慣例，嘜頭字體及位置之規定為何？

1. 依照國際慣例，嘜頭字體最小須有2平方吋。嘜頭格式應由買方於買賣契約中規定，買方未指定，可由賣方自行設計。通常刷嘜標示項目如下：主標誌（main mark）、副標誌（counter mark）、卸貨港及目的地標誌（port mark, destination mark）、箱號或包裝件數（carton or package number）、原產地標誌

（country of origin）、重量與體積標誌（weight and measurement mark）、品質標誌（quality mark）及警示標誌（care mark）等。

2. 主標誌（main mark）

又稱為主嘜，由兩部分組成。一為如菱形狀的圖形，另一為圖形中的字母CTD，通常代表買方或賣方名稱的開頭字母（initials）。依慣例，主嘜依買方規定辦理，若買方無指定，則由賣方設計製作。主嘜最主要的功能在方便碼頭搬運工人辨識搬運是否為同一批貨物。shipping mark主標誌中，文字部分代表買方名稱英文縮寫。

3. 副嘜頭（counter mark）

記載裝貨人或製造商名稱記號，例如：字母R。但有時亦改以收貨人或買方的名稱為記號。

4. 卸貨港及目的地標誌（port mark, destination mark）

圖中Madrid為目的地（destination），Barcelona為卸貨港或轉運港，包裝嘜頭刷上「Madrid Via Barcelona」，表經由Bancelona運至Madrid。

5. 箱號（carton number）

1/100表該批貨總共有100箱，此箱為第一箱。

6. 原產地標誌（country of origin）

規定所有出口貨品均應在包裝上標示Made in Taiwan字樣，且大多數國家對進口貨物亦規定應於包裝上標明原產地，否則不准進口。

7. 重量與體積標誌（weight and measurement mark）

標示該箱的毛重、淨重及長、寬、高，以便船公司計算運費及

安排艙位。

8. 注意標誌（care mark）

稱為caution mark或safety mark，指示裝卸貨工人正確搬運及保管的方法，以防損傷貨物。注意標誌以圖形或文字或圖形文字併用。

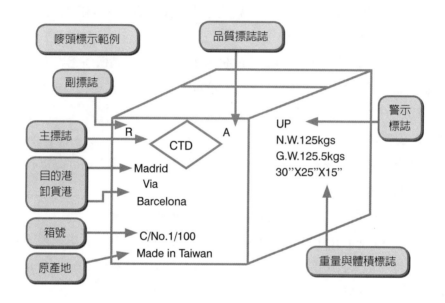

14 國際貿易中之木質包裝材料管理準則（ISPM15）為何？

1. 國際貿易木質包裝材料管理準則（ISPM15），目的在規範國際貿易中貨物木質包裝質量，防止農林有害生物隨木質包裝在世界各地傳播和擴散。目前WTO各成員陸續依據ISPM15標準修訂各國進口木質包裝檢疫法規。美國、加拿大、墨西哥、韓國、澳大利亞、歐盟等國已參照國際標準重新修訂其該國的木質包裝檢疫管理規定，並在制定過程中加入了一些特殊要求。

2. ISPM15標準對木質包裝檢疫要求所有進口木質包裝必須進行檢疫處理，並加貼國際標識。植物檢疫措施國際標準中處理方法包括：

(1) 熱處理，木材中心溫度至少達到56℃，持續30分鐘以上。

(2) 溴甲烷燻蒸處理，燻蒸最低溫度不得低於10℃，時間不得少於16小時。

(3) 輸入國家或地區認可之其他除害處理方法。

15 何謂Proforma Inovice？

Proforma Inovice是貿易用交易單據，又稱預約發票。當進口商下單後，會以Proforma Inovice來與客戶確認訂單內容之文件。此後客戶憑此單據便可處理金融和相關進口手續。同時，賣方出示Proforma Invoice，買方可憑此到銀行申請開立信用狀，國外客戶會根據賣方出具的Proforma Inovice向其往來銀行申請開發信用狀，所以Proforma Invoice是：

1. 於報價後交易確定前，賣方開給買方之單據。

2. 性質：試算性質之貨運清單。

3. 作用：買賣清單，供買方辦理L/C或進口簽證用。

16 Packed in wooden case C.K.D.與Packed in wooden case S.K.D.之兩者差異。

1. C.K.D.是指Complete Knock Down的縮寫，是指將整件商品全部拆開包裝，亦即全拆卸。

2. S.K.D.是Semi Knock Down的縮寫，是指將整件商品的一部分零

件拆開包裝，亦即半拆卸。

例如　八德公司出口機車5,000台，合約規定木箱裝運，信用狀
　　　註明Packed in wooden case C.K.D.，出口商所有單據均依
　　　L/C規定，但貨到目的港卻遭進口國海關罰款並改課較高
　　　稅捐，主要是因為該出口商不理解Packed in wooden case
　　　C.K.D.的意思，是出口商必須將機車拆散後裝入木箱，
　　　因為零件進口稅率較低，結果出口商以整輛機車裝運稅
　　　率自然較高，若裝運前事先未請買方改證，進口商可以
　　　向出口商要求賠償加課關稅與罰款。

17 國際標準銀行實務ISBP有關包裝（packing）之規定。

　　依據ISBP（ICC發布之國際標準銀行實務）第41條規定；若
L/C要求Packing List，只要單據包含包裝明細，無論單據名稱是以
Packing Note或是Packing &Weight List，甚至無單據名稱，均符合
信用狀要求；不過Packing List記載方式應與商業發票商品明細相
同；以免因不一致而遭押匯銀行退件。另進口商預期將單據轉讓給
其他買主時，為防止買主直接與出口商接洽，通常會要求出口商提
供無出口商信頭（letter head）及公司簽章之包裝，此稱為中性包
裝（Neutral Packing List）。

18 國際貿易上所謂的煙燻證明（fumigation certificate）之內容為何？

　　煙燻證明（fumigation certificate）是指進口國政府為了預防進
口之貨物將有害細菌或病蟲隨著貨物進入進口國境內，因此一些特

定地區（中國或東南亞國家）之特定貨物（木質包裝或木條木製貨品）在進口通關時，務必提出煙燻證明（fumigation certificate），否則進口國海關將不予通關。

19 何謂Stamped Signed Commercial Invoice？

　　Stamped Signed Commercial Invoice依據UCP600第17條b、c項規定如下：

1. UCP600第17條b項「除單據本身表明其非正本外，載有單據簽發人明顯原始簽字、標記、圖章或標籤之任何單據，銀行應認為其為正本。」
2. UCP600第17條c項：除單據另有表明外，具有下列性質之單據，銀行亦將認其為正本而予接受：
   (1) 顯示由單據簽發人親手書寫、打字、打孔或蓋章。
   (2) 顯示係製作在單據簽發人之原始信箋上。
   (3) 敘明其為正本，除非該正本性質的聲明顯示不適用於所提示之單據。
3. 若信用狀規定須Stamped Signed Commercial Invoice，出口商只以電腦打出公司名稱後加以簽署，將不符L/C要求，會遭進口商拒付。

20 有關GHS包裝之規定內容。

　　GHS乃化學品分類與標示之全球調和制度（Globally Harmonized System, GHS），係聯合國為降低對勞工與消費者身體危害及環境汙染，並減少跨國貿易障礙，所主導推行的化學品分類

與標示之全球調和系統。GHS施行後,可提高人類健康及環境保護,並可節省跨國企業製作標示及物質安全資料表的費用與時間。

21 進口貨物原產地之認定標準。

1. 一般貨物以下列國家或地區為其原產地
   (1) 進行完全生產貨物之國家或地區。
   (2) 貨物加工、製造或原材料涉及二個或二個以上國家或地區者,以使該項貨物產生最終實質轉型之國家或地區為其原產地。其中實質轉型係指下列情形:
   A. 原材料經加工或製造後所產生之貨物與原材料歸屬之海關進口稅則前6位碼號別相異者。
   B. 貨物之加工或製造雖未造成前款稅則號別改變,但已完成重要製程或附加價值率超過35%以上者。

2. 低度開發國家貨物之原產地認定
   自低度開發國家進口之貨物,符合下列規定者,認定屬於該國家之原產貨物:
   (1) 自該國完全生產之貨物。
   (2) 貨物之生產涉及二個或二個以上國家者,其附加價值率不低於50%者。

3. 自由貿易協定締約國或地區貨物之原產地認定
   與我國簽定自由貿易協定之國家或地區,其進口貨物之原產地分別依各該協定所定原產地認定基準認定之。

22 為認定貨品是否為原產貨品，需計算RVC，請說明何謂RVC？

為認定貨品是否為原產貨品，各締約方應規定依下列方法計算區域產值含量要求（RVC）。

1. 集中價格計算方法：根據特定非原產材料之價格計算。

$$RVC = \frac{貨品價格 - FVNM}{貨品價格} \times 100\%$$

2. 向下扣除法：根據非原產材料之價格計算。

$$RVC = \frac{貨品價格 - VNM}{貨品價格} \times 100\%$$

3. 向上累計法：根據原產材料之價格計算。

$$RVC = \frac{VOM}{貨品價格} \times 100\%$$

上式RVC係指貨品之區域產值含量，以百分比表示；VNM係指用於製造貨品之非原產材料，包括原產地不明之材料；FVNM係指用於貨品生產之非原產材料於產品特定原產地規則相關產品特定規則所列之價格，包括原產地不明之材料。

23 海關發票（special custom invoice）與領事發票（consular invoice）之內容。

1. 海關發票（special custom invoice）

指輸入國對輸入物品決定貨物之課稅價格、統計、查核貨物

原產地與防止傾銷，亦為一種價值原產地證明書，其規定進口報關時，須向當地海關呈驗海關發票，海關發票與領事發票不同之處在於，出口商只須依進口國海關當局所制定的特定格式填製海關發票後，自行簽署即可，不必像領事發票必須由領事簽署才可，所以海關發票在手續上較簡便。

2. 領事發票（consular invoice）

指進口國派駐出口地之領事，用以證明出口商所開發票是真實的證明，像是中南美洲規定進口貨物必須提示領事發票以替代原產地證明書，consular invoice可供課徵進口稅與查緝是否有傾銷之情事，領事發票各國格式不一，大多由出口商填具再請進口國駐出口商所在地之領事簽證，領事發票的申請手續較繁瑣，各國領事單位會向出口商收取領事簽證費，容易增加出口時間，造成出口商的不便。

24 裝貨單（shipping order，簡稱S/O）

　　裝貨單（Shipping Order，簡稱S/O）由承運輪船公司簽發，為一式二份，或一份甲乙聯，甲聯為裝貨單，乙聯為大副收貨單（mate's receipt）或為櫃裝貨物收貨單（dock receipt），為貨物裝船之主要單證，惟不可將二張（含）以上裝貨單以一張出口報單合併申報。出口整裝貨櫃並應確實填明貨櫃標記及號碼。

25 依ECFA所訂之貨品貿易早期收穫產品臨時原產地規則，何謂中性材料？在認定貨物是否為原產貨物時，哪些中性材料之原產地應不予考慮？

1. 中性材料指在另一貨物之生產、測試或檢驗過程中使用，但本身不構成該貨物組成成分之貨品。
2. 認定貨物是否為原產貨物時，根據貨品貿易早期收穫產品的臨時原產地規則第12條規定，以下中性材料之原產地應不予考慮：
   (1) 燃料、能源、催化劑及溶劑。
   (2) 用於測試或檢驗貨物之設備、裝置及相關用品。
   (3) 手套、眼鏡、鞋靴、衣服、安全設備及用品。
   (4) 工具及模具。
   (5) 用於維護設備和建築之備用零件及材料。
   (6) 在貨物生產過程中使用，雖未構成該貨物組成成分，但能合理表明為該貨物生產過程一部分之其他貨物。

26 從紗開始原則（Yarn Forward）

1. 係規範紡織品原產地認定的一種方式。在某些自由貿易協定，例如：NAFTA，紡織品及成衣要適用優惠稅率必須有特別嚴格的原產地規定限制，即必須從紗開始即在自由貿易區內生產，或者大多數之布料、成衣及雜項產品中，其稅則分類改變係從該多數紗及布料以外之任何其他稅號，轉變至該產品在國際商品統一分類制度所適用之稅號。

2. 成衣及雜項產品在「從紗開始」原則下，通常被要求必須在區域內國家裁剪（或針織成型）、縫製或加工組合完成。例如：在NAFTA中，成衣產品所適用之「從紗開始」原則必須符合三項條件：

    ⑴ 須在NAFTA國家裁剪及縫製或加工組合。

    ⑵ 成衣所使用布料必須在NAFTA國家內製造。

    ⑶ 布料所使用的紗必須在NAFTA國家內製造。

第 5 章 商品檢驗與公證

1 國際貿易商品的驗貨有哪些應注意事項？

1. 驗貨主要在查驗賣方所交商品在品質、數量、包裝及刷嘜上是否合於買賣契約。一般出口代理商都會要求製造商的商品須經檢驗合格後，才准出口。在直接外銷場合，由於國內出口商與國外買主分隔兩地，對驗貨條件更為重視。

2. 驗貨與品質及數量條件密不可分時貿易條件可決定驗貨應在何時、何地，並據以做成驗貨報告。目前實務上，驗貨如由買賣雙方委託第三方驗貨單位檢驗，不失為一種公正良好的機制，對出口貨品品質提升、貿易糾紛的避免均有極大幫助。

2 國際貿易商品的驗貨單位有哪些機構？及SGS的意涵？

1. 驗貨單位多由買賣契約約定，一般而言，由以下四種不同對象來執行：

   (1) 生產商或賣方

   生產廠商信譽卓著、品質早已標準化且出廠時經過嚴格檢驗，買方可以完全信賴其出廠品質。如BMW、GM等尚有完整的保證及售後服務，故由製造廠商所出具的檢驗書可為各方所信賴。

(2) 政府設立的檢驗單位

由政府設立檢驗機構強制某些類別產品經過檢驗合格後才准出口。經濟部標準檢驗局即是。

(3) 進口國政府指定的公證行

許多國家對進口貨物要求應檢附指定公證公司驗貨報告，始予核發外匯，通關提貨。公證項目包括貨物的品質、數量、包裝及嘜頭，同時查核貨物FOB價格是否為出口地之合理價格，以防止濫結外匯。例如：委託遠東公證公司（SGS）辦理驗貨事宜。

(4) 進口商指定檢驗單位

美國電器用品進口商往往指定產品應符合美國UL（Underwriters Laboratories INC.）標準，而申請UL的認證須經由出口商直接向美國UL申請。UL會派工程師前來工廠檢驗，合格後才能投保美國消費者安全責任險並使用UL標籤。另外，英國標準局（BSI）及德國的VDE亦與UL情況類似，我國廠商多數委託遠東公證公司（SGS）代理。

2. SGS瑞士通用檢驗公證集團於1952年以瑞商遠東公證股份有限公司註冊並正式成立台灣分公司，目前有化學化驗中心、超微量工業安全衛生、食品、環保、雜貨、紡織、玩具、可靠度、電磁相容、安規、建材、鋼鐵、高分子、非破壞性測試、石化／礦化、濫用藥物等實驗室，為台灣民營機構中最大。過去SGS在台灣的經濟成長中扮演著重要的角色，協助廠商順利拓展外銷及提升品質。

3 國際貿易商品驗貨的時間與地點。

一般的驗貨時間、地點可依兩種方式來決定：

1. 依貿易條件而定

EXW

FAC，CPT，CIP

DES，DEQ

DDP，DDU

FOB，CFR，CIF

2. 依貿易契約而定

　(1) 出廠時驗貨：inspection at vendor's factory。

　(2) 裝運時驗貨：例如：

　　A. inspection at shipping port。

　　B. inspection by ABC Inspection Co. before shipment。

　(3) 起岸時驗貨：inspection at port of destination。

　(4) 在買方的營業處所驗貨：inspection at buyer's premises。

　(5) 裝卸貨兩地驗貨：loading & landing inspection。

3. 驗貨時間及地點決定須視貿易條件（貨物風險應在何處移轉）、交易習慣等而定，有關驗貨的規定應明載於契約中，以避免雙方發生無謂的糾紛。

4 國際貿易公證驗貨費用的負擔。

公證驗貨費一般按出口離岸價格（FOB）千分之五至百分之一計費。至於費用應由何方負擔，最好由買賣雙方在契約中約定，無約定時，依Incoterms 2010規定，一般性檢查費用由賣方負擔，但

PSI（Pre-Shipment Inspection，裝運前檢驗）費用支付則由買方負擔。

5 國際貿易的公證種類。

1. 海事公證

以水呎丈量為例，所謂水呎丈量公證是一種以貨船的吃水深度計算出總載重量，再減去船體重量與非貨品重量，以查對實際載貨重量的量計方式。如船載散裝小麥進港靠岸碼頭時，公證人員必先登船接洽船長或大副會同水呎公證，其步驟包括：

(1) 測量船體吃水平均深度，即船艏船艉的左右舷平均吃水深度再與船中央左右舷的平均數，然後依據此數查對吃水量表，計算其總載量。

(2) 非貨品重量如淡水壓艙水、油料，亦要測量其油水艙的數量以作為扣除載貨量的準確度。

(3) 水呎公證通常均在卸貨前與卸貨後兩次為之，計算公式如下：

（卸貨前總排水量–非貨品重量）–（卸貨後總排水量–非貨品重量）

＝卸貨數量

2. 貨物公證

凡涉及一般貨物的品質、數量、包裝等鑑定、檢驗均屬之。

3. 事故公證

(1) 若遇有事故發生時，如水損或焦損，若開艙時發現表面某些部分有水濕情形，即可能是在航行時遭遇強風海浪從艙蓋縫隙進水，另外就是貨物快卸完時，底部發現水濕可能是壓艙

水或水管破裂漏水引起。焦損的情形是靠近引擎的艙壁或底部油槽過熱引起。

(2) 不論哪種情形發生，公證人員應即找船長會勘損害原因，並發信通知船方、公會、卸貨小組代表以及保險公司。

(3) 必要時，可另請公證公司會同勘查處理。

(4) 公證公司可要求卸貨工人區分商品好壞並分別卸貨，並計算數量，會同貨主與保險公司評估損害程度及確認貨損殘值。

(5) 公證公司完成公證報告以作爲理賠的依據。

4. 出倉公證

貨品進倉後，公證公司出具卸船公證報告，依據實際卸船數分配給各貨主提貨，公證公司派員會同監視過磅並記錄每天各貨主提貨數，至全船出倉提運完畢止，累計各貨主實提數，並與提單數比較其超／短提數差額，製作出倉公證報告及調整數量表，完成公證工作。

5. 保險公證

貨物有損害處理時，常因認知不同，貨主與保險人員會起爭論，貨主爲求高額賠償，保險人員則盡量設法低額理賠，雙方討價還價，最後往往由公證人員出面協調定案。有時候因爲談不攏，貨主會直接放棄，由保險公司收回處理並取得全額賠償，保險公司取得受損的貨品後，會找貿易商前來議價標售。

例如：國際貿易實務上，在進口國外魚粉最容易發生一種情形，魚粉會在船艙內產生自燃悶燒的現象，有時在打開船艙蓋時，就會冒出一股濃煙，甚至會有火苗竄出，因爲魚骨富含磷質，經由長途航行，其所添加的抗氧化劑不足或已消失，容易引起高溫自燃。此類商品常引起保險公司、貨主及運送人認定

責任歸屬的爭執。

簡言之有關公證檢驗可分為：

(1) 海事公證（marine survey）：包括船舶買賣或海事鑑定。

(2) 保險公證（insurance survey）：海險鑑定。

(3) 貨物公證（cargo survey）：貨物品質公證，又可分為：

    A. 裝運前公證檢驗（PSI）。

    B. 進口公證檢驗（又稱到埠後公證檢驗）。

公證報告只具有推定效力並不具有絕對效力，因此出口商仍須對進口商負責，不能以為產品一經檢驗合格後，出口商即可免其責任。

6 公證費用之計算？公證檢驗之內容為何？

依我國商品檢驗法第53條規定，按各該商品市價0.3%以內從價計收（FOB為準）公證費用。

1. 一般出口產品的公證計費方式，是按出口的起岸價格（FOB）的從價百（千）分率計算，因公證檢驗性質及貨物種類不同而異，出口商在報價時，應將公證費用及支付公證公司檢驗人員的化驗費及樣品耗損費考慮進去。

2. 公證檢驗內容主要包括：

    (1) 開始生產檢驗（initial production check）。

    (2) 生產過程中檢驗（during production check）。

    (3) 最終成品抽驗（final random inspection）。

3. 檢驗合格的商品依所附之出口商品專用標識，按報驗件數繳付標識費、臨場檢驗差旅費、化驗費、樣品損耗及搬運費等。

4. 公證報告只具有推定的效力，並不具絕對效力，且由於公證報告通常係採抽驗而非全驗，所以出口商仍須對進口商負責，不能以為產品一經檢驗合格後出口商即可免其責任。

7 台灣出口檢驗之範圍。

1. 經濟部公告應施檢驗者，依商品檢驗法規定，除輸出國境或過境的動植物及其產品均應施行動植物疾病及蟲害檢疫外，其餘出口商品應施檢驗品目，由經濟部視實際需要，隨時公告增減。
2. 至於詳細檢驗品目，商品檢驗局及其所屬各分局均有「應施商品檢驗品目表」可供貿易商參考。
3. 出口商品應國外客戶要求檢驗者，未經公告為應施檢驗的輸出貨品，按理可不必辦理檢驗，但若基於特殊的需要，檢驗局可應廠商要求以特約檢驗方式辦理。
4. 特約檢驗費，目前每批報驗商品，工礦產品以1萬美元為基數，農畜水產品以5千美元為基數，特約檢驗合格後發給certificate of project inspection。

8 台灣出口檢驗之程序為何？

目前台灣輸出貨品均不須辦理出口檢驗，亦即出口檢驗的品目為零，但廠商仍可申請自願性特約檢驗或依出口國政府要求辦理出口檢驗。此外，檢驗與檢疫不同，農委會動植物防疫局規定應實施的出口檢疫費用按出口價格千分之一計收。

1. 申請檢驗，凡列出口檢驗商品，出口廠商或報關行，應於裝船

前，各向該地區標準檢驗局填送「報驗申請書」，繳交手續費後，由標準檢驗局派員檢驗。至於經核定為甲等或乙等合格外銷工廠，得依其自行檢驗之品質合格證明，將商品直接送至碼頭或貨櫃場，向駐港口之商檢局分支單位申請分等檢驗。

2. 檢驗，可分為自行檢驗，分等檢驗及代施檢驗三種，前者為標準檢驗局依規定抽樣並在局內檢驗，分等檢驗是委由合格外銷工廠品管人員自行依標準檢驗製發品質合格證明，再由標檢局憑以核給「輸出檢驗合格證書」。至於代施檢驗是指委託政府認可的法人機構檢驗。例如：紡織品目前委託台灣紡織品試驗中心代施檢驗。

3. 發證，經標準檢驗局檢驗合格者，發給「輸出檢驗合格證書」；不合格者，得於接到通知後15日內請求就原取樣品免費複驗一次。

4. 港口驗對，凡經標檢局檢驗合格的商品，於運送到港口後，應先向港口檢驗局分支單位申請驗對。港口分局海關人員從外觀研析是否被調包，驗對相符後於合格證書上蓋「驗訖」，才能向海關申請報關手續。

5. 檢驗標準依經濟部頒布「廠商申請專案報驗出口貨品辦法」，申請法定出口檢驗品目之貨品，應依國家標準（Chinese National Standard，簡稱CNS）。但是國外客戶指定規範高於或等於國家標準，或指定採購規範按照世界各國或輸入國家公認之標準，如美國聯邦規格（FS）、美國材料試驗協會規格（ASTM）、英國標準（BS）、加拿大標準協會規格（CSA）、德國工業標準（DIN）、日本工業規格（JIS）等者，則可於向標檢局申請報驗時註明，標檢局會依此標準執行

檢驗。

假如國外客戶指定之採購規格低於CNS，應填具專案報驗輸出申請書，並檢附有關證明文件，向國貿局申請核轉標準檢驗局辦理。但農產品及其加工品之品質、衛生、安全條件或食品罐頭之固形量，低於CNS標準者，除輸入國家或當地政府另有標準或規定者外，不得專案報驗出口。且此低於CNS標準者方式出口之到貨糾紛，出口商必須自行負責。

其中UL標誌（Underwriter Laboratory Inc.）是美國保險公司下的檢驗機構安全認證標誌，銷往美國或加拿大之電器產品，若無UL標誌，不能在當地銷售。

9 公證報告或檢驗證明書的效力。

實務上檢驗機構對貨品通常只作抽樣調查，並非全部商品逐一檢驗，加上有些商品在運送途中可能由於氣候變化或包裝不妥等因素，造成短量或破損，故公證報告或檢驗證明書只能算是證明，除非公證報告或檢驗證明書有偽造文書情事，否則公證單位對買賣雙方不負任何賠償責任，因此如貨寄到後才發現數量短少或包裝破損，進口商應檢具公證報告書或檢驗證明書，向出口商申請索賠（claim）或透過法律途徑解決。

10 何謂RoHS檢驗？

RoHS是指歐盟RoHS環保指令，是歐盟在2006年7月1日起生效的環保指令，全文是「危害性物質限制指令」（Restriction of Hazardous Substances Directive 2002/95/EC，縮寫RoHS），主要規

範電子產品的材料及工藝標準，目的在於限制產品中的六種有毒物質，以保護人類及環境的安全與健康。雖爲歐盟指令，若其他國家產品最終銷售地點爲歐盟會員國，生產商或出口商亦須遵守RoHS規定。

11 PSI（Preshipment Inspection）之內容所指為何？

1. PSI（Preshipment Inspection）是大多數開發中國家的進口國政府爲防止商業詐欺或逃避關稅，要求出口商於裝船前檢查或實施檢驗的制度，政府委託私人公證公司在產品製造國或出口國對出口貨物執行品質、數量、價格、關稅分類及估價等檢查，並核發證明報告，進口貨物必須附公證公司的CRF（Clear Report of Finding，無瑕疵檢驗公證報告），進口國海關才會通關放行。

2. 由於PSI係進口國政府指定；因此PSI費用多約定由買方負擔。目前實施PSI國家有印尼、菲律賓、墨西哥等20個國家，出口商銷往這些國家時，應特別注意PSI，以免造成裝船或押匯時效上的延誤。

3. 台灣在1999年通過《裝運前檢驗監督管理辦法》，主要內容如下：

　(1) 在核價方面要求出口商提供進貨發票或信用狀以便進行核價。

　(2) 在驗貨方面，若檢驗時間無法配合恐延誤裝船時間，造成無法如期交貨。

　(3) 買方信用狀雖無規定PSI，亦可由出口國政府規定特殊商品必

須PSI，例如：台灣規定農產品或水產品均須通過經濟部標準檢驗局品質檢驗或檢疫。

12 八方公司為專業藝術燈飾出口商，產品均在印尼與大陸等地生產，並外銷美國，2017年收到買方開來L/C；內容如下：

Certificate signed by government official, indicating that if any solid wood packing material was used, it has been heat treated, fumigated or treated with preservatives. Original fumigation certification must be surrendered to Carrier / Forwarder prior to the booking of cargo.

試問八方公司該如何處理？

1. 上開L/C是指出口商若以木質包裝（木箱或木夾層），必須出具政府正式簽署的煙燻證明書，證明木質包裝已經經過加熱處理，並且要將煙燻證明書正本一份交給船公司或運送人，以防止木材內有蟲。

2. 美、加兩國於1998年及1999年要求所有自中國大陸（包括香港）進口的木材包裝產品，都必須經過煙燻消毒並取得官方證明始准進口。

3. 此一規定將造成出口商為取得木質包裝煙燻證明而增加額外成本費用。

13 與PSI相對應的是哪一種公證檢驗？

　　與PSI（Preshipment Inspection）相對應的是「進口公證檢驗」；又稱貨物運抵目的地時由進口地指定公證行實施的檢驗及「到埠後公證檢驗」。

14 台灣一般商品進口檢驗逐批檢驗之程序為何？

1. 報驗
　⑴ 填具申請書與合格證（電腦上線單位則免附）向到達港口（機場）檢驗機構報驗，其屬經指定需經型式認可者，並附具檢驗機構型式認可之證明。
　⑵ 附送有關結匯證件或海關報單或其他銷貨證件。
　⑶ 繳費。
　⑷ 領取並貼掛檢驗標識。
2. 取樣
　⑴ 在商品堆置地點作外觀檢查。
　⑵ 依國家標準之規定取樣，並給取樣憑單。
　⑶ 報驗商品經取樣後未獲檢驗結果前，非經報准不得擅自移動。
　⑷ 輸入商品，其體積龐大或需特殊取樣工具取樣，無法在碼頭倉庫取樣者，得申請具結提運封存於指定地點取樣檢驗。
3. 檢驗
　⑴ 依規定標準執行檢驗，評定合格或不合格。
　⑵ 未定標準者，依暫行規範或標示成分檢驗。
　⑶ 因特殊原因，其標準低於規定標準者，應先經主管機關核

准。

(4) 檢驗時限超過五日以上得申請具結先行放行，並予封存。

4. 發證

(1) 經檢驗合格者發給合格證書，不合格者發給不合格通知書。

(2) 經檢驗不合格者，報驗人於接到通知後15日內得請求免費複驗一次。

(3) 複驗就原樣品為之，原樣品已無剩餘或已不能再次檢驗者，得重行取樣。

沒有檢驗報告的不準過海關！

我的藥品有通過檢測

我的蔬果SGS檢測也Pass！！

我我我……我自檢……

第6章 貨櫃船運輸

1 國際貿易上關於貨櫃船（container ship）的優缺點。

　　貨櫃起源於1957年美國海陸運輸公司首先以貨櫃船（container ship）航行於美國紐約港、休士頓、波多黎各之間；樹立了貨櫃化運輸里程。透過貨櫃化運送方式，運輸過程不再是一項會對貨物造成傷害的不利程序，而是一項「貯藏」兼「保護」的過程，此對於整體生產成本降低與消費者滿足程度提升有莫大助益。

1. 對運送人的效益

　(1) 加速船舶營運周轉率。

　(2) 降低運輸成本。

　　目前世界最大貨櫃航運業者麥司克集團（A.P. Moller-Maersk）貨輪每噸裝卸費需15～20美元，而貨櫃貨物只有2～3美元。

　(3) 減少貨物理賠。

2. 對託運人效益

　(1) 節省包裝材料費用。

　　實行了門到門的聯運，貨物直接裝入貨櫃，可以節省大量包裝費，比鐵路運輸包裝費節省50～80%。

　(2) 減少貨物破損、汙染及被竊。

　　海運卸貨用普通輪運送容易破損，一般破損率達15～20%左

右，以貨櫃運輸，全部機械操作，可避免甩擲碰撞，消除破
損現象，加上貨櫃封口會加各種封條，可避免偷盜和水溼，
減少盜損保險費。

⑶ 降低保費負擔。

⑷ 縮短到貨時間，方便配合市場需求。

3. 貨櫃運輸的缺點

⑴ 聯運手續仍繁瑣。

⑵ 道路系統須配合改善。

⑶ 對貨主而言，有些遠洋貨櫃船只停靠基本港口，其他港口的
貨櫃必須以小型近海貨櫃船（又稱飼給船）（feeder）轉船
至遠洋貨櫃船，往往造成貨主時間上的耽擱。

⑷ 無論如何，貨櫃船艙內無法利用的艙位約占15%，貨櫃基地
須有廣大集散場地，又特種拖車之成本過高。

⑸ 安檢困難。

⑹ 貨櫃型式不統一，空間浪費。

⑺ 附屬設施固定成本龐大。

② 貨櫃船（container ship）之種類有哪些？

貨櫃船依形狀及結構分類：

1. 乾貨貨櫃（dry cargo container）

亦稱雜貨貨櫃，是一種通用貨櫃，用以裝載除液體貨、需要
調節溫度貨物及特種貨物以外的一般件雜貨。此種貨櫃使用範圍極
廣，其結構為封閉式，通常在一端或側面設有箱門。

2. 台架式及平台式貨櫃（platform based container）

台架式貨櫃是沒有箱頂和側壁，甚至有些連端壁也去掉只有底板和四個角柱的貨櫃。其主要特點是：為了保持其縱向強度，箱底較厚。箱底的強度比普通貨櫃大，其內部高度比一般貨櫃低。在下側梁和角柱上設有繫環，可把裝載繫緊的貨物。台架式貨櫃沒有水密性，怕水濕的貨物不能裝運，但適合裝載形狀不一的貨物。可分為：敞側台架式、全骨架台架式、有完整固定端壁的台架式、無端僅有固定角柱和底板的台架式貨櫃等。至於平台式貨櫃是僅有底板而無上部結構的貨櫃。此種貨櫃裝卸作業方便，適於裝載不規則的重物。

3. 通風貨櫃（ventilated container）

通風貨櫃一般在側壁或端壁上設有通風孔，適於裝載不需冷凍但需通風、防止汗濕的貨物，如花卉、水果、蔬菜等。如將通風孔關閉，則可作為雜貨貨櫃使用。

4. 開頂貨櫃（open top container）

亦稱敞頂貨櫃，是一種沒有剛性箱頂的貨櫃，但有可折式頂梁支撐的帆布、塑膠布或塗塑布製成的頂篷，其餘構件與一般貨櫃類似。開頂貨櫃適於裝載較高的大型貨物和需吊裝的重貨。

5. 冷藏貨櫃（reefer container）

專為運輸要求保持一定溫度冷凍貨或低溫貨而設計的貨櫃。又可分為帶有冷凍機的內藏式機械冷藏貨櫃與沒有冷凍機的外置式機械冷藏貨櫃。適用裝載肉類、水果等貨物。冷藏貨櫃造價較高，營運費用較高，使用中應注意冷凍裝置的技術狀態及箱內貨物所需的溫度。冷藏和冷凍不同，冷藏為5℃～18℃，冷凍為0℃～-20℃；冷凍比較耗電。

6. 散貨貨櫃（bulk container）

散貨貨櫃除了有箱門外，在箱頂部還設有2～3個裝貨口，適用於裝載粉狀或粒狀貨物。使用時須注意保持箱內清潔乾淨，兩側保持光滑，以便貨物從箱門卸貨。

7. 罐式貨櫃（tank container）

專供裝運液體貨而設置的貨櫃，如酒類、油類及液狀化工品等貨物。它由罐體和箱體框架兩部分組成，裝貨時貨物由罐頂部裝貨孔進入，卸貨時，由排貨孔流出或從頂部裝貨孔吸出。

8. 汽車貨櫃（car container）

專為裝運小型轎車而設計製造的貨櫃。其結構是無側壁，僅設有框架和箱底，可裝載一層或兩層小轎車。貨櫃在運輸途中常受各種力的作用和環境的影響，因此貨櫃的製造材料要有足夠的剛度和強度，應盡量採用品質輕、強度高、耐用、維修保養費用低的材料。

③ 依裝櫃方式之分類及其特色為何？

1. 分為整櫃裝載（FCL, Full Container Load）及併櫃裝載（LCL, Less Container Load）兩種。貨櫃不僅是在起運地點有整櫃及併櫃裝載之區別；在目的地之卸載交貨亦有整櫃交付與拆櫃交付之區分。

2. 貨櫃運輸之託運裝載又可分為下列四種方式：其中FCL（Full Container Load）與LCL（Less Container Load）為歐洲國家俗稱，CY與CFS則為美國俗稱：

  ⑴ 整裝／整拆（FCL/FCL；CY/CY）：裝櫃、拆櫃皆由貨方負

責，即同一託運人，同一收貨人。

⑵ 整裝／分拆（FCL/LCL；CY/CFS）：由貨主負責裝櫃，船方負責拆櫃，即同一託運人，不同收貨人。

⑶ 併裝／整拆（LCL/FCL；CFS/CY）：由船方負責裝櫃，貨主負責拆櫃，即不同託運人，同一收貨人。

⑷ 併裝／分拆（FCL/FCL；CFS/CFS）：裝櫃、拆櫃作業皆由船方負責，即不同託運人，不同收貨人。

4 CY與CFS之差異。

1. CY是同一託運人與同一收貨人的整櫃出貨，為託運人將貨物裝滿貨櫃後直接送到貨櫃場（container yard）等待貨船接運，當貨櫃到達目的港後由收貨人將貨櫃從CY拖至貨主倉庫拆櫃取貨，再將空櫃送還至貨櫃場。一般B/L或S/O上都會載明"Shipper's Load & Count Clause"（貨主自行裝櫃及計數條款），表明貨物的裝載、封櫃及計算數量由託運人自行負責，船公司不負任何責任。CY-CY的情況，是指一位出貨人，一位國外收貨人，是實務上常見的出貨方式。

2. CFS是併櫃出貨，是散櫃或併櫃（不滿一個貨櫃，須與他人之貨物合併於一櫃）之意。亦即數個託運人的貨物裝滿一個貨櫃。此時託運人必須將貨物運到船公司在出口地的貨櫃集散站（Container Freight Station，簡稱CFS），再由船公司安排與其他託運人的貨物一起裝入貨櫃，等候貨船裝運，當貨櫃到達目的港的貨櫃集散站，由船公司拆櫃取貨，等待收貨人前來取貨。

3. CFS-CY的情況，是多位出貨人，一位國外收貨人，此乃國外買方跟國內多家出口廠商購買產品時較常出現的情況。

4. 在台灣的貨櫃貨物集散站兼具CY與CFS兩種功能，其他國家CY與CFS則是有所區分。

5 UCP600第27條規定運送單據原則上為無瑕疵之理由？

在併櫃貨物（CFS）運送情形下，貨物交付運送人時，若貨物本身或包裝有瑕疵，運送人應於運送單據上記載瑕疵，例如：4箱破損（4 cases broken）或是貨物生銹（with rust）。銀行只接受清潔運送單據，但清潔（clean）一字不必一定要在運送單據上書寫。

6 貨櫃材積如何計算？

1. 1材積 = 1 Cuft（1 Cubic Feet立方呎）= 長×寬×高（公分）×0.0000353

2. 1立方米（Cubic Meter）= 長（公分）×寬（公分）×高（公分）×0.0000353×1,000,000 = 35.315 Cuft（立方呎）

3. 1CBM = 1 Cubic Meter = 1立方米 = 35.315 Cuft（立方呎）= 35.315材積

一般而言，一個20呎櫃約可裝25個CBM，40呎櫃約可裝52個CBM。目前船公司貨櫃計算運費大多以體積噸以每噸相當於1CBM方式計價最常見。

7 寧夏公司有一批貨共300箱,每箱之尺寸為長50公分,寬35公分,高30公分,請算出這批貨共為幾材?又可換算為幾立方米?

由於一般產品外銷皆有包裝,先量出包裝箱的長寬高,再代入以下公式,即可算出材積。

1. 長×寬×高(公分)×0.0000353 = _____ Cuft(即Cubic Feet 立方呎)

移項可得2.式

2. _____ Cuft ÷ 35.315 = _____ CBM(即Cubic Meter立方米)

先算出每箱貨之材積

50×35×30×0.0000353 = 1.85325 Cuft(材)

1.85325 ÷ 35.315 = 0.05247 CBM(立方米)。

再乘以300 = 300箱貨之材積

1.85325 Cuft(材)×300 =

555.975 Cuft(材)或15.741 CBM(立方米)

8 國際貿易之LASH。

1. LASH子母船;係以母船(LASH ship)、子船(LASH lighter)及母船起重機(LASH Crane)三者所構成,故總稱子母船。為一新興的運輸工具,每一子母船可混合承載數十艘子船及貨櫃,每一子船相當一大型貨櫃,為一特種的平底駁船。

2. 母船到港後無須繫泊碼頭,可利用船上起重設備,將母船下沉

船尾打開，所載子船由船尾駁進駁出，裝卸子船時，母船無須停靠碼頭，由拖船將子船拖至起駁地點從事起卸，裝貨起運時，可事先裝入子船，俟母船到港，無須停靠碼頭。以此方式裝運者，稱爲子母船作業（LASH service）。

9 Shipper's Load & Count Clause之意涵？

一般提單（B/L）或裝貨單（S/O）都會載明Shipper's Load & Count Clause（貨主自行裝櫃及計數條款），表示貨物裝載、封櫃及計算數量由託運人自行負責，船公司不負任何責任。一般指的是CY-CY情形，是一位出貨人，一位國外收貨人，這是實務上最常見的貨櫃出貨方式。

10 貨櫃的承載體積與重量如何計算？

1. 20呎櫃：最大體積容量1,172材（Cubic Feet），或33.20立方米（CBM）。

$$1,172 \div 35.315 = 33.19$$

最大裝載重量21,850公斤。

2. 40呎櫃：最大體積容量2,389材（Cubic Feet），或67.60立方米（CBM）。

最大裝載重量26,760公斤。

3. 40呎以上高櫃（超重櫃）可裝2,700～3,000材，重量可載26,760～28,480公斤。

以上容量或重量均爲最大值，實際可裝之數值會因貨物包裝方

式而有或大或小的誤差，例如：有的20呎貨櫃可能只裝到960材。所以初次出貨時，應將外包裝考慮進去。

11 何謂國際貿易上的黑名單證明？

1. 係指阿拉伯聯盟對以色列的廠商所進行的一種貿易抵制。
2. 阿拉伯國家所要求的抵制以色列證明（Certificate of Boycott Israel）。

通常規定如下：

The vessel carrying the goods is not Israel and will not call on any Israel ports while carrying the goods and that the vessel is not banned entry to the port of the Arab States for any reasons whatever under law and the laws and regulations of such Sates allowed。

意指：船上所裝貨物爲非以色列原產，船不經過停靠任何以色列港口，船隻可依法自由進入阿拉伯國家法律和規則所容許進出的港口。

12 何謂C-TPAT（Customs Trade Partnership Against Terrorism）？

稱爲海關及商貿反恐怖聯盟；是指美國911事件後，使得以美國爲首的全球供應鏈特別關注商業貨物運輸流程安全，是一項由美國海關所推動，和進口商，物流業與製造商合作參與之供應鏈安全管理。

13 在CIF貿易條件下，進口商要求其本國籍的船運輸，是否違反Incoterms的規定？如果在L/C上有規定，是否可以不理會，或要求其刪除？

1. Incoterms的規定並非用來限制當事人的權利義務，它只是在當事人間沒有特別約定時的補充規範。所以買賣條件如何訂定，買賣雙方可在買賣約中加以約定，而排除Incoterms的規定。因此買賣雙方在洽談買賣契約階段，進口商以CIF為條件，並要求以進口國國籍船舶來運輸，與是否違反Incoterms規定無關，因為Incoterms中並未有由哪一個國籍的船舶運送貨物的規定。

2. 如果買賣雙方當初在買賣契約中沒有規定此一進口國船舶運送的條款，但在L/C中卻有此要求，就變成以L/C的條款為要約而變更買賣契約。在此情況下，若賣方不同意，可要求買方刪除該條款。一旦賣方若不加理會，將貨運出去，L/C的條款視為買賣契約新增條款，有拘束賣方之效力；同時賣方將面臨因未覆行L/C規定而遭買方拒付。

14 台灣出口商接到歐洲客戶來電要求以CIF EMP條件報價，請問EMP的涵義為何？我方可否以這種條件報價？

EMP為European Main Ports的縮寫，意指「歐洲主要口岸」。由於：

1. 從台灣至各港口的運費不一。

2. 港口裝卸條件和港口慣例多不一樣。

3. European Main Ports，在實務上的認知解讀不一。

所以，進口商認為的「主要港口」，必須附上具體的港口名稱，不宜籠統地使用「歐洲主要港口」作為目的港來報價。

15 貨物裝船（O/B）後，若國外買方臨時要求更改卸貨的目的港時，如何處理？

1. 整櫃貨物（CY）的處理

   (1) 先請FWD聯絡船公司此艘船有無在此目的港卸貨。

   (2) 若確認無誤，請船公司更改目的港。

   (3) 通知客戶可更改，並請與客戶協調補足差額或相關移倉費或卸貨費用；並提供更改目的地切結書。

   (4) 由FWD向船公司提供更改文件，補足差額或相關移倉費或卸貨費用；並提供更改目的地切結書，再發HB/L給SHIPPER。

2. 散裝貨（CFS）的處理

   (1) 請FWD發e-mail給國外代理（agent），是否可以再把貨再轉到客戶所要求的港口，若可行再請國外代理（agent）提供報價。

⑵ FWD提供更新報價於shipper。

⑶ 若可接受報價，便請國外代理（agent）更改貨物目的地，並依更新的報價基準收取費用。

16 何謂台灣海峽兩岸間集裝箱運價指數（TWFI）？

1. 為促進海峽兩岸之間經貿往來與交流，加速提升兩岸直航發展，全面反映兩岸間集裝箱運輸市場供需態勢與價格變化，上海航運交易所和廈門航運交易所在2014年發布了台灣海峽兩岸間集裝箱運價指數（TWFI），TWFI以2014年1月22日為基期。

2. TWFI包括1個綜合指數，2個成分指數（進口或出口）以及6條往返航線的分航線指數。6條往返航線分別為：北方－台灣、東南－台灣、台灣－北方、台灣－華東、台灣－東南。

第 7 章　貿易報價與完稅價格

1 國際間常用之貿易條件selling price及其計算公式

1. FOB selling price

FOB s.p. = FOB net + FOB s.p.× （銀行手續費率＋推廣費率＋押
匯貼現率＋利潤率）

FOB net = 商品出廠成本＋出口包裝費＋儲存及處理費＋國內運
輸費＋檢驗及證明書費＋裝運費用＋海關通關費＋電
話電報費＋商港建設費 － 出口退稅

上式把FOB s.p.全都移至等號左邊，可得

$$\text{FOB s.p.} = \frac{\text{FOB net}}{1- （銀行手續費率＋貿易推廣費率＋銀行押匯貼現率＋利潤率）}$$

* 「s.p.」是「Selling price」的縮寫，即售價之意。

* 由於貿易推廣費是按FOB值的0.04%計算，所以推廣費率出
現在分母。

2. CFR selling price

CFR selling price = CFR net + CFR selling price （手續費率＋銀行押
匯貼現率＋利潤率）＋貿易推廣費

上式把CFR s.p.全都移至等號左邊，可得

$$CFR\ s.p. = \frac{CFR\ net + 貿易推廣費}{1-（銀行手續費率 + 銀行押匯貼現率 + 利潤率）}$$

因為貿易推廣費是按FOB值的0.04%計算，此時的貿易推廣費出現在分子，貿易推廣費 = FOB×0.04%

3. CIF selling price

CIF selling price = CFRnet + CIF selling price×1.1×保險費率 +（銀行手續費率 + 銀行押匯貼現率 + 利潤率）× CIF selling price + 貿易推廣費

將CIF selling price移項至等號左邊，可得

$$CIF\ s.p. = \frac{CFRnet + 貿易推廣費}{1 -（1.1×保險費率 + 銀行手續費率 + 銀行押匯貼現率 + 利潤率）}$$

4.

$$CIF\ C3\ s.p. = \frac{CFR\ net + 貿易推廣費}{1 -（1.1×保險費率 + 銀行手續費率 + 銀行押匯貼現率 + 利潤率 + 佣金率）}$$

C3表示佣金率3%

5. CFR net = FOB net + 主要運費

6. CIF net = CFR net + 運輸保險費

2 國際貿易影響出口價格之構成因素有哪些？

1. 出口價格的「正因素」

包括貨品成本、出口費用及預期利潤。

2. 出口價格的「負因素」

在計算價格時，應自成本中扣除者屬之。例如：貨品在出口前需要相當程度的整理，因此支出的整理費用，自爲價格因素之一，而整理耗損也爲價格因素之一，但整個結果產生的副產品，如售出，又可收回相當的款項。其他如政府爲獎勵出口而退還的稅款、減免的營業稅、印花稅款以及出口貨品所用各種進口原料在進口時所繳稅捐的退稅款因素等，均應由成本中扣除。

3 商港服務費與推廣貿易服務費之報價計算及免收服務費之情形爲何？

1. 商港建設費自2002年起改爲商港服務費，不再由海關代徵，商港管理機關就入港船舶依其總登記噸位，離境之上下客船旅客則按人數及裝卸之貨品依計費噸量計算，收取商港服務費，並依規定須全部用於商港建設。

《商港服務費收取保管及運用辦法》對於下列入港之船舶，免收船舶商港服務費：

(1) 政府使用之公務船舶或經政府徵用或雇用之船舶。

(2) 經商港管理機關認定確屬運載救濟物資之船舶。

(3) 因避難、接受檢查、加油或加水而入港之船舶。

(4) 爲緊急醫療求助或機件搶修而入港之船舶。

(5) 總登記噸位為七百噸以下之船舶。

(6) 購入或出售專供運輸使用之船舶。

2. 推廣貿易服務費之計算基礎，亦因進出口而有不同，進口以完稅價格（DPV）為基礎，出口以FOB售價為基礎，其公式表達如下：

$$進口推廣貿易服務費 = （DPV）完稅價格 × 推廣貿易服務費率$$
$$出口推廣貿易服務費 = FOB售價 × 推廣貿易服務費率$$

台灣自2005年11月10日起，免收推廣貿易服務費之項目如下：

(1) 政府機關、各國使領館外交人員出口貨品。

(2) 救濟物資、自用船舶固定設備之各種專用物品、燃料及個人自用行李出口者。

(3) 依法沒入或貨主聲明放棄經海關處理之貨品。

(4) 保稅倉庫、保稅工廠、物流中心、加工出口區、科學工業園區、農業科技園區或免稅商店等保（免）稅貨品之進出口。但保稅倉庫之申請出倉進口、物流中心之申請出中心進口或其他核准內銷之應稅貨品，不在此限。

(5) 自由貿易港區事業輸往國外或保稅區之貨品；課稅區或保稅區輸往自由貿易港區之貨品。

(6) 轉口及復運進、出口貨品。

(7) 依關稅法令有關規定免稅進口者，但海關進口稅則規定免稅者，不在此限。

(8) 應繳或補繳之推廣貿易服務費金額未逾新臺幣100元者。

(9) 三角貿易貨品。

(10) 其他經濟部國際貿易局專案核定免收者。

4 我國推廣貿易服務費與完稅價格之計算。

　　我國推廣貿易服務費之計算基礎，亦因進出口而有所不同，進口以完稅價格（CIF）為基礎，出口則以FOB賣價為基礎，其公式表達如下：

1. 進口之推廣貿易服務費 = 完稅價格（DPV）×推廣貿易服務費率

2. 出口之推廣貿易服務費 = FOB賣價×推廣貿易服務費率

　*現行推廣貿易服務費率為0.04%

　*完稅價格（DPV）= 離岸價格（FOB）＋ 運費（F）＋ 保險費（I）＋ 應加費用 − 應減費用，約當於CIF價格

5 國際貿易銀行墊款利息如何計算？

　　通常進口商在申請L/C時，若支付10%的貨款給銀行，銀行墊款利息乃以L/C金額的90%為計算基礎。

銀行墊款利息 =（L/C金額×90%）×年利率×（開狀至買方付款之天數 / 360天）

6 商品包裝單位淨重235公克，包裝重量80公克，整個包件長寬高分別為28cm×28cm×16cm時，若運費計價單位為「W/M」，每一包件相當於多少個運費噸？

　　實際重量 = 淨重 + 毛重；實際重量是指重量大體積小的貨物；體積重量是指重量小體積大的貨物。計算重量時，兩者擇其高。

重量＝（235公克＋80公克）／1,000,000公克＝0.000315噸

體積＝（28公分×28公分×16公分）／1,000,000公分＝0.012544CBM

因為體積值大於重量值，所以採體積值是0.012544CBM.

計算公式：1噸＝1,000,000公克

　　　　　1m（公尺）＝100cm（公分）

　　　　　1CBM（立方公尺）＝1,000,000公分

*W/M為重量／體積（weight or measurement）的簡稱，又稱運費噸（revenue ton）：其中W：1 M/T，M＝$1m^3$，為特定貨物運費率（specific commodity rate）計算基準，指每重量噸（weight ton）或每體積噸（measurement ton）。

判定標準：貨物的重量噸大於體積噸，按重量噸計算；體積噸大於重量噸，按體積噸計算，船方有選擇權（at ship's option）。

7 某公司出口貨物的包裝條件：1 set（組）/paper box, 8 sets/ctn（箱），36"×36"×20"/ctn, G.W.10 kgs/ctn，運費報價條件：為US$200 per W/M at ship's option（W＝1M/T；M＝1CBM），請依據以上條件計算每組貨物的運費。

根據換算公式：

1噸＝1,000公斤

1CBM（立方公尺）＝35.315cuft（材積或立方英尺）

1cuft（材積或立方英尺）＝1,728inch（立方英寸）

1立方公尺（CBM）＝1,000,000立方公分（cm）

1英尺（foot）= 12英寸（inch）

1立方英尺（CFT）= 1,728立方英寸

本題

$$每set的CBM = (36×36×20) ÷ 1,728 ÷ 35.315 ÷ 8$$
$$= 0.05309CBM/SET$$

每set的體積噸0.05039

W/M（W=1,000KGS；M= 1 CBM）

每set的重量噸 = 10 kgs ÷ 8 set ÷ 1,000 = 0.00125

每組（set）的體積噸0.05039 > 每組（set）的重量噸0.00125

所以每組（set）貨物運費 = USD200×0.05039CBM = US$10.078

8　國際貿易商品之採購成本、退稅、國內費用如何核算？

1. 採購成本核算

假設出口商透過郵件和供應商聯絡，計算採購成本。

例題　商品03001「花飾熊」，供應商報價每隻16元，求採購9,000隻的成本是多少。

$$採購成本 = 16元×9,000隻 = 144,000元$$

2. 出口退稅金額核算

例題　在產品展示中查到某商品的海關編碼是95034100。在稅則查詢中，輸入95034100，點「搜索」按鈕，即可查出進口稅率為17%、出口退稅率為14%。若已從供應商處得

知供貨價為每隻6元（含稅率17%），試算9,000隻商品的出口退稅收入是多少？

依公式計算：

退稅收入＝採購成本÷（1＋稅率）×出口退稅率
＝16×9,000÷(1＋17%)×14%＝17,230.76元

退稅收入為17,230.76元

3. 國內費用核算

國內費用包括：內陸運費、報檢費、報關費、核銷費、公司綜合業務費與快遞費。

在「費用查詢」中，查到內陸運費為每立方米200元，報檢費120元，報關費150元，核銷費100元，公司綜合業務費3,000元，DHL費100元。

其中：內陸運費＝出口貨物的總體積×100

總體積＝報價數量÷每箱包裝數量×每箱體積

例題　某商品的描述為「每箱5打，每打12個」，表示每箱可裝60個，每箱體積0.512立方米，求該商品報價數量為9,000隻的內陸運費是多少元？

總體積＝9,000隻÷60×0.512＝76.8立方米
內陸運費＝76.8立方米×200＝15,360元

內陸運費是15,360元。

9 某出口商品對外報價為CIF洛杉磯每公噸1,000美元，後進口商要求改報CFR 3%價格，已知保險費率為1%，保險金額按慣例，價格應該調整為多少？

1. CFR&C3%是指佣金C為3%。

2. 保險金額按慣例為：CIF報價×1.1×1%。

3. 原報價公式為（成本＋運費）÷ [1 −（1.1×保險費率）]

即CIF = CFR/[1 −（1.1×保險費率）]

$1,000 = CFR/[1 −（1.1×1%）]

CFR = $1,000×0.989 = $989（不含保險且不含佣金時的報價）

4. $989÷（1 − 3%）= $1,019

$1,019為CFR3%的新價格（不含保險但是包含佣金3%的報價）

10 八德貿易商出口文具用品的相關資料如下：

   1. 包裝方式：10盒（Set）／箱，40cm×30cm×25cm／箱，N.W.18KG／箱、G.W.20KG／箱

   2. 購買成本：NT$ 80／盒（set）

   3. 併櫃運費：US$75/1CBM（併櫃運費不計入FOB net內）

   4. 保險金額與費率：CIF金額加10%、全險費率1.2%

   5. 其他出口費用率：售價的3%

   6. 利潤率：售價的18%

   7. 匯率：USD1 = TWD32

   請依據以上資料計算每盒文具用品之FOB出口價格。

FOB s.p. = FOB net + FOB s.p.×（銀行手續費率＋推廣費率＋押匯貼現率＋商港建設費率＋利潤率）

把FOB s.p.全都移至等號左邊移項後，假設商港建設費率為0，貿易推廣費率為0

可以下列公式計算

$$FOB\ s.p. = \frac{FOB\ net}{1-（銀行手續費率+貿易推廣費率+押匯貼現率+利潤率）}$$

＊「s.p.」是「selling price」的縮寫。

$$FOB價格 = 成本 + 費用率 + 利潤率$$
$$= (NTD80 \div 32) \div (1-21\%)$$
$$= USD3.165$$

21%表示其他出口費用率占售價的3%；利潤率占售價的18%

11 阿瘦公司擬將純棉運動襪一批從台灣基隆港運往加拿大渥太華，總共10,000打裝成1,000箱，有關產品資料：

產品名稱	純棉運動襪
包裝方式（每箱裝10打）	10 DOZ/CTN
包裝尺寸	60×60×60(cm)
採購成本（每打）FOB	NTD341.58/DOZ

運費資料：

每打（Doz）之運費	USD20.00
最低裝運量	1CBM

其他報價資料：

當日匯率：USD1.00 = TWD31. 89	利潤率：5%
華南產險保險費率：0.5%	銀行手續費率：2%
台灣銀行押匯貼現率：2.3%	推廣服務費：0.04%

請計算。

1. 每箱CBM數是多少。

$$每箱CBM數 = 60cm \times 60cm \times 60cm$$
$$= 0.6m \times 0.6m \times 0.6m$$
$$= 0.216CBM$$

2. 每DOZ運費。

$$0.216CBM \div 10（每箱10打）\times 20 = USD0.43/doz；$$
表示每打運費USD0.43

3. 每打FOB報價。

依題意知每打採購成本FOB net = NTD341.58/DOZ

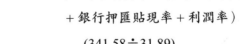

$$FOB\ selling\ price = \frac{FOB\ net}{1-（銀行手續費率+貿易推廣費率+銀行押匯貼現率+利潤率）}$$

$$= \frac{(341.58 \div 31.89)}{1-(2\% + 0.04\% + 2.3\% + 5\%)}$$

$$= USD10.711 \div 0.9066 = USD11,814；$$

$$FOB_{售價} = USD11,814$$

$$FOB_{售價} \times 貿易推廣費率 = USD11,814 \times 0.04\%$$
$$= USD4.7256 = 貿易推廣費$$

4. 每打CFR報價。

$$CFR\ selling\ price = \frac{CFR\ net + 貿易推廣費}{1-（銀行手續費率+銀行押匯貼現率+利潤率）}$$

$$= \frac{(NTD341.58 \div 31.89) + USD0.43 + USD4.7256}{1-(2\% + 0.23\% + 5\%)}$$

$$= USD15.8667 \div 0.9277 = USD17.1034/doz$$

即每打CFR$_{售價}$ = USD17.1034；其中CFR$_{淨價}$ = FOB$_{淨價}$ + 主要運費

可知每打FOB$_{淨價}$ = USD17.1034–USD0.43 = USD16.6734

即FOB$_{淨價}$ = USD16.6734

5. CIF報價。

由4.已知CFR$_{售價}$ = USD17.1034；

因為保險費 = 1.1×0.5%×（CFR + 保險費）

因此可進一步算出保險費為

$$保險費 = \frac{CFR_{售價} \times 1.1 \times 0.5\%}{1-(1.1 \times 0.5\%)}$$

可得分子為USD17.1034×1.1×0.5% = USD0.0940

分母為1–(1.1×0.5%) = 0.9945

可得：保險費 = USD0.0940÷0.9945 = 0.09454

由3.式已算出：推廣服務費 = USD4.7256

代入下式可得

$$\text{CIF售價} = \frac{\text{CFR net} + \text{貿易推廣費}}{1-(1.1\times\text{保險費率}+\text{銀行手續費率}+\text{銀行押匯貼現率}+\text{利潤率})}$$

$$= \frac{(341.58\div31.89+0.0945+0.43+4.7256}{1-(1.1\times0.5\%+2\%+0.23\%+5\%)}$$

$$= 15.9613\div0.9222 = \text{USD17.3078/doz}$$

$$\text{即}\,\text{CIF}_{\text{selling price}} = \text{USD17.3078/doz}$$

其中保險費 $= 1.1\times0.5\%(\text{CIF}) = 1.1\times0.5\%（\text{CFR}+\text{保險費}）$

12　國外進口應稅貨物之完稅價格如何計算？

1. 依我國貨物稅條例第18條與我國貨物稅稽徵規則第55條規定：國外進口應稅貨物由海關代徵貨物稅，其完稅價格應按關稅完稅價格加計進口稅捐總額計算之。

2. 進口之貨物免徵進口稅捐者，於計算貨物稅完稅價格時，仍應加計其免徵進口稅捐之數額，進口應稅貨物之納稅義務人，應於貨物進口時，向海關申報繳納貨物稅，於完稅後向海關請領完稅照，進口應稅貨物，經專案核准免稅者，由海關核發免稅照。

13　海關如何課徵進口稅及貨物營業稅？

1. 依我國加值型及非加值型營業稅法第41條規定，貨物進口時，應徵之營業稅由海關代徵之，其徵收及行政救濟程序，準用關稅法及海關緝私條例之規定辦理。

2. 我國進口貨物營業稅之計算：

完稅價格（DPV）＝離岸價格（FOB）＋運費（F）＋保
　　　　　　　險費（I）＋應加費用－應減費用

進口稅＝完稅價格（DPV）×關稅稅率

貨物稅＝（完稅價格＋進口稅）×貨物稅率

菸酒稅＝課稅項目及稅額依菸酒稅法第7條、第8條

營業（加值）稅＝〔完稅價格＋進口稅＋（貨物稅或菸酒
　　　　　　　稅）×營業稅率5%〕

貨物稅之徵免及稅率依貨物稅條例有關規定。

我國課徵進口關稅之完稅價格（DPV），原則上以離岸價格
（FOB）為準。加運保費後約當於CIF價格。

14 關稅完稅價格DPV如何計算？

進出口貨物完稅價格DPV是指海關根據有關規定進行審訂或估
定後通過估價確定的價格，它是海關徵收關稅的依據。通常完稅價
格就是發票上表明的成交價格，即進口商在該貨物銷售出口至進口
國時實付或應付的價格。但只有當進出口商申報的價格被海關接受
後才能成為進出口貨物的完稅價格。

根據我國關稅法第29條規定，有關完稅價格計算內容包括：

交易價格，指進口貨物由輸出國銷售至中華民國實付或應付之
價格，而進口貨物之實付或應付價格，如未計入下列費用者，應將
其計入完稅價格：

1. 由買方負擔之佣金、手續費、容器及包裝費用。

2. 由買方無償或減價提供賣方用於生產或銷售該貨之下列物品及勞務，經合理攤計之金額或減價金額。

(1) 組成該進口貨物之原材料、零組件及其類似品。

(2) 生產該進口貨物所需之工具、鑄模、模型及其類似品。

(3) 生產該進口貨物所消耗之材料。

(4) 生產該進口貨物在國外之工程、開發、工藝、設計及其類似勞務。

3. 依交易條件由買方支付之權利金及報酬。

4. 買方使用或處分進口貨物，實付或應付賣方之金額。

5. 運至輸入口岸之運費、裝卸費及搬運費。

6. 保險費。

15 由於兩岸經貿日增，中國大陸對於進口貨物到岸價格經海關審查未能確定者，中國海關如何認定？

由於兩岸經貿日增，中國大陸對於進口貨物的到岸價格經海關審查未能確定的，中國海關依次以下列價格爲基礎估定完稅價格：

1. 從該項進口貨物同一出口國或地區購進的相同或者類似貨物的成交價。

2. 該項進口貨物的相同或者類似貨物在國際市場上的成交價格。

3. 該項進口貨物的相同或者類似貨物在國內市場上的批發價格，減去進口關稅、進口環節其他稅收以及進口後的運輸、儲存、營業費用及利潤後的價格。

4. 海關用其他合理方法估定之價格。

16 進口貨物應繳納之稅費有哪些？

1. 關稅：依台灣海關進口稅則所規定之稅則稅率徵稅，課徵方式
   分三種：
   (1) 從量稅

   進口貨物關稅之課徵，按其數量（包括重量或材積）及每數
   量單位之完稅額計算之。

   其公式爲：關稅＝單位完稅額×數量。

   (2) 從價稅

   進口貨物關稅之課徵，按其價格及稅率計算之。

   其公式爲：關稅＝完稅價格（通常爲CIF價格）×稅率。

   (3) 複合稅

   一般進口貨物大多按從價稅課徵關稅。

   複合稅在同一稅號內，同時並列從價稅率及從量單位完稅額
   者，我國目前規定應採從高課徵。

   我國關稅法以交易價格（CIF）作爲進口課稅標準，進口稅
   （import duty）爲完稅價格×稅率。

2. 推廣貿易服務費：貨物完稅價格乘以0.04%。進口之推廣貿易服
   務費＝完稅價格（DPV）×推廣貿易服務費率。

3. 貨物稅：（關稅完稅價格＋關稅）×貨物稅稅率；非屬貨物稅
   條例規定應課貨物稅之品目，免徵貨物稅。

4. 營業稅：關稅完稅價格加關稅、貨物稅或菸酒稅後乘以營業稅
   率5%。

17 台灣外銷品原料可退稅款之金額限制？

外銷品所用之原料其可退稅捐占成品出口離岸價格（FOB）1%以下者，自2009年3月30日起准予退稅。

18 台灣核配關稅配額之標準為何？

關稅配額，指對特定進口貨物訂定數量，在此數量內適用海關進口稅則所訂之較低關稅稅率，超過數量部分則適用一般關稅稅率核課。

實施關稅配額之貨物適用配額內稅率者，依進口貨物先到先配或事先核配方式辦理。依事先核配方式辦理者，得依下列方法核配關稅配額：

1. 申請順序。
2. 抽籤。
3. 進口實績。
4. 標售關稅配額權利。
5. 其他經國際間約定或財政部會商有關機關認定之方法。

依前項規定核配關稅配額時，並得收取履約保證金或權利金。

19 邊境障礙（at-the-border barriers）

係指因關稅或非關稅等邊境措施所構成的貿易障礙。邊境障礙係對照於國內障礙而設，假設一國對進口商品在國內銷售時採取歧視措施，例如：課徵比較高的貨物稅，即構成國內障礙。WTO基本上允許各國對進口貨品設置邊境障礙，但是不能設置國內障礙。

20 反傾銷之友（AD friends）

係指以日本與南韓為首，於杜哈回合反傾銷談判中所組成的非正式夥伴團體，計有加拿大、巴西、智利、哥倫比亞、香港、以色列、韓國、日本、新加坡、台灣、紐西蘭等會員參加。其基本立場為主張提高反傾銷調查之成案門檻，並應從嚴規定反傾銷稅之課徵標準，以及落實反傾銷措施屆期即應停止等規定。

21 琥珀色措施（amber box）

為境內支持措施之一，係依WTO《農業協定》第6條規定，除了符合「綠色措施」與「藍色措施」外，所有被認為會扭曲生產和貿易的境內支持措施皆含括在內，且須納入農業境內總支持（AMS）削減計算之措施，像是價格支持措施或是與生產水平有關的補貼，如倉儲費用補貼、利息補貼等。

第 8 章　承運人與交貨方式

1 國際貿易的貨物運送方式可分為幾種？交貨地點為何？

1. 貨物運送方式可分為下列五種：陸、海、空、郵寄及複合運送。

   國際貿易業者在決定運送方式時應考慮下述因素：若貨物價值高、時效性高或運費總成本低者，如電子製品、生鮮農產品等，可考慮空運；反之，如一般雜貨則可交由海上運送。若當事人及貨物所在地在內陸者，通常須配合使用不同運送方式，具以複合運送為宜，可考慮使用戶到戶（door to door）服務，當交貨數量小，價格高、且客戶眾多者，可用國際快遞（如DHL、UPS或是DPEX）或郵寄方式交貨（配合cash on delivery收款條件）。

2. 交貨地點已隱含在Incoterm 2010貿易條件中，例如：FOB的交貨地點在出口港船上，FAS在出口港船邊，DDP在目的地買方指定點交貨等。

2 國際貿易約定交貨可分哪幾種？

一般約定交貨期可分為下列幾類：

1. 隨即交貨（immediate shipment）

通常自訂約日起二星期內交貨。

2. 即期交貨（prompt shipment）

係指訂約日起三星期內交貨。隨即交貨與即期交貨兩項由於含義不明確，易生糾紛，故宜少用。

3. 定期交貨（timed shipment）

為國際貿易中最常使用的方式，除了在契約上規定之外，若為L/C交易，亦應在L/C上規定如下：

⑴ 限定某月內裝船：Shipment in Feb。

⑵ 限定某月中的某段時期：Shipment during second half of Feb。

⑶ 限定某日前裝船：Shipment on or before 30th Feb。

⑷ 限定在某條件完成後的一段時間內裝船。

> 例如　Shipment within 90 days after receipt of L/C.；使用此條款時若逢產品價格下跌，買主延遲開出信用狀，但訂單卻又一直有效，對賣方極為不利，故應避免使用此一條款。

3 國際貿易交貨時間有哪些規定？

1. 即期交貨：常見的用辭有Immediate shipment（立即交貨）、Prompt shipment（即期交貨）、Shipment as soon as possible（儘速交貨）或Shipment by first opportunity（優先裝運），因此一抽象用辭倘發生糾紛，很容易在解釋上產生爭議，最好避免使用。信用狀統一慣例UCP600第3條，在契約中使用「即期交貨」、「立即交貨」、「儘速交貨」，有此等用語將不予理

會。

Unless required to be used in a document, words such as "prompt", "immediately" or "as soon as possible" will be disregarded.（除非確需在單據中使用，銀行對諸如「迅速」、「立即」、「盡快」之類詞語將不予置理。）

2. 約定在某一特定月份交貨：惟此仍有若干模糊之處，諸如：該特定月份之何日交付運送人、或裝船、或結關開航，應於契約中載明。

3. 約定在某月之某一特定時段內交貨：例如：

⑴ Shipment in beginning of October.（beginning可解釋為上旬，即10月1日至10月10日期間內裝運）。

⑵ Shipment during first half of April.（first half可解釋為上半月，即4月1日至4月15日期間內裝運）。

⑶ Shipment in end of December.（end可解釋為下旬，即12月21日至12月31日期間內裝運）。

⑷ Shipment must be effected on or about 20th December.（on or about可解釋為裝運應在特定期日前後五曆日期間內為之，即於12月15日至12月25日內裝運）。UCP600第3條定義：The expression "on or about" or similar will be interpreted as a stipulation that an event is to occur during a period of five calendar days before until five calendar days after the specified date, both start and end dates included.（「於或約於」或類似措辭將被理解為一項約定，按此約定，某項事件將在所述日期前後各五天內發生，起迄日均包括在內。）

⑸ 有關middle of a month（中旬），可解釋為每月之第11日至第

20日期間；及second half（下半月），可解釋為每月之第16日至該月末日期間。

根據UCP600第3條定義：The terms "first half" and "second half" of a month shall be construed respectively as the 1st to the 15th and the 16th to the last day of the month, all dates inclusive.

（上半月和下半月應分別理解為自每月1日至15日和16日至月末最後一天，包括起迄日期）

4. 約定某日前交貨：例如：Shipment must be effected on or before 25th December。

（12月25日前裝運）或Shipment by 10th November（11月10日前裝運）。

依UCP600第3條定義：The words "to", "until", "till","from"and "between"when used to determine a period of shipment include the date or dates mentioned, and the words"before"and "after" exclude the date mentioned.

用語○月○日止（to）、至○月○日（until）、直至○月○日（till）、從○月○日（from）以及在○月○日至○月○日之間（between）用於確定裝運期限時，乃包括所述日期。但用語○月○日之前（before）及○月○日之後（after）則不包括所述日期。

5. 約定連續數月交貨：例如：Shipment during November and/or November。

6. 約定某一特定事件後一段期間內裝運：例如：Shipment within 30 days after receipt of L/C，或Shipment within one month after receipt of Remittance。

4 國際貿易分批裝運、轉運與分期裝運之內容為何？

1. 分批裝運（partial shipment）

分裝是指交易之全部貨物，以一次以上裝運出口，而交貨之次數及每次交貨之時間（全部在交貨時間當日或之前交運即可）未限制。根據國際慣例，如果分次將貨物在裝運期內，在不同裝貨港及不同裝船日，將貨物裝在同一航線的同一條船，不能視為分批裝運，進口商不得以L/C規定禁止分批裝運（partial shipment）拒付。

2. 轉運（transhipment）

所謂轉運，是指自出口指定地點至進口地之目的地之運送全程，發生從一運輸工具卸下再重裝至另一運輸工具之行為，即通稱轉船或轉機；轉運通常導因於地理、政治因素所產生無直通之航線，或因運輸之方式等，惟貨物倘經轉運，其損毀或遺失機率將增加；根據UCP600第20條定義，即使信用狀規定禁止轉運，仍可接受表明貨物已裝載於貨櫃、拖車或子母船之子船。轉運應出具全程運輸提單。

3. 分期裝運（instalment shipment）

分期裝運與分批裝運相同者，為全部貨物，以一次以上裝運出口，不同的是，分期裝運訂有每次裝運時間表；買賣契約訂有每次裝運時間表時，賣方應遵照該時間表裝運出貨；以信用狀為付款方式，依據UCP600第32條之規定，信用狀規定分期裝運者，有任何一期未能按期裝運者，信用狀對於該期及其後各期均中止使用。

5 國際貿易交貨運送方式及遲延之交貨情形為何？

1. 國貿實務上，貨物運送方式有：陸運（含鐵、公路）、水運
（含海運及內陸水運）、空運及涵蓋兩種以上運送方式之複合
運送、航郵及快遞等，各種運送方式之運送速度、運輸成本及
對貨物之保護，各有不同；買賣雙方應考量貨物性質、交貨地
點及時間，選擇適用之運送方式，並明訂於買賣契約。

2. 延遲交貨：一般遲延交貨之原因有三類：

　(1) 賣方之事由；

　(2) 買方之事由；

　(3) 不可抗力或第三者之事由；

　買賣契約應依據不同之發生原因訂定處罰及處理方式。

6 《漢堡規則》與《海牙規則》有關承運人之責任有何不同？

　　《漢堡規則》全文共分7章34條條文，在《漢堡規則》中，除
保留《維斯比規則》對《海牙規則》修改的內容外，對《海牙規
則》亦進行了根本性的修改，是較為完備的國際海上貨物運輸公
約，明顯擴大了承運人的責任。

　　主要內容包括：

1. 承運人的責任原則。

　(1) 《海牙規則》規定承運人的責任基礎是不完全過失責任制，
它一方面規定承運人必須對自己的過失負責，另一方面又規
定承運人對航行過失及管船過失的免責條款。

　(2) 《漢堡規則》確定了推定過失與舉證責任相結合的完全過失

責任制。規定凡是在承運人掌管貨物期間發生貨損，除非承運人能證明承運人已爲避免事故的發生及其後果採取了一切可能措施，否則推定：損失係由承運人的過失所造成，承運人應承擔賠償責任。很明顯，《漢堡規則》較《海牙規則》擴大了承運人的責任。

2. 承運人的責任期間

(1)《漢堡規則》第4條第1款規定：承運人對貨物的責任期間包括在裝貨港、在運輸途中以及在卸貨港，貨物在承運人掌管的全部期間。即承運人的責任期間從承運人接管貨物時起到交付貨物時止。

(2)《海牙規則》採「鉤至鉤」或「舷至舷」原則，其責任期間擴展到「港到港」。解決了貨物從交貨到裝船和從卸船到收貨人提貨這兩段沒有人負責的空間，明顯地延長了承運人的責任期間。

7　何謂Berth Term？

大宗貨物在與船方接洽傭船事宜承運貨物時，雙方在傭船契約（charter party）上應訂明貨物裝卸費用由何方負擔。如果在裝貨港，貨物由船隻泊靠碼頭的船席（berth）處裝上船隻（loading），以及在卸貨港，貨物由船隻卸放泊靠的碼頭船席區（discharging）所有費用歸船方負擔的條件，稱爲berth term。

此種條件在世界航運習慣上，被定期船接受遵循，亦稱爲Liner Terms（定期船條件）。此種條件有別於FI及FO，FI（Free In）是指船方不負擔裝貨港的裝船費用，FO（Free Out）或稱FD

（Free Discharge）是指船方不負擔卸貨港的卸船費；FIO或稱FID係指裝卸船費均由貨方負擔。

8 定期船運輸之特性為何？

　　若船隻於航行航程中，其具有「規則性」的航程，則歸類爲定期船（regular line vessel），而該船程航次則歸類爲定期航線（regular line），不論運費同盟或非運費同盟船舶，只要航線固定，均爲定期船。具有以下特性：

1. 定期船之航線、船期、停靠港口及運費費率均事先排定，並公告各停靠港。
2. 船方係以公共運送人（common carrier）之身分經營，通常須受各停靠港口所屬政府機構之監督，其承運之對象爲一般不特定之託運人（shipper）。
3. 託運人可直接向運送人或其代理人接洽託運，也可以向代理運送人之承攬運送人接洽託運。
4. 託運之程序爲先簽裝貨單（S/O），裝船後憑大副收據（mate's receipt，又稱收貨單）向承運之船公司或其代理人換發提單（bill of lading）。
5. 定期船一律規定貨物由運送人負責卸至港邊碼頭，此即爲Berth Term或Liner Term。船方通常會參加航運同盟（shipping conference），或稱運費同盟（freight conference）或運送協會，成爲同盟會員。

9 何謂Conference與Non-Conference？

Conference運費同盟是指一些航線的船東，或者船運公司將其所隸屬的船隻，彼此之間締結爲一個組織，以同樣的運費條件及載運條款來爭取貨源。此舉最大的優點爲可以避免彼此同業間的惡性競爭，而朝提升良好的服務水準發展。而且於貨源短缺時，尚可藉船公司彼此間的聯運和船舶調度，而達到裁減航次，不降低航班的經濟目的。

目前有中東運費同盟、遠東運費同盟、北美運費同盟、西南非運費同盟。此類同盟的優點爲船期穩定、航班密集、運價合理、服務水準齊平，缺點爲運價稍高。一般不屬於運費同盟的船隻均歸類爲「非運費同盟」（Non-Conference）船舶。

10 定期船運輸之優缺點爲何？

1. 優點
   (1) 定期船之航線、船期、停靠港口均事先排定，有利於出口廠商依據買賣契約或信用狀之約定交付貨物。
   (2) 定期船設備完善，有助於保障貨物運輸之安全。
   (3) 不論託運貨物之多寡，皆會接受託運；且長期固定由運費同盟所屬船舶承運，得享受運費優待。
   (4) 主要運費包含卸貨費用，且運費及其漲跌係公開公告，不論出口商之報價或進口商之成本估計，皆可精確計算。
2. 缺點
   (1) 船方參加航運同盟之主要目的在於消除削價競爭，船方須受同盟協議之約束，在某些情況無法大幅降低運費。

(2) 定期船係以船方所簽發之提單爲運送契約，其背面所記載的運送條款（conditions of carriage）皆屬定型化契約，條款較不利託運人。

(3) 倘託運人爲確保艙位之取得而與船方預定運送契約，事後無法供應約定貨載，或臨時取消託運，則須支付船方空載運費（dead freight）。

11 傳統船與貨櫃運輸有何不同？

1. 傳統船運輸（conventional vessel service）

託運人（出口商）將散裝貨物運至裝載港之碼頭，用裝卸設備（如吊桿）裝載上船，運至進口地之卸貨港，卸載至碼頭倉庫，等待受貨人（進口商）報關領貨；此一運送方式，作業程序複雜、手續繁瑣、裝卸速度及效率較低且貨物遭受損失之風險較大。

2. 貨櫃運輸（container vessel service）

「貨櫃（container）」是大小規格統一，寬與高均爲8呎（亦有高爲8呎半者），長度爲20呎或40呎，並由堅固材料製成之櫃子。貨物通常由託運人（出口商）之倉庫裝櫃並上鎖（在整櫃運輸時），再將貨櫃拖至內陸或港區周圍之貨櫃場（Container Yard，簡稱CY，亦爲整櫃貨FCL-Full Container Load之代號），或於櫃貨集散站（Container Freight Station，簡稱CFS，亦名併櫃貨LCL-Less Container Load），併其他託運人之貨物裝櫃（在併櫃運輸時），再報關經海關放行後，將該貨櫃吊掛上船運送目的港，抵達後卸下整個貨櫃，屬整櫃運輸者將貨櫃拖至貨櫃場，等受貨人（進口商）報關提領貨櫃，再將貨櫃拖到自己倉庫拆櫃卸貨，即所謂「門至門

（door to door）」之運輸方式；至於併櫃貨，則由運送人託至櫃貨集散站，拆櫃後將不同貨主之貨物分開堆放倉庫，待受貨人報關提貨；此種運輸方式，具省時、省錢、安全、經濟之優點。

貨櫃輪	傳統船
承運之貨物須先裝入標準尺寸之貨櫃內，再封櫃裝載於貨櫃輪承運。	將貨物裝載於墊板、紙箱、容器……，或以裸裝貨之形式直接裝載上船運送。
以承運價質價高之貨物為主	以承運價值價低之雜貨為主。
船舶及裝卸設備係為貨櫃運輸專門設計。	為傳統之船舶，船艙層數及體積較小，吊桿負荷力較低。
目前已發展至「門至門（door to door）」之運輸方式。	為傳統之「港至港（port to port）」之運輸方式
運送人之責任始於接受貨物，止於貨物之交付。	運送人之責任僅為「鉤至鉤（tackle to tackle）」。

12 何謂tackle to tackle？

1. 「鉤至鉤原則」（principle of tackle to tackle），為「船具接觸原則」。

2. 美國學者Arnold W. Knauth認為，「設如貨物的裝載係使用船舶自用的器具時，則所謂船舶支配力，於船舶起重機勾住貨物時，即視為已發生；同樣，在卸載的場合，所謂船舶支配力則於船舶起重機鬆解之後，始為終結。「鉤至鉤原則」，是目前美國實務界所承認的原則。

3. 惟英美法院的見解有差異，美國法院認為，對於已駁卸於駁船上的貨物，既然與船舶終結其支配力的關係，自已無海牙規則的適用。而英國法院則認為在駁船整個裝載行為結束以前，不得謂貨物業已卸載完畢。

13 何謂Freight to be Prepaid？

1. 所謂Freight to be Prepaid就是運費先付的意思，假如L/C有此"Freight to be Prepaid"規定，出口商的B/L必須載明"Freight Prepaid"或"Freight Paid"，否則押匯銀行會拒付。

2. 貨物在交運時，倘貨物本身或其包裝有瑕疵，則裝載時所簽發的大副收貨單將會就此情形予以註記，當憑此換發提單時，船公司會將此註記轉載於提單上，如此將會構成「不清潔提單（Unclean B/L）」。

14 複合運送之定義及其內容為何？

1. 定義

　「複合運送（mutimodal transport）」依據「國際貨物複合運送公約」第1條1項之規定，所謂國際複合運送是指「依據複合運送契約，以至少二種以上不同運輸方式，由複合運送人將貨物自一國境內接管貨物之地點，運抵另一國境內之指定交付貨物之地點；為履行單一方式運送契約而實施之該契約所規定之貨物運送業務，不視為國際複合運送」；準此規定，所謂複合運送在貨物運送全程中，至少需使用二種以上之運送方式，而其名稱有：combined transport、mutimodal transport、inter-modal transport等。

　近來貨櫃運輸興起，利用貨櫃複合運送方式，盛行門至門（door to door）之一貫運輸，已取代傳統單一運輸方式，成為國際貨物運輸主流。聯合國於1980年通過「國際貨物複合運送公約（UN Convention on International Multi-modal Transport of Goods）」，截至目前為止，此一公約為有關國際貨物多式聯合運送之最新、最具體的運送規範。

2. 種類

　(1) 陸橋作業（land-bridge service）：又稱為陸橋運輸，為海運與橫越大陸鐵路之聯合運送，利用大陸鐵路作為中間橋梁，將貨櫃以船舶運至大陸某港口，利用陸路（火車或公路）接續運送至另一海洋航線之起點，再以船舶運至目的地港；目前主要運輸路程有二：一為自太平洋西邊（台、港、日）運到美國西岸之港口，貨櫃卸下後改以鐵路運送之美國大西

洋岸之港口，再轉海運運送到歐洲；另一路程爲遠東的出口
國以船運至海參崴，經西伯利亞鐵路運至波羅的海附近之港
口，再轉運至北歐及西歐。

⑵ 小型陸橋作業（Mini-Land-Bridge service）：小型陸橋作業
又稱迷你陸橋作業，簡稱MLB。利用陸橋作業的前半段，
也就是海運貨櫃與橫越陸地的陸路運輸相銜接運至對岸的各
目的地港，而不再轉接海運。以遠東至北美洲、大西洋沿岸
的小型陸橋運輸爲例，自遠東運出的貨櫃在北美洲西岸卸下
後，以橫越北美洲大陸鐵路接運至北美洲大西洋岸港區的貨
櫃場，再經由內陸運輸公司分運內陸各地，以節省海運繞道
的航程。又如日本的貨櫃取道西伯利亞陸橋，運至義大利等
歐洲大陸各目的港。因其運輸只占陸橋運輸的一部分，故又
稱小型陸橋運輸。

⑶ 微陸橋作業（Micro-land-Bridge Service）：微陸橋作業又稱
微陸橋運輸，簡稱MBS。正式名稱爲Interior Point Intermodal
（IPI）。即貨物先以貨櫃輪自遠東運至美國西海岸卸下後，
先由火車或內陸運輸公司直接運至內陸各地交櫃，而不必如
小型陸橋作業先運至美國東岸港區的貨櫃場後，後再經由
內陸運輸公司分運至內陸各地。因此，進口商在美國中西部
者，如利用微陸橋作業，即可提早收到貨物。

⑷ 門至門（door to door）運送：利用貨櫃運輸裝卸之特點，賣
方於其倉庫貨營業處所將裝好貨物之貨櫃交予複合運送業
者，而買方於其倉庫貨營業處接受該等貨櫃拆櫃領貨之運送
作業方式。

15 美國客戶想從Los Angeles利用MLB的方式運送，是何意思？

　　MLB即（Mini-Land Bridge）迷你陸橋之意，船舶彎靠西岸港口，由西岸轉雙層火車原櫃運送至東岸或東南岸地區的海陸複合運送，航程約西岸的11～14天加7～12天的火車運送。

16 複合運送有哪些種類？

1. 背載運輸（piggy back）：指同一航程包括鐵路與公路之複合運送。
2. 魚背運輸（fishy back）：指同一航程包括水路與公路之複合運送。
3. 鳥背運輸（birdy back）：指同一航程包括空運與公路之複合運送。
4. 車船運輸（train-Ship）：指同一航程包括鐵路與水路之複合運送。

17 何謂未逾船齡證明（nonoverage certificate）？

1. 是指所載運的船舶於「下水」後即起算該船之年齡，於損耗時間後，於再出航時會影響保險公司理賠判斷，故往往會要求託運人要用不逾齡的船舶運輸。
2. 所謂的「逾齡」或「不逾齡」之判斷則由買賣雙方協調，一般是以15年為計算分界點。有些進口商會要求的不逾齡證明，需有國際性的公證行如LLOYDS或SGS等單位確認。目前運往中東

地區（Middle East）、紅海地區（Red Sea）、印度、巴基斯坦和孟加拉等會索取此類證明。

18 何謂海上生命安全公約（SOLAS）？

SOLAS是International Convention for the Safety of Life At Sea的縮寫，即國際海上人命安全公約。根據國際海事組織（IMO）修訂之海上人命安全公約（SOLAS），自2016年7月1日起，SOLAS公約修正案《載貨貨櫃總重驗證新規》規定：提單上列明的託運人必須在裝船前，獲取載貨貨櫃的驗證重量（VGM），並負責確保預留足夠時間提供給船長或其代表以及碼頭代表在編製船運裝載計畫時用。凡未提供載貨貨櫃經核實驗證的總重，該載貨貨櫃不得裝上船。

19 國際貿易之預報艙單制度（CCAM）內容為何？

自2014年6月1日起，依據中國大陸上海海關規則最新通知，凡上海進口或於上海轉船貨物，將實施貨物24小時預報艙單制度（CCAM - China Customs 24-Hour Advance Manifest Rule），新預報規則須於規定時間內提供符合上海海關要求之正確且完整之相關資料，未能遵照將導致貨物無法順利裝船，甚至面臨上海海關罰款及刑責。

上海海關強制性必要的預報艙單資料項目包括：託運人、受貨人、到貨通知人公司英文全名、完整詳述且具體可接受之英文品名及6位HS商品編號、包裝類型／單位、櫃號、毛重等。

20 國際貿易的IMDG Code所指為何？

1. IMDG Code為國際海運危險品準則，許多產品，例如：魚粉、乾電池、鋰電池、保麗龍、易燃液體、易燃氣、噴霧罐等，在IMDG Code規範下皆需要視作「危險品」來攬收。

2. IMDG Code是依據1974年國際海上人命安全公約（SOLAS）及1973/1978國際防止船舶汙染公約（MARPOL）制定，IMDG Code是為了保護船舶人員和防止對於從事危險品安全運輸的船舶對於海洋造成汙染；建議各國政府通過或以此為基礎作為法規。該章程由國際海事組織轄下之委員會（DSC）每二年對其內容作更新及維護，IMDG Code法規在不同年度所適用的IMDG Code版本亦不同，例如：2017年可使用IMDG Code 38-16和IMDG Code 39-18版。

21 《漢堡規則》與《海牙規則》有關託運人責任與保函的規定之不同為何？

1. 託運人的責任

《漢堡規則》第12條規定：託運人對承運人或實際承運人所遭受損失或船舶遭受損壞不負賠償責任。除非此損失或損壞是由託運人、託運人之雇用人或代理人之過失或疏忽所造成。此意味託運人責任亦為過失責任，但託運人責任與承運人責任不同之處在於承運人責任之舉證由承運人負責，而託運人不負舉證責任，這是因為貨物在承運人掌管下，所以同樣應由承運人負舉證責任。《漢堡規則》此一規定，為我國《海商法》所接受。

2. 保函之法律地位

《海牙規則》和《維斯比規則》沒有關於保函的規定，而《漢堡規則》第17條對保函的法律效力作出了明確規定，託運人為了換取清潔提單，可以向承運人出具承擔賠償責任之保函，該保函在承、託人之間有效，對包括受讓人、收貨人在內的第三方一概無效。但是，如果承運人有意欺詐，對託運人亦屬無效，而且承運人也不再享受責任限制的權利。

22 中國大陸地區運輸應注意之事項為何？

1. 木質包裝需煙燻／熱處理。

2. 須提供英文品名及CNEE公司名稱及住址，尤其是CY櫃，船公司會要求。

3. 危險品，廢料／廢物，化工類，汽機車輛零件，車輪的成套散件等不收。

4. B/L上件數、重量一定要與船公司符合，如不相同（包含小數點），整個櫃子會被海關扣留，處理時間相當費時，也會影響其他客人提貨。

第 9 章 保 險

① 保險公司對運輸保險的責任從何時開始,至何時結束?

一般而言,貨物運輸保險單均以倉庫到倉庫(warehouse to warehouse)承保,也就是運輸保險的保單效力從「貨物離開保險單載明的起運地倉庫或儲存處所」開始,於下列三種情況下,任何一種先發生,保險單效力即行終止:

1. 貨物送達保險單載明之目的地,受貨人或其他倉庫或儲存處所時。
2. 貨物在最終卸貨港,完成卸載後起算屆滿60天。
3. 貨物送達保險單載明之目的地或中途地點,任何其他倉庫或儲存處所,為被保險人用作為正常運輸過程外之儲存或分配、分送。

② 國際貿易貨品的保險種類有基本險與附加險,請說明其意涵。

保險公司承保海上保險共分為兩大類:基本險與附加險。

目前保險市場中通用的基本險為協會貨物條款(Institute Cargo Clauses, ICC)新舊條款二種,舊條款依承保範圍大小有全險(All Risks, AR)、水漬險(With Particular Average, WPA)及

平安險（Free of Particular Average, EPA）三種險，新條款分為A
種險〔ICC（A）〕、B種險〔ICC（B）〕及C種險〔ICC（C）〕
三類，其中A種險類似舊條款的全險（Institute Cargo Clause, All
Risk；簡稱AR），B種險類似舊條款的水漬險（Institute Cargo
Clause with Particular Average；簡稱WPA），C種險類似舊條款
的平安險（Institute Cargo Clause; Free of Particular Average；簡稱
FPA）。以下介紹：

1. 基本險

　⑴ ICC（A）

　　承保範圍為保險標的物毀損滅失的一切險，但下列例外：

　　A. 不適航與不適運。

　　B. 兵險。

　　C. 罷工暴動險。

　　D. a.可歸因於被保險人故意行為所致的損害或費用。

　　　　b.保險標的物的正常滲漏、正常重量或體積減少、或正常
　　　　　耗損。

　　　　c.由保險標的物不足或不當包裝或配置所造成的損害或費
　　　　　用。

　　　　d.由保險標的物內在瑕疵或本質所造成的損害或費用。

　　　　e.由船舶所有人、經理人、傭船人或營運人的清算或財務
　　　　　背信所發生的損害或費用。

　　　　f.由任何使用原子或核子或其他類似反應裝置或輻射能力
　　　　　的戰爭武器所發生的損害或費用。

　　　　投保了一切險（all risk）或ICC（A）就包括了一般附
　　　　加險，所以不必再加保一般附加險。所謂一般附加險

包括：偷竊提貨（theft, pilferage, and non-delivery）、淡水雨淋險（fresh water rain damage）、串味險（risk of odour）（例如：船公司將茶葉與有腥味的魚粉裝在一個船艙內，造成茶葉變味）、破碎險（breakage risk）、鏽損險（rusting risk）、包裝破裂險（loss and damage caused by breakage of packing）、短量險（risk of shortage）、混雜、沾汙險（risk of intermixture and contamination）、受潮受熱險（sweating and heating risks）

(2) ICC（B）

承保範圍為ICC（C）條款所承保的全部風險外，還增加以下危險事故：

A. 合理諉因於惡劣氣候、雷電、海嘯、地震、洪水等自然災害造成保險標的物的毀損或滅失：

　　a. 火災或爆炸。

　　b. 船舶或駁船的觸礁擱淺沉沒或傾覆。

　　c. 陸上運輸工具的翻覆或出軌。

　　d. 船舶駁船或運輸工具與除水以外任何外在物體的碰撞或接觸。

　　e. 在避難港的卸貨。

　　f. 地震火山爆發或閃電。

B. 由下列事故所造成保險標的物的損毀或滅失：

　　a. 共同海損犧牲。

　　　例如 在一次共同海損中，某貨主100萬英鎊貨物全部被拋入海中，該貨主的損失是部分損失，不是全

部損失，因為他可從共同海損的分攤中得到合理
補償，因此他遭受的不是全部損失。

b.投棄或海浪沖落。但危險或腐敗品被投棄，保險人均不
賠償。

c.海水湖水或河水進入船舶駁船的貨艙或運輸工具或貨箱
或堆放處。

C. 船舶駁船在裝卸貨時任一包裝貨物自船上墜落的整件滅失
（此即單獨海損要賠）。

⑶ ICC（C）

本條款又稱為單獨海損不賠；承保範圍包括：

A. 合理諉因以下事故對保險標的物的毀損或滅失：

a.火災或爆炸。

b.船舶或駁船的觸礁沉沒或傾覆。

c.陸上運輸工具的翻覆或出軌。

d.船舶駁船或運輸工具與除水以外任何物體的碰撞或接
觸。

e.在避難港的卸貨，使航程在中間港延長時所增加的存倉
以及額外運費。

B. 由下列事故所造成保險標的物的毀損或滅失：

a.共同海損犧牲。

b.投棄。

特別注意的是：ICC（C）只包括貨物在運輸途中發生的
實際全損、推定全損，但是單獨海損不賠。

2. 特殊附加險

(1) 兵險（war risks）

因戰爭所引發的損失，保險公司應負賠償責任。因爲兵險不包括在基本險內，爲附加在基本險上的附加保險。例如：貿易條件爲CIF時，若雙方約定加保兵險，則賣方應負責如實加保，並負擔保險費。

(2) 罷工暴動險（Strike, Riot, and Civil Commotions, SR&CC）

SR&CC亦稱罷工險，亦爲附加險。目前保險公司對於加保兵險者亦附帶罷工險在內，而不另收保費。

(3) 偷竊、挖竊、遺失險（Theft, Pilferage and Non-Delivery, TPND）TPND亦屬附加險。

（ICC（A）將TPND納入基本險範圍，但ICC（B）與ICC（C）並未納入基本險範圍，所以必須加保特殊附加險）。

(4) 艙面貨物險（on deck risk）：有些體積大、有毒或有汙染的貨物必須裝在艙面，被保險人可在投保任一種基本險後加保，對貨物被風浪衝落，負賠償責任。因爲貨櫃置放根據船公司裝船作業需要而定，因此貨櫃提單上通常印有任意裝載條款（optional stowage clause），這種提單不能視爲艙面提單而拒收。

(5) 拒收險：指保險公司對被保險貨物在進口港被進口國當局拒絕進口或沒收予以負責，並按照保險價值賠償；但若被保險貨物出口港起運後，進口國才宣布禁止進口或禁運，此時保險公司只承擔賠償運回出口國或轉口到其他目的地所增加的運費。保險人的保險責任在被保險貨物於目的港卸離船舶30天終止。

(6) 進口關稅險：指被保險貨物抵目的港後，因遭受保險單責任範圍以內的損失，被保險人仍須按裝箱單數量完稅時，保險公司對該破損或短量的進口關稅給與賠償。

3 Incoterms 2000與Incoterms 2010不同貿易條件的保險種類有何差異？

1. 採 EXW、FAS、FOB、CFR、CPT 條件時

除非雙方協議由賣方代買方購買保險，購買保險及貨物在運輸途中的風險均應由買方來承擔，除非雙方協議由賣方代買方購買保險。貿易契約中可約定"Insurance to be covered by the buyer."

2. 採 DES、DEQ、DDP、DDU 條件時

貨物運輸的風險及保險費用均應由賣方來承擔，貿易契約書上可約定"Insurance to be covered by the seller."

3. 採 CIF、C&I、CIP 條件時

賣方有義務購買保險，並向買方提供保險單證，但貨物在交運以後，運輸風險轉由買方承擔。因此若貨物在運輸途中滅失，是由買方向保險公司提出賠償要求。貿易契約中應約定由賣方投保，並規定險類及投保金額，例如：To cover ICC（A）plus war for 110% of CIF value, by seller。

4 國際貿易的保險金額如何計算？

在貿易條件CIF或CIP之下，因保險金額與賣方支付的保險費及買方的利益有直接關係，所以雙方宜在契約中明訂保險金額，因所選用國貿條規之貿易條件不同，有關保險條件之約定亦有所差

異，通常僅於選用CIF與CIP兩貿易條件（trade terms）時，買賣契約應對於保險條件相關細節予以規定，其餘貿易條件依據風險分界點之不同而分由買／賣方各自投保，不須於買賣契約中規定保險條件。如果已經以CIF的110%投保，則貿易契約中即無必要再規定保險金額。

以下為保險條款的二個實例：

1. Marine insurance to be covering ICC（A）and war risks for CIF invoice value plus 10%.

2. Insurance to be effected by the seller against ICC（C）. for invoice value plus 10% only. any additional insurance required by the buyer shall be effected by him and at his own expense.

5 何謂預約保險單（open cover）？

預約保險單又稱為開口保險單或是統保單。是以預約方式，由保險人承保被保險人在未來一定期間內或無限期所裝運的一切貨物而簽發的一種總括性的保險單。此種保險單具有以下特點：

1. 均載有註銷每一船與每一地點之限額條款，任何一方當事人得於30日前通知取消。

2. 保險單內沒有保險金額以及保險價額的記載，被保險人應於每批貨物裝船後，將有關事項於合理期間內告知（declare）保險人。對於事後申報的裝運貨物，基於雙方誠信原則，依約得予追溯承保，以避免被保險人疏漏投保手續而蒙受損失。

3. 保險單內載有估價條款，規定保險標的物價值的計算方法，並附有費率表，以作為被保險人申報保險價額以及保費的依據。

4. 為減輕保險人的負擔，對船貨的責任限度及裝船前每一意外事件的責任限度均有所規定。

5. 附有船舶等級條款，規定保險的貨物應裝載定期船或船齡在20年以下而經船舶分級協會列為最高級的船。

6. 每次裝船時，被保險人對保險人發出通知，然後由保險人另外簽發保險單或保險證明書，憑以辦理押匯等之用，並作為索賠的依據。

6 國際貿易之海上危險包括哪些？

1. 全損（total loss）

(1) 實際全損（actual total loss）：損害如有下列三種情形之一者，即構成實際全損：

A. 保險標的的毀滅，如船舶、貨物沉入海底無法打撈或因火災損毀殆盡。

B. 保險標的的遭受極嚴重之損害，致使其已不復為承保時之原物，而完全不能使用。

C. 被保險人對於保險標的的之所有權，業被剝奪或喪失而永久不能恢復。

另依英國海上保險法規定：「凡投保的標的物，不論其為全部滅失或非全部滅失，其滅失結果，使投保人對所投保的標的物不能再使用，均作實際的滅失論。」

(2) 推定全損（constructive total loss）損害如有下列二種情形之一者，即可構成推定全損：

A. 保險標的的之實際全損似已無可避免而合理委付者，例如：

船舶擱淺於礁石地帶且正值颱風季節，船／貨皆無法進行撈救。

B. 保險標的受損後，倘爲施救或修理該保險標的之支出超過被保全後保險標的之價值，保險標的之實際全損似已無可避免而合理委付者。

(3) 協議全損（compromised total loss）或安排全損（arranged total loss）：在既非實際全損，亦非推定全損之情況下，倘保險人與被保險人認爲如以全損處理，將比嚴格按照規定處理較爲有利時，得以協議全損處理。

2. 部分損失（partial loss）

部分損失又稱分損，係指保險標的一部分遭受毀損、滅失或恢復無望等原因，導致一部分保險利益之損失，分損可分爲單獨海損及共同海損兩種。

(1) 單獨海損（Particular Average，簡稱PA）：指保險標的由於被保險事故所致非共同海損之部分損失，其損失及費用僅由保險標的之利害關係人單獨承擔者（單獨海損的損失中，不能將單獨費用加入計算，兩者應分開計算索賠）。

(2) 共同海損（General Average，簡稱GA）：限於在共同航海事業中，爲共同安全及保全遭遇危險之財物，故意且合理的所作之非常犧牲或支出之非常費用；依前述定義，共同海損損失可分爲：共同海損犧牲（General Average Sacrifice）（被投棄貨物或設備所受的損害）及共同海損費用（General Average Expenditure）。

7 實際全損與構成實際全損之要件為何？

1. 凡保險標的物毀滅或毀損至不復為原保險標的物或保險標的物之物權喪失而不能再歸復為被保險人者，即為實際全損。
2. 構成實際全損之情況有三：
   (1) 保險標的物完全毀損，例如：貨物被火燒毀、船舶沉到海底。
   (2) 保險標的物喪失原來之性質，例如：水泥遭海水浸濕而結塊。
   (3) 被保險人絕對喪失對保險標的物之所有權，例如：貨物沉到海底。

8 推定全損與構成推定全損之要件為何？

除保險單另行載明者外，若保險標的物因實際全損已無可避免，或如不支付超過其本身價值之費用，將無法避免實際全損而合理委付，即為推定全損。

在下列情況下推定全損即可成立：

1. 被保險人因承保之危險事故發生，致喪失對船舶或貨物之所有權，且似乎無恢復其船舶或貨物之可能，或恢復其船舶或貨物之費用將超過其恢復後之價值。
2. 被保險船舶因保險事故發生而遭受損害，其（估計）修理費用將超過其恢復後之價值。
3. 被保險貨物遭受損害，其（估計）修理費用及轉運至目的地費用將超過該受損貨物抵達目的地之價值。

9　單獨海損與其特性為何？

　　單獨海損是由承保事故所造成，但不屬於共同海損之保險標的物部分損失，上述規定可歸納出單獨海損之特性如下：

1. 單獨海損僅為部分關係人之損失，如涉及全體關係人船、貨之安全利益，而符合共同海損之要件，則為共同海損，非單獨海損。
2. 保險標的物發生損失，不是全損即是部分損失，單獨海損僅是部分損失而非全損。
3. 單獨海損必須是承保之危險事故所造成，且是意外事故而非如共同海損之故意行為。

10　共同海損與構成共同海損之要件為何？

　　共同海損，謂在船舶航程期間，為求共同危險中全體財產之安全所為故意及合理處分，而直接造成之犧牲及發生之費用。

　　共同海損之成立要件包括：

1. 須有共同海事冒險併遭受海上危險。
2. 須有共同海損行為所「直接」引起之犧牲或費用。
3. 須為「額外」犧牲或費用。
4. 須為「故意」並且「自願」之行為。
5. 須有拯救共同財產之實際結果。

11　IOP

　　倘貨物之損毀或滅失之損失，非由共同航海的貨物及船舶共同

負擔，而是由遭受損害之貨物所有人單獨負擔者，即屬「單獨海損
（particular average）」，一般單獨海損，如遇損失太小也賠償，
辦理手續顯得較麻煩，故雙方可能約定損失程度，在一定損失程度
內不必賠償，稱爲免賠額（franchise）。如3%免賠率，則4%的損
失，保險人只賠1%。另有不論損失多寡，受益人都要享受權利，
稱爲單獨海損沒有百分比限制（Irrespective of Percentage，即簡稱
IOP），又稱不計免賠額百分比。

12 國際貿易保險，哪些是由買方投保？哪些是由賣方投保？

保險之投保人：依據適用貿易條件之不同，說明如下：

1. 由買方自行投保及出險時買方申請理賠的貿易條件有：EXW、
   FCA、FAS、FOB、CFR及CPT。
2. 由賣方代替買方投保，但出險時買方申請理賠的貿易條件有：
   CIF、CIP。
3. 由賣方自行投保及出險時賣方申請理賠的貿易條件有：DAT、
   DAP及DDP。

13 ICC保險基本條款與附加條款為何？

保險條款：保險條款之選擇，基本上須視貨物之性質、種類及
包裝，運送之工具、時節（涉及天候）、航程及目的地而定，相關
保險條款簡介如下：

1. 基本條款
   (1) 水險（marine risks）：2009協會貨物保險基本條款之水險條
       款表列如下：

承保範圍 基本條款	承保事故	除外不保事故
ICC 1982（A）協會貨物條款（A）	概括承保肇致保險標的物滅失之一切危險事故，但不包括右列之除外不保事故	(1) 可歸責於被保險人故意不法行為而發生之滅失、毀損或費用。 (2) 保險標的之正常滲漏、重量或數量之正常損失、或正常之磨損或撕裂。 (3) 保險標的之包裝或準備不充分或不適當而引起之滅失、毀損或費用。 (4) 保險標的之固有瑕疵或本質而引起之滅失、毀損或費用。 (5) 因遲延而引起之滅失、毀損或費用，縱令遲延係因保險事故而發生者亦然。 (6) 船舶所有權人、經理人或其他操作船舶之人之財務危機或糾紛。 (7) 原子、核子分裂或融合或輻射等引起之滅失、毀損或費用。 (8) 船舶欠缺適航性或欠缺適航性條款。 (9) 戰爭（戰爭、內戰、叛變、捕獲、扣押、武器……）危險。 (10) 罷工、暴動、群眾騷擾等。
ICC 1982（B）協會貨物條款（B）	下列原因所引起之滅失、毀損或費用： (1) 火災、爆炸、地震、火山爆發或閃電。船舶之擱淺、觸礁、碰撞、沉沒或傾覆。陸上運輸工具之傾覆或	除左列承保事故以外者

基本條款 ＼ 承保範圍	承保事故	除外不保事故
	出軌，在避難港之卸貨。 (2) 共同海損，投棄或波浪捲落，海水或湖水侵入船舶，貨物裝卸時之掉落或滑落導致之毀損或滅失。	
ICC 1982（C） 協會貨物條款（C）	下列原因所引起之滅失、毀損或費用： (1) 火災，爆炸，船舶之擱淺、觸礁、碰撞、沉沒或傾覆，陸上運輸工具之傾覆或出軌，在避難港之卸貨。 (2) 共同海損，投棄。	除左列承保事故以外者

ICC（A）承保範圍大於ICC（B）承保範圍大於ICC（C）。

(2) 航空險─ICC 2009（Air）：航空貨物保險雖然不屬於海上保險，但係利用一般海上保險單添附"Institute Cargo Clauses（Air）"，其相當於ICC 2009（A），對兵險（戰爭危險）及罷工危險仍然除外不保。

2. 附加條款–實務上常見之附加條款如下：

(1) 協會戰爭險條款（貨物）Institute War Clauses（Cargo）：由於協會貨物條款（A）、（B）或（C）皆將戰爭引起之滅失、毀損或費用列為除外不保，因此，被保險人若有需要，須另外支付保險費，由保險人另附加此條款。

(2) 協會罷工險條款（貨物）Institute Strikes Clauses（Cargo）：同樣的，協會貨物條款（A）、（B）或（C）亦皆將因罷

工、暴動或民眾騷擾引起之滅失、毀損或費用列為除外不保，因此，被保險人若有需要，亦須另外支付保險費，由保險人另附加此條款。

(3) 竊盜、短交或未送達險TPND（Theft, Pilferage and Non-Delivery）：貨物整個被偷去稱為"theft"，部分失竊稱為"pilferage"，而在運輸途中因不明原因遺失稱為"non-delivery"，協會貨物條款（B）及（C）並未將此等原因引起之滅失、毀損或費用，列入承保事故，雖然運送人對此負有賠償責任，但須受運送契約賠償金額上限之拘束，因此，對於容易遭竊之貨物，倘投保協會貨物條款（B）或（C）時，宜另外支付保險費，由保險人另附加此項條款。

(4) 投棄波浪掃落JWOB（Jettison/Washing Overboard）：海上運輸保險對於裝運於甲板上之貨物，或投保協會貨物條款（C）之貨物，若因狂風巨浪捲落海中導致之損失，通常不予以理賠，因此，被保險人若有需要，亦須另外支付保險費，由保險人另附加此條款。

14 貨物運輸之保險條件有哪些？

1. 平安險或條款（C）

承保於運輸途中因運輸工具遭受意外事故或天災所致保險標的物之毀損或滅失。

2. 水漬險或條款（B）

除平安保險或條款C之承保範圍外，另附保貨物於運輸途中因惡劣天氣引致之水溼損失（僅適用於海上貨物運輸保險）。

3. 全險或條款（A）

　　承保其他任何意外事故所致承保標的物之毀損或滅失。目前的運輸保險以A條款之收保範圍最廣，承保全險（all risks），除指定不保事項外，例如：保戶的故意行為、保品的自然滲漏、重量或容量之自然損耗、自然磨損、包裝不當、保品本身固有瑕疵或特性、航程延遲（delay in voage）、船舶所有人破產或不履行債務、原子或核子輻射、船舶不適航、戰爭及罷工暴動等引致的損失及費用，一切在運送途中發生的意外事故均在保障範圍內。

4. 航空貨物運輸保險

　　航空貨物運輸保險條款承保範圍與海上貨物運輸保險之全險或條款（A）類似。

5. 郵包貨物運輸保險條款

　　承保範圍與海上貨物運輸保險之全險或條款（A）類似。

15 水險是什麼？

1. 水險是一般社會大眾對海上保險之俗稱。海上保險依標的物之不同，可分為貨物運輸保險、船體保險、漁船保險及責任險等。投保人申請投保時應填具一份貨物水險投保單（application for marine insurance），投保單上的要保日期（date of application）是以投保日期為準，如緊急裝船日後補送的水險投保單應以接洽投保日期為準。

2. 世界各國原使用1779年英國Lloyd's SG form，倫敦保險人協會於1981年擬訂保險新格式MARINE form（簡稱MAR form），我國保險市場自1983年使用MAR form保單及新協會貨物條款；2009年MAR form又作以下修訂：保單正文屬印定語句（printed

wording）。

16 戰爭險（兵險）（war risks）之承保內容為何？

戰爭險主要承保保險標的物因下列事故所致之毀損或滅失：

1. 因戰爭、內戰、革命、叛亂、顛覆或由其引起之內爭或交戰國雙方之敵對行為。
2. 因捕獲、扣押、拘留、禁制或扣留及其結果或任何威脅企圖。
3. 遺棄之水雷、魚雷、炸彈或其他遺棄的戰爭武器。

17 當事人應於何時辦理運輸保險？

1. 出口貨物運輸保險方面

由於出口保險需要船名及開航日期，故應於向船（航空）公司簽訂裝船手續時，同時辦理投保手續。

2. 進口貨物運輸保險方面

以信用狀為貿易付款方式者，於開立信用狀後隨即辦理投保，無信用狀者，於國外賣方將貨物裝船前辦理。

18 TBD 與 floating policy 保險金額及保險費如何計算？

一般以信用狀金額或發票金額加10％投保，若信用狀另有規定則按其規定金額投保。若屬於高關稅貨物，可加保關稅或是提高投保成數，以免發生貨損情形時無法獲得充分保障。

保險金額＝發票金額（或信用狀金額）＋10%

1. 預保單（To Be Declared policy），簡稱TBD，係指要保人

在投保時，因船期未定或投保金額未定，保險公司簽發預保單，等到船名、開航日期確定後再由被保險人出具起運通知書（declaration），保險公司具以計算保費，並發給確定保險單或在TBD上批准。

2. 流動保險單（floating policy）與預保單（TBD）均是以預約方式，一次承保未來多批貨載的保險單，且兩者的被保險人都有責任向保險人通知保險單下的每批個別貨物的裝運。

3. 兩者最大的不同是，預保單可以是定期的也可以是永久的，而流動保險單一般只限12個月，如果預保單是永久性的（open），一般會在保單上加一個取消條款（cancellation clause），保險人與被保險人任何一方均可在一定期間（30天）前通知對方取消預約保險單。而流動保險單則無取消條款（cancellation clause）。預保單無總保險金額的約定，但就每一裝運有限制最高保險金額，而流動保險單於投保時就所有貨載（aggregate shipments）約定總保險金額，每次出貨，總保險金額隨之減少。

19 大愛公司2017年外銷一批貨到加拿大，貨價CIF為100萬美元，保險條件為ICC（B）plus War，投保金額為CIF×110%

三家保險公司詢價之報價如下：

	ICC（B）	War
甲公司	0.6%	0.03%
乙公司	0.55%	0.03%
丙公司	0.45%	0.03%

應向哪家公司投保？

比價結果丙保險公司報價最低，可向其投保，

投保金額×保險費率＝應付保險費

$(US1,000,000 \times 110\%) \times (0.45 + 0.03\%) = US5,280$

大愛公司應付保險費為US5,280。

20 何謂統保單（open policy）？

統保單又稱開口保險單；係指以預約方式，由保險人承保被保險人在未來一定期間內或無限期所裝運的一切貨物而簽發的一種總括性保險單。此保險單具有以下特點：

1. 均載有取消條款，任何一方當事人得於30日前通知取消。
2. 保險單內沒有保險金額以及保險價額的記載，被保險人應於每批貨物裝船後，將有關事項於合理期間內告知（declare）保險人。
3. 保險單內載有估價條款，規定保險標的物價值的計算方法，並附有費率表，以作為被保險人申報保險價額以及保費的依據。
4. 為減輕保險人的負擔，對每船貨物的責任限度及裝船前每一意外事件的責任限度均有所規定。
5. 附有船舶等級條款，規定保險的貨物應裝載定期船或船齡在20年（或15年）以下而經船舶分級協會列為最高級的船舶。
6. 每次裝船時，被保險人對保險人發出通知，再由保險人另外簽發保險單或保險證明書，憑以辦理押匯等之用，並作為索賠的依據。

由於預約保險單內並沒有記載保險金額，並不具備保險契約要

件，例如：英國即不承認open policy，但承認流動保險單。

21 輸出保險與貨物保險之區別為何？

	輸出保險	貨物保險
1.保險之標的	出口貨款或融資款	貨物本身之價值
2.營業性質	非營利	營利
3.制度	政策性	非政策性
4.承保風險	信用風險及政治風險	運輸風險
5.保險金額	有限額	在不違反道德風險且能通過核保者，並無上限。
6.分險轉嫁	須承擔部分風險	可全部轉嫁
7.承作機構	一家	多家

22 保險的索賠程序為何？

1. 損害發現

　　貨物運輸保險為航程保險，除另有約定，其效力於貨物運交目的地受貨人時即告終止，故受貨人（或其代理人）應於提貨或接收前，檢視貨物外觀、包裝及數量是否有瑕疵，倘為貨櫃運輸應檢視其封條，以便發現有無損害之情事。

2. 損害通知

　　受貨人提貨時，若發現貨物有損毀或滅失，應即通知保險人或其在目的地之理賠代理人、運送人或其他與貨物損失有關之人，俾便安排公證、檢驗、理算……等，以利理賠處理；另倘損毀或滅失之情事不顯著，受貨人應盡速開箱檢驗，並於提貨後3日內將貨物之損害情形分別通知前述各相關當事人。依我國海商法第192條規

定，要保人或被保險人，自接到貨物之日起，1個月內不將貨物所受損害通知保險人或其代理人時，視爲無損害。

3.損害檢驗

保險人或其代理人於收到損害通知後，通常會安排公證，由指定之公證人進行檢驗，以確定損害之程度、損失之金額及責任之歸屬等，此爲理賠申請之重要程序。

4.索賠時效

依據我國保險法第65條之規定，由保險契約所生之權利，自得爲請求之日起，經過2年不行使而消滅；至於受貨人向運送人之損害賠償請求權，自貨物受領之日或應受領日起1年內，不行使而消滅；爲利保險人向運送人行使代位求償權，被保險人之保險索賠，最好於1年之內爲之。

23 何謂定値保單與不定値保單？

依保險法第50條規定「保險契約分不定値保險契約及定値保險契約」。不定値保險契約，意指契約上載明保險標的之價值，須至危險發生後估計而訂之保險契約。1.定値保險契約，則爲契約上載明保險標的一定價值之保險契約。簡言之，保險契約中載明保險價額者爲定値保單；保險契約中未載明保險價額者爲不定値保單。

2.不定値保險契約：依保險法第73條第3項規定，保險標的未經約定價值者，屬不定値保險，發生損失時，按保險事故發生時實際價值爲標準，計算賠償。

24 何謂TBD保險單？

TBD是To Be Declared的意思，大多用於進口或是三角貿易，因要保人在辦理投保手續時還不知道船名、航次及裝船日，保險公司會發給TBD字樣的保險單，等被保險人知道船名航次等資料時應告知保險公司，否則保險公司可拒絕賠償。

有了保險我就不怕了！

25 流動保險單（Floating Policy）的意涵。

1. 簡稱FP，屬於船舶未確定保險單的一種，適用於同類產品長期性出口。保險當事人預先約定一個總保險金額，每批貨物裝出時，從總保險金額扣除，直到總保險金額用完，保險單即自動

註銷，契約亦同時終止的一種保險單，流動保險單的保險費是
按總保險金額全部預付。

2. 此類保險單在實務上很方便，當出口商以同類產品長期供應其
客戶或其國外子公司時，與保險公司簽立流動保險單，對貨物
的保險較爲方便。

3. 流動保險單只訂立保險一般條件，保險單發出後即自動承保了
以後每批個別貨物的危險，被保險人須在每批個別貨物裝運後
將裝載船舶名稱、裝運日期、裝貨港、卸貨港、裝運數量及金
額等即刻通知保險人即可。

4. 爲保障保險人，保險單上附加有下列條款：

　(1) 限制每一航次或每一地點的最高責任。

　(2) 保險金額的計算標準。

　(3) 船舶等級的規定。

　(4) 註銷條款。

26 何謂航程保單與時間保單？

　　保險單之效力僅及於某一段航程者，謂之航程保險單。如進、
出口之貨物運輸保險單即是。如保險單係以某一特定時段爲保險有
效期間者，稱爲時間保險單。此類保險單有船體時間保險單，機體
時間保險單之不同類別。

27 海上保險種類有AR、TLO、WPA與FPA，請說明其內容。

1. 基本險共四種

⑴ 全險AR（all risk）：指一切險，但不包括船舶遲延，貨物瑕疵、戰爭兵險、罷工、暴亂……；是基本險中承保範圍最大、費率最高的一種。全險AR與1982年1月1日倫敦保險協會所訂ICC（A），即Institute Cargo Clauses（A）類似。承保範圍最大，除戰爭兵險、罷工、暴亂等外，對於下列亦不承保：

A. 被保險人故意或過失所引起者。

B. 不良或不當包裝配置所引起者。

C. 被保險標的物固有瑕疵或本身性質引起者。

D. 延遲裝運或船舶所有人或營運人因無力清償公司債務所引起者。

E. 保險標的物正常滲漏、正常失重、失量或正常損耗所引起者。

⑵ 全損險TLO（total loss only）：基本危險所致全部滅失，含實際／推定全損。

⑶ 水漬險WPA（With Particular Average）：為共同海損與單獨海損均保即投棄或海浪掃落、海水進船艙或貨櫃等均賠償條款。與Institute Cargo Clauses（B）類似。

⑷ 平安險FPA（Free of Particular Average）：又稱單獨海損不保。

承保範圍與Institute Cargo Clauses（C）類似。承保內容包括：

A. 火災、爆炸、船舶擱淺、觸礁、沉沒。

B. 陸上運輸工具傾覆或出軌。

C. 共同海損的投棄（但單獨海損的投棄不賠償）。

FPA原意是指共同海損犧牲可保，單獨海損不保，任何人員不法行為或惡意行為引起被保險標的物的全部或一部分遭到蓄意的損毀或破壞不保，其餘不保內容與ICC（A）相同。FPA是基本險中承保範圍最小的一種，適用於大宗、低值粗糙的無包裝貨物。

依Incoterms 2010規定，在CIF或CIP下，若買賣契約未規定保險條款時，賣方至少要投保平安險FPA〔與協會貨物條款C款險ICC（C）類似〕。

第 10 章 海運提單

1 國際貿易的提單（B/L）為何？

　　提單在對外貿易中是運輸部門承運貨物時發給發貨人的一種憑證。

1. 提單必須由承運人或船長或其代理人簽發，並應明確表明簽發人身分。

2. 提單是證明海上運輸合同成立和證明承運人已接管貨物或已將貨物裝船，並保證至目的地交付貨物之單證。

3. 提單是一種表彰貨物所有權的憑證，承運人據以交付貨物。提單持有人可據以提取貨物，並憑此向銀行押匯，還可在載貨船舶到達目的港交貨之前進行轉讓。

2 簡要敘明全式提單（long form B/L）與簡式提單（short form B/L）？

1. 全式提單（long form B/L）

　　指提單上載有法定事項及任意事項的必定條款提單。

2. 簡式提單（short form B/L）

　　又稱背面空白提單（blank back B/L），提單只記載法定事項，其背面並無印定的貨運條款。

3 國際貿易海運提單及海運貨物單，兩者有何不同？

1. Sea Way Bill正式名稱為「海運貨物單」：海運貨運單為貨物收據、契約證明，與正本提單性質相異處在於：不具物權證書（因可轉讓方具有物權的性質），受貨人（consignee）只要證明身分即可提貨。託運人（shipper）載貨抵達目的地；未放貨給受貨人前，有權變更受貨人。故Sea Way Bill通常不做為信用狀交易之工具。

2. 海運提單（Ocean B/L）是認單不認人，而Sea Way Bill「海運貨物單」則是認人不認單。惟我國海商法運送篇，甚至美國海上貨物運送法至今仍未確認Sea Way Bill與正本提單具有相同法律地位。

4 試述海運提單（Ocean Bill of Lading）的功能與租船提單（Charter Party B/L）有何不同？

1. 海運提單（Ocean Bill of Lading）係屬海運之載貨證券，是運送人應貨主之請求而簽發，上面記載承運貨物資料及運送條款，作為運送人與貨主間權利與義務的依據；依據UCP600第20條定義，其應屬傳統之「港至港（port-to-port）」運輸，雖現今貨櫃運輸實務在運輸過程之處理較類似複合運送提單的定義，但銀行在開狀實務上，仍要求提示「Ocean Bill of Lading」，銀行在審查單據時，仍須遵照UCP600第20條規定，因此受益人領取運送人所掣發的提單時，應注意是否為「裝船提單（Shipped B/L）」—表明貨物已確實裝運在標名之船舶上（其方式可以印定文字表示或以「裝載註記：（on board notation）」表示）。

海運提單是承運人收到貨物後出具的貨物收據，是承運人所簽署的運輸契約證明，海運提單代表所載貨物的所有權，是具有物權特性的憑證。我國海商法稱為載貨證券，海運提單（Ocean Bill of Lading），具有三種功能：

(1) 是承運人或其代理人收到貨物後，簽發給託運人的一種貨物收據。

(2) 是承託雙方運輸契約成立的憑證。

(3) 是收貨人在貨物到達地提取貨物的物權憑證。

2. 租船提單（Charter Party B/L簡稱C/P）：

(1) 此種提單為一簡式提單，只列入貨名、數量、船名、裝貨港和目的港等必要項目，沒有全式提單背面的詳細條款。

(2) 租船提單會在提單內加批「根據○○○租船合同出立」的字樣。

(3) 大宗貨物的託運人通常包租整船，租用一個航次或來回程。船東就與租船人訂立租船合同。

(4) 在裝貨完畢後，承運人仍須向託運人（租船人）簽發提單。不能有了租船合同就不簽發提單，因為託運人仍需貨物收據。

(5) 租船提單並非一個完整而獨立的文件，要受租船合同的約束。且租船契約通常有一些特殊規定優先於租船提單，故亦非理想擔保品，根據UCP600規定，除非L/C特別授權，一般銀行拒絕接受Charter Party B/L。

5 國際貿易海運提單的種類有哪些？

海運提單主要包括以下幾種：

1. 根據貨物是否已裝船，可分為已裝船提單和備運提單。

   ⑴ 已裝船提單（on Board B/L; Shipped B/L）：指承運人已將貨物裝上指定輪船後所簽發的提單。

   ⑵ 備運提單（received for shipment B/L）：指承運人已收到托運貨物等待裝運期間所簽發的提單。備運提單上加註已裝船註記或印戳蓋上on board字樣後，即成為已裝船提單。

2. 根據提單有無批註條款，可分為清潔提單和不清潔提單。

   ⑴ 清潔提單（clean B/L）：指貨物在裝船時「表面狀況良好」，承運人在提單上未加任何有關貨物受損或包裝不良等批註的提單。例如：shipment in apparent good order and condition。

   ⑵ 不清潔提單（unclean B/L；foul B/L）：指承運人在提單上對貨物表面狀況或包裝加註有不良或存在缺陷等標註的提單。一般而言，國際貿易押匯，銀行只接受「清潔提單」，即承運人未在提單上批註貨物外表狀況有任何不良情況。例如：Some dirty or in second hand cases. Package broken。

3. 根據提單是否可以流通轉讓，可分為記名提單、不記名提單和指示提單。

   ⑴ 記名提單（straight B/L）：是指提單上的收貨人欄內填寫特定的收貨人名稱。此種提單只能由該特定收貨人提貨，因此記名提單不能流通轉讓。

   ⑵ 不記名提單（bear B/L）：是指提單上的收貨人欄不指明收

貨人，只註明提單持有人（bearer）字樣，此種提單無須背書轉讓，流通性強，風險大，實際業務中很少使用。

⑶ 指示提單（order B/L）。指示提單，又分不記名指示和記名指示：

A. 不記名指示提單僅填寫To order（憑指定），必須由託運人背書後才能轉讓，又稱空白抬頭。

B. 記名指示提單填寫To the order of...（憑某某指定），該某某即為具體的指示人，提單由其背書簽名後即可轉讓，通常為受託銀行或開狀銀行；例如：To the order of issuing bank，於此情況下託運人（出口商）對於貨物失去控制權，而由開狀銀行控制貨物。

上述背書又分兩種形式：

A. 一種由有權背書人單純簽署，稱為空白背書。

B. 另一種除背書人簽署外，還寫明被背書人（受讓人）的名稱，稱為記名背書。

C. 在國際貿易中，通常使用「憑指示空白背書提單」習慣上稱「空白抬頭–空白背書」提單。亦即不需寫明被背書人（受讓人）的名稱。例如：To order of shipper；此提單須經託運人背書，故託運人可控制貨物，提貨人（買方）必須出示經託運人（出口商）背書後的提單才能向運送人提貨，託運人如須向銀行借款，可將此提單背書後交付銀行，銀行便成為提單持有人，提單所表彰的貨物所有便成為銀行放款的擔保品，此種憑指示空白背書提單為銀行押匯的優良擔保品。

4. 根據運輸方式，可分為直達提單、轉船提單和聯運提單。

(1) 直達提單（direct B/L）：是指輪船從裝運港裝貨後，中途不經過換船而直接駛往目的港卸貨所簽發的提單。

(2) 轉船提單（transhipment B/L）：是指輪船從裝運港裝貨後，不直接駛往目的港，需要在中途港換裝另外船舶運往目的港所簽發的提單。UCP600第20條(b)規定transhipment是指自L/C規定的裝載港至卸貨港間的運送過程中，自一條船卸下重裝至另一船舶的行爲。

(3) 聯運提單（through B/L）。是指需經兩種或兩種以上的運輸方式聯運的貨物，由第一程海運承運人所簽發的，包括運輸全程並能在目的港或目的地憑以提貨的提單。

5. 全式提單與簡式提單：前者指提單背面有印就的運輸條款，而簡式提單則無。

6. 艙面提單（on deck B/L）：提單上註明貨物放在船艙艙面上，一般是化工品或危險品，對這種提單銀行通常不接受。

7. 大副收據（mate's Receipt）：是大副開出的貨物已裝上船的收據。

8. FIATA聯合運輸提單：是運輸代理國際聯合會的簡稱。它出具的運輸提單有好幾種，分別用不同的顏色。其中藍色的提單是由運輸行以承運人的身分簽發的。

9. 集裝箱提單（container B/L）：是普通的海運提單上加註「用集裝箱裝運」字樣。

6 何謂裝貨單（Shipping Order，簡稱S/O）？

當洽訂艙位後，船公司會給一組號碼，稱之爲S/O number，

貿易公司要在結關日以前將裝貨的明細（shipper、consignee、notify、marks、description、weight....等）打成一份文件，並塡上S/O Number傳眞至船公司，船公司就會以S/O（Shipping Order）的內容來繕打提單。簡言之，Shipping Order是提單的前身。裝貨單又稱下貨單（Shipping Order，簡稱S/O）由承運輪船公司簽發，爲一式二份（或一份）（甲乙聯），甲聯爲裝貨單，乙聯爲大副收貨單（mate's receipt）或爲櫃裝貨物收貨單（dock receipt）。

7 通常船公司的換單方式有哪些？何謂擔保提貨？

1. 拿到的是「正本提單」：須有受貨人的完整背書，受貨人如爲to order of shipper，須有shipper之完整背書。
2. 如果是「電報放貨」方式：應於換提單時出具有進口商公司名稱之公司大小章。
3. 如果是「Sea Way Bill」：應於換單時出具Sea Way Bill之副本或可證明受貨人之文件，此二文件上須有受貨人之公司大小章及換單日期。
4. 如果提單都還沒拿到，要用「銀行擔保書」：則須有銀行背書及受貨人公司之大小章。所謂銀行「擔保提貨」是指於開立信用狀付款條件下，當貨物抵達目的地，開狀銀行仍未收到押匯銀行寄來的裝船文件，或船將快抵達港口／已抵達港口，進口商爲節省海關倉儲費用或其他業務上之急需，要求開狀銀行向航運公司簽發保證書（letter of guarantee）。進口商即以此保證書向船公司換領提貨單，憑以報關提貨，此即擔保提貨。

8 海運定期船運輸之特性為何？

1. 定期船之航線、船期、停靠港口及運費費率均事先排定，並公告給各停靠港之客戶。

2. 船方係以公共運送人（common carrier）之身分經營，通常須受各停靠港口所屬政府機構之監督，其承運之對象為一般不特定之託運人（shipper）。

3. 託運人可直接向運送人或其代理人接洽託運，也可向代理運送人之承攬運送人接洽託運。

4. 託運之程序為先簽裝貨單（S/O），裝船後憑大副收據（mate's receipt，又稱收貨單）向承運之船公司或其代理人換發提單（bill of lading）。

5. 定期船一律規定貨物由運送人負責卸至港邊碼頭，此即為berth term或liner term。

6. 通常參加航運同盟（shipping conference），或稱運費同盟（freight conference）或運送協會，成為同盟會員，但也有不參加同盟者。

9 大提單（Bill of Lading，B/L）與小提單（Delivery Order，D/O）有何不同？

1. 大提單（Bill of Lading, B/L）

出口貨物裝船完畢之後，船方大副就簽發大副收據（M/R），給予出口商憑以向船公司換領之提單（B/L），此稱為大提單。

2. 小提單（Delivery Order, D/O）

賣方押匯後，裝船文件就經由銀行的管道到達買方銀行，買方

銀行就會通知買方來付款贖單，亦即買方付款給買方銀行後，買方銀行將裝船文件交付給買方（進口商），買方拿到提單後向船公司換取小提單（Delivery Order, D/O），始能辦理貨物的進口報關。

10 何謂副提單背書（duplicate bill of lading endorsed by bankers）？

副提單背書之內容如下：

1. 辦理時機

   開狀銀行未收到提單正本而進口商先收到出口商寄來的提單正本時，為節省海關倉儲費用及以供生產或銷售之需，進口商可持國外出口商逕寄之單據向銀行申請辦理副提單背書之手續。

2. 辦理手續

   應提示之文件：

   (1) 副提單背書申請書（附件）。

   (2) 副提單（出口商寄送進口商之提單正本）。

   (3) 商業發票。

   (4) 輸入許可證。

   副提單背書之申請如原開發之信用狀屬於即期者，應先辦理第二次結匯手續（即結付開狀時尚未結付部分之本息）。如係遠期信用狀應依銀行原核准之條件辦妥各項手續（如繳存定存單、提供本息本票設定動產與不動產抵押等）方能取得銀行之背書以辦理提貨。

11 國際貿易上常見的單據瑕疵與處理。

1. 時間方面

   如裝船過期（late shipment）；信用狀過期（L/C expired）；遲延提示（late presentation）；未按L/C所規定之期間裝船等。

2. 金額方面

   超押（over drawn），短押（short drawn），發票金額與匯票金額不符等。

3. 匯票方面

   匯票付款人拒付、未記載發票日、匯票到期日未能確定。

4. 商業發票方面

   商業發票所列商品敘述（description of goods）或參考號碼（如I/P、L/C等號碼）與L/C不符，所列價格條件單據與L/C不符等。

5. 提單方面

   轉運、分批裝運、短裝超裝、不清潔提單、運送承攬人簽發之運送單據未背書等。

6. 保險單據方面

   承保範圍之種類、投保幣別、保險金額、理賠地點等與L/C之規定不符、保單日期遲於裝船日期、未背書或背書不符等。

7. 單據間一致性方面

   各單據間顯示之重量、嘜頭或其他內容等不一致，欠缺某L/C所規定之單據，單據未依L/C之規定由其他單位驗證及L/C轉讓等。

   單據瑕疵之處理程序包括：

   ⑴ 更正。

   ⑵ 電詢開狀銀行。

⑶ 保結押匯。

⑷ 託收。

12 依據貨物是否裝船可分為哪些類型提單？

1. 裝船提單（shipped or on board B/L）

　　係指貨物已裝載或裝運於標名之船舶後，始簽發之提單稱為裝運提單。

2. 備運提單（received for shipment B/L）

　　係運送人於接管託運貨物時，即已簽發之提單，其提單上通常印有："Received for shipment in apparent good order and condition, ..."或類似措辭，表明已從託運人收到貨物，但並不表示貨物業已裝船，此即為備運提單。

　　倘若依規定須為裝船提單時，備運提單須加註「裝載註記（on board notation）」始為裝運提單。

13 依據是否可背書轉讓，可分為哪些提單？

1. 可轉讓提單

　　海運提單具可轉讓（negotiable）及物權證書之性質，因此，其受貨人（consignee）欄倘記載為"to the order"、"to the order of shipper"、"to the order of ○○ bank"……等時，此提單得經背書及交付，將貨物所有權移轉予被背書人（endorsee），此類提單稱為negotiable B/L或order B/L。

2. 不可轉讓提單

　　提單以特定人為受貨人，受貨人欄位記載「consigned to某人

或某公司」字樣。

這類提單不能經由背書轉給任何其他人，故稱之為不可轉讓提單。倘託運人不擬轉讓提單時，可於受貨人欄記載to ○○ Bank或consigned to ×× Co.，此時運送人僅能對此指名之受貨人放貨，此類提單稱為non-negotiable B/L或straight B/L。

14 依據所承載貨物及（或）包裝有無瑕疵之文字註記可分為哪些提單？

1. 清潔提單（clean B/L）

根據UCP600第27條規定，清潔提單係指提單上未記載貨物或包裝有瑕疵之條款或註記之運送單據。雖然信用狀要求運送單據必須「清潔且已裝載」（clean and on board），但是「清潔」（clean）一字無須顯示在運送單據。

2. 不清潔提單（unclean B/L；foul B/L）

倘提單載有此類註記，諸如：goods has been rust，或in second hand cases等，則為不清潔提單。

依據信用狀統一慣例Incoterms 2010規定，除信用狀明示得接受，否則銀行僅接受清潔提單或運送單據，而拒絕接受載有明示貨物或包裝有瑕疵之條款或註記之提單或運送單據。

15 何謂陳舊提單（stale B/L），第三者提單（third party B/L）」與貨櫃提單（container B/L）之內容？

1. 陳舊提單（stale B/L）

不完全是指裝運時間超過定裝船日，可能是在L/C條件下，出

口商取得合格裝船提單後，未在提單日後21天內向押匯銀行提交提單正本辦理押匯，以致貨物到進口目的港後，提單仍未到。造成受貨人承擔倉租費、保險過期或市價下跌等風險。遲於裝運日後21日始提示之提單；依據ISBP paragraph 21 b）之實物補充，陳舊單據可以接受（Stale documents acceptable），意指遲於裝運日後21日始提示之單據，只要其在信用狀有效期限內提示，則仍可接受。

2. 第三者提單（third party B/L）

　　提單之託運人（shipper）得顯示受益人以外之第三者，謂之第三者提單；依據UCP600第14條k項之規定，倘信用狀未規定，得接受此種第三者提單。

3. 貨櫃提單（container B/L）

　　在整櫃（full container load）運輸實務與運輸（FCL/FCL，CY/CY）之作業方式下，通常將空櫃拖運至出口商之倉庫由其自行裝貨，裝妥後由出口商封籤上鎖，再拖運至貨櫃場（container yard）交予運送人，在報關通關後經海關加封籤後，即裝船出口，而運送人僅負責將該貨櫃由出口地運至進口目的地並保持封籤完整，對貨櫃內之貨物內容及數量並不清楚。

　　因此，在此一作業模式下所簽發之運送單據，通常載有shipper load and count及said by shipper to contain等免除運送人責任之字句，依據UCP600第26條b項之規定，除信用狀另有排除或修改外，銀行將接受載有此種註記之運送單據。

16 第三者提單與三角貿易的關係為何？

1. 第三者提單（third party B/L）是指以第三者作為抬頭人的單

據。如商業發票的抬頭人，一般是買方或開證申請人，但在「三角貿易」中，抬頭人經常是第三者。

2. 在國際貿易中，第三者單據，通常特指以第三者作為托運人（裝船人）的海運提單。一般情況下，出口商（信用證受益人）都以自己名義裝貨，並以本身作為海運提單的托運人。然而，如果進口商出於某些原因，不希望出口商（受益人）名字出現在提單上，或要求出口商以第三者作為託運人，或要求以買方（開狀申請人）作託托運人。此種提單稱之為第三者提單；前者，出口商可以運輸報關行作為託運者；後者，涉及到海運提單的貨權轉讓問題，必須慎重對待，一般只能對資信頗佳的老客戶，才可考慮接受以買方（開狀申請人）作為提單託運人的要求。

3. 近來中國出口台灣押匯之三角貿易，多提示第三者提單與第三者單據，以解決大陸原產地證明與大陸檢驗證明問題，因此進口商在申請信用狀時，常要求加註「Third party docunments are acceptable」，以配合兩岸三角貿易實務上的需要。

17 第三者提單之使用時機為何？

在下列情況下，可以使用第三者提單：

1. 內地出口商本身沒有能力將貨物運至海港辦理報關裝船事項時，通常全權委託運輸行辦理，提單託運人欄往往是運輸行，構成第三者提單。

2. 由於兩國貿易受到某種因素的限制，而必須透過第三國，進口國開立以第三國為信用狀受益人的可轉讓信用狀，再由第三國

受益人轉讓給實行出口國供貨人，實際供貨人作爲第三者託運人，其運輸單據構成第三者提單。

3. 在中間商貿易中，中間商爲避免出口商與進口商直接接觸，或者中間商出於其他目的，都可以要求簽發託運人爲中間商名稱的第三者提單。

4. 在某些背對背信用狀中，背對背信用狀的受益人（即實際供貨人）在運輸單據中不出現，而中間商以託運人的身分出現在提單上，亦構成第三者提單。

5. 此外，爲了少徵收進口關稅，可以使用第三者提單。因爲海關徵收關稅是以供貨人向中間商提供的發票爲依據，而這種發票金額低於中間商、進口商提供的價格，對中間商十分有利。

18 信用狀未規定的冤費貨品列示在提單之適法性？

1. 若提單記載信用狀以外的貨物，依國際商會（ICC）規定，縱使出口商並未向進口商要求價款，銀行對該提單，應拒絕接受，再依國際商會（ICC）Publication No.681即國際銀行標準實務（ISBP）「有關發票貨物說明及發票有關之其他一般事項」第64項規定，信用狀未要求之貨物（包括樣品或廣告材料等），就算是免費，發票亦不得表明。

2. 所以出口商提示的文件若包括信用狀以外的貨品或樣品，開狀銀行可以依ISBP「有關發票貨物說明及發票有關之其他一般事項」第64項拒付。

3. 爲避免上述情事發生，以確保出口商權益，可請進口商在不違反進口國海關規定下，請開狀銀行在信用狀上特別條款加註「B/L列示不含L/C以外的產品，可以接受」解決。

19 說明Groupage B/L與Non-negotiable sea waybill之意涵。

1. 併裝提單（Groupage B/L）

又稱為Master B/L，指船公司承運承攬運送人（freight forwarder）所招攬及併裝之貨物，所簽發與承攬運送人之運送單據，承攬運送人再依據此提單，簽發分提單（House B/L），或承攬運送人提單（Forwarder's B/L），或承攬運送人收據（forwarder's cargo receipt）。

2. 不可轉讓海運貨單（Non-negotiable sea waybill）

係由運送人簽發之海運貨物收據及運送契約憑證，但其不具物權憑證性質，也無法背書轉讓，是其與傳統海運提單的區別，除前述之是否具物權憑證性質及得否背書轉讓外，在提貨方面，海運貨單採記名式，運送人只須負責將貨物交給海運貨運單上所記載收貨人即可，無須要求繳回該運送單據。

20 中國出口台灣押匯（中轉）之貿易案件處理。

貨物於中國出口時，若是以信用狀（L/C）付款時，則應特別留意信用狀中，是否允許裝貨港（loading port）為中國，（一般均為any asian port，即任何亞洲港口），如果允許時，則可持中國船公司或其在台灣代理商所簽發的提單（B/L），以台灣押匯廠商的名義為提單（B/L）之託運人（shipper），繕製信用狀所要求的押匯文件後，就可以送押匯銀行核押。

21 全式提單（regular long form b/l）與簡式提單（short form B/L）

1. 全式提單（regular long form B/L）

　　指提單上載有法定事項及任意事項的必定條款提單。全式提單相對於簡式提單，是指提單除正面印就的提單格式所記載的事項，背面列有關於承運人與托運人及收貨人之間權利、義務等詳細條款的提單。由於條款繁多，所以又稱「繁式提單」。在海運的實際業務中大量使用的大都是這種全式提單。

2. 簡式提單（short form B/L）

　　又稱背面空白提單（Blank back B/L），提單只記載法定事項，背面並無印定的貨運條款。簡式提單又稱「短式提單」、「略式提單」，是相對於全式提單而言的，是指提單背面沒有關於承運人與托運人及收貨人之間的權利義務等詳細條款的提單。這種提單一般在正面印有簡式（short form）字樣，以示區別。

　　簡式提單中通常列有如下條款：「本提單貨物的收受、保管、運輸和運費等事項，均按本提單全式提單的正面、背面的鉛印、手寫、印章和打字等書面條款和例外條款辦理，該全式提單存本公司及其分支機構或代理處，可供托運人隨時查閱。」

22 Direct B/L、Transhipment B/L與Through B/L之意涵。

1. 直達提單（Direct B/L）。是指輪船從裝運港裝貨後，中途不經過換船而直接駛往目的港卸貨所簽發的提單。

2. 轉船提單（Transhipment B/L）。是指輪船從裝運港裝貨後，不直接駛往目的港，需要在中途港換裝另外船舶運往目的港所簽

發的提單。UCP600第20條(b)項規定transhipment是指自L/C規定的裝載港至卸貨港間的運送過程中，自一條船卸下重裝制另一船舶的行為。

3. 聯運提單（Through B/L）。是指需經兩種或兩種以上的運輸方式聯運的貨物，由第一程海運承運人所簽發的，包括運輸全程並能在目的港或目的地憑以提貨的提單。

23 海運提單印有shipped字樣，on board仍須加註日期嗎？

依UCP600第20條a項ii款規定，出口商所提示之ocean B/L既已印有shipped字樣，除非信用狀另有規定，否則B/L之簽發日期視為裝運日期，無須於B/L之on board date再加註「日期」註記。

24 擔保提貨適用之情況及對關係人之風險。

所謂銀行「擔保提貨」是指於開立信用狀付款條件下，當貨物抵達目的地，開狀銀行仍未收到押匯銀行寄來的裝船文件，或船將快抵達港口／已抵達港口，進口商為節省海關倉儲費用或其他業務上之急需，要求開狀銀行向航運公司簽發保證書（letter of guarantee）。進口商即以此保證書向船公司換領提貨單，憑以報關提貨，此為擔保提貨。

1. 辦理時機

進口商於接到船公司之到貨通知，而正本提單未寄達開狀銀行，亦未寄達進口商，為節省海關倉儲費用及以供生產或銷售之需，或因貨物易腐（活鮮），進口商得事先向船公司取得擔

保提貨書，檢具有關文件，向往來銀行申請辦理擔保提貨手續。

2. 辦理手續

辦理時，進口商得檢具船公司所定的「擔保提貨書」，以及銀行訂定的「擔保提貨申請書」和出口商寄來的裝船通知、商業發票副本及提單副本、輸入許可證等請求銀行向船公司簽發保證書（即在船公司之擔保提貨書上辦理副署手續），憑此向船公司換取小提單（D/O），辦理報關提貨，俟日後正本提單到達後，再持往船公司換回「擔保提貨書」。辦理擔保提貨時，如有外幣墊款者，如副提單背書，應先辦理結匯手續收回墊款本息。

3. 擔保提貨對進口商的風險

⑴ 進口商一旦辦理擔保提貨，則對該批貨物之信用狀項下單據，喪失拒付之權。

⑵ 若擔保提貨之貨品價值較正式單據之價值少，則進口商亦須承擔較大的正式單據金額。

⑶ 因之，進口商非不得已最好不要申請擔保提貨，辦理前俟可依據出口商之裝船通知，於貨到碼頭先行看貨，必要時始申請辦理擔保提貨。要求看貨時，應向進口地海關申請看貨特別准單。

25 電報放貨適用之情況。

1. 電報放貨即電放提單；優點是減少提單郵寄的風險及時效，但最好是收到國外客人貨款後再電放。

2. 為什麼空運電放不用提單，而海運電放會有提單，主要是因為空運注重運送時效及倉租，所以都會有隨機提單及文件，以利抵達目的地能快速的清關，所以實務上，空運是貨與單據同時到達，沒有電放提單，只有海運會有電放提單。

3. 只要繳清運費，並附上電放切結書，向承攬人（forwarder）或船公司申請電放即可。

4. 電放切結書之空白表格，可向往來船務公司索取。

5. 受貨的條件如果是信用狀交易方式，電放則無法進行，因為運送的單據均已透過銀行，進口商必須先至開狀銀行或代收銀行領取單據後才能辦理提貨手續。另外，使用電放時，出口商如何在貨款尚未收到而進口商又急於提貨的情況下做決定，這將視進口商的信譽而做慎重考慮。

付款條件是經由銀行的L/C方式為之者，對於近距離的國家，為了避免船到貨到，而運送的單據還沒寄達銀行，進口商又急於提貨或加工生產時，可以向銀行辦理擔保提貨，憑以向運送人辦理提貨，等將來銀行收到單據後再把提單交還給運送人以換回銀行擔保提貨申請書或使其自動失效。

26 複合運送單據（MTD）的意涵為何？

1. 複合運送單據大多在收貨站或港區的貨櫃場接受託運貨物，所以複合運送單據只是收妥待運（received or shipment），與一般海運提單於貨物實際裝船後才簽發「已裝船」（shipped）性質單據不同，所以複合運送單據不能作為已裝運的證據。

2. 在複合運送方式下，簽發複合運送單據者，為「複合運送人」

（Combined Transport Operator，簡稱CTO）；依UCP600第19條規定，複合運送人只限以輪船公司、船長或其代理人為限，若本身無船舶或其他運輸工具的貨運承攬人所簽發的複合運送單據則不可接受。

3. 依聯合國國際貨物複合運送公約第5條第1項規定，複合運送人可簽發可轉讓複合運送單據，受貨人需交出可轉讓複合運送單據並正式背書，才能向複合運送人或其代理人要求提取貨物，所以複合運送單據（MTD）可以具有或不具有物權證券性質。

27 鴻海公司2017年以信用狀為付款條件，從中國出口成衣十萬套到美國：

On Board/Disp/Taking charge China port

For transportation to Chicago USA

Document required full set clean on board Multimodal bill of lading

押匯提示的提單內容為收貨地：廈門，裝載港：上海，卸貨地：舊金山，交貨地：芝加哥，但押匯不久卻遭開狀銀行以B/L未標明Multimodal transport document及未明示兩種以上交通工具運送為由拒付，請問開狀銀行拒付是否有理？

1. 只要出口商提示單據符合UCP600第19條「複合運送單據」規定，即便單據未標示「複合運送單據」，開狀銀行仍必須接受。

2. 若信用狀要求提示涵蓋使用至少兩種運送方式為運輸之運送單據，若運送單據清楚顯示其涵蓋自信用狀規定之接管地或港

口、機場、或裝貨地至最終目的地之裝運，即視爲符合UCP600第19條「複合運送單據」規定，複合運送單據絕不可表明只使用一種運輸方式，但得沉默不敘明。

28 在報價單、訂單或買賣契約書中，關於「交貨時間」，有以time of shipment表示，有以time of delivery表示，兩者究竟有何區別？

1. 若貿易條件爲FOB、CFR或CIF等屬出口地交貨條件時，因裝運時間就是交貨時間，故使用time of delivery或time of shipment均可。

2. 若貿易條件爲DES、DEQ、DDU或DDP等屬目的地交貨條件者，time of shipment係指貨物在出口地裝運的時間，而time of delivery則指貨物在目的地交貨的時間。

由於現代國際貿易多使用FOB、CFR或CIF等貿易條件，故在實務上，time of shipment與time of delivery並無區別。

29 UCP600有關海運轉運的規定為何？

根據UCP600有關轉運的規定如下：

1. Art.20(c)：「即使信用狀禁止轉運，若提單顯示貨物已裝運於貨櫃、拖車，或子母船之子船，表明將轉運或可能發生轉運之提單，可以接受。」
2. Art.20(d)：「提單載有敘明運送人保留轉運權利之條款，不予理會。」銀行對於這種保留轉運權利之條款根本無須理會，此條款既不在銀行審查範圍，因此也不會違反Art.2「符合之提示」之規定，銀行仍可接受押匯。
3. 因此買方如堅持禁止轉運，萬全之計為由買方在信用狀上記載「禁止轉運」並且排除UCP 600第20條第c項或第d項之適用。
4. 如果信用狀上沒有禁止轉船的規定，或不提轉船這件事，出口商可以提出表示貨物將轉船的載貨證券（提單）；若運送單據或提單上未提及可轉運的話，船公司不可轉運，否則增加的費用與風險須由船公司負擔。

30 提單上品名下空白處加註SHIPPER'S LOAD AND COUNT，S.T.C. ○○○ CARTONS之意涵為何？

運送方式為整櫃貨運送，會於提單上品名下空白處加註SHIPPER'S LOAD AND COUNT，S.T.C. ○○○ CARTONS，意指貨主自行裝櫃及點數箱貨，因為CY/CY整個運送過程，運送人不會知道或看到貨主裝了哪些東西及多少數量在裡面，只能根據貨主提供的資料來做提單，另外為避免貨主的求償，提單於背面的運送

條約中也有表示：「運送人對於整櫃貨的運送如果是因內裝的貨物發生毀損及滅失，是不用負賠償責任的。」是以，這樣的加註，除不損運送人的權益亦有利於賣主順利押匯。

31 貨物海運運送衍生的次要費用有哪些？

有關貨物海運運送衍生的次要費用包括以下：

SPS：上海港口附加費（船掛上港九區、十區）。

YAS：日元升值附加費（日本航線專用）。

GRI：綜合費率上漲附加費，一般是南美航線、美國航線使用。

DDC、IAC：直航附加費，美加航線使用。

IFA：臨時燃油附加費，某些航線臨時使用。

PTF：巴拿馬運河附加費，美國航線、中南美航線使用，是指通過巴拿馬運河到中美州和加勒比海地區港口徵收的費用。目前徵收標準約為115USD每個自然箱（不分大小箱）。

ORC：本地出口附加費，和SPS類似，一般在華南地區使用。

EBA：部分航線燃油附加費的表示方式，EBA一般是非洲航線、中南美航線使用。

PCS：港口擁擠附加費，一般是以色列、印度某些港口及中南美航線使用。

PSS：（Peak Season Sucharges）旺季附加費，大多數航線在運輸旺季時可能臨時使用。

THC：（Terminal Handling Charges）碼頭操作費。

CAF：（Currency Adjustment Factor）貨幣貶值附加費。

EPS：（Equipment Position Surcharges）設備位置附加費。

DDC：（Destination Delivery Charges）目的港交貨費。

PCS：（Port Congestion Surcharge）港口擁擠附加費。

MLB：（MiniLandBridge）迷你大陸橋（主要指由美國西岸中轉至東岸或內陸點的貨物的運輸方式）。

第 11 章 空運單據

1 國際貿易上空運提單（air waybill）之內容為何？

1. 為航空運輸業者自託運人收到託運之貨物所簽發之收據，亦為託運人與航空運輸業者簽訂之運輸契約，但非代表貨物之物權證書；通常航空運輸業會簽發三份正本，第一份正本（Original 1：For Issuing Carrier）航空運輸業留存；第二份正本（Original 2：For Consignee）與貨物打包隨機一起運往目的地，航空運輸業即根據上載之收貨人放行貨物，倘信用狀規定以開狀銀行為收貨人，則進口商須持此聯正本至開狀銀行辦理副提單背書；第三份正本（Original 3：For Shipper）交給託運人作為收據暨出貨之證明，在信用狀作業時供其提示押匯，但此聯與貨物之提領無關。

2. 在空運實務上，託運人將貨物交由貨運承攬業（freight forward）或併裝業者（consolidator）打包、併裝及報關後，交由航空公司運輸，而由航空公司簽發航空主提單（Master air waybill, MAWB）給貨運承攬業或併裝業者，再由後者依據MAWB簽發航空分提單（House air waybill, HAWB）給託運人。

2 國際貿易上航空運送之流程為何？

航空運送的流程如下：

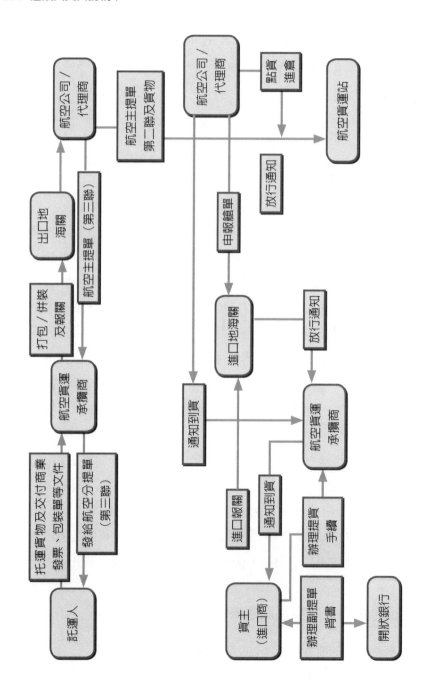

3 空運之計價方式。

計價單位：以毛重（Gross Weight）及體積重（Volume Weight = V.W）較大者當計價單位。Volume Weight的計算方式：

1. 長×寬×高（CM）÷ 6,000 = V.W

2. 長×寬×高（IN）÷ 366 = V.W

3. 長×寬×高（IN）÷ 1,728 = CUBIC FEET（材）

4. 材×1,728 ÷ 366 = V.W

5. 長×寬×高（M）= CBM（M3）全名：CUBIC METER

6. 1CBM = 35.315材

7. 1CBM = 167KG

8. 材×4.725 = V.W

9. 1材 = 4.725公斤

10. 1台分 = 0.303公分

11. 1台寸 = 10台分

4 何謂AWB？MAWB與HAWB之關係？

1. AWB 為 AIR WAYBILL 空運提單。

   實務上，IATA統一格式的空運提單全套包括：正本3份、副本6至14份。

   空運提單又可分為兩種：

   (1) MAWB：Master air waybill為航空空司給空運承攬業的空運提單。

   (2) HAWB：House air waybill為空運承攬業給貨主的提單。

2. MAWB 與 HAWB 的區分。

⑴ HAWB（航空副提單），航空公司會對整批貨物向Freight Forwarder發給MAWB（航空主提單），而Freight Forwarder 分別發給各別出口商的單據稱爲HAWB（航空副提單）。

⑵ 因此HAWB係由Freight Forwarder所簽發，以證明收到託運人 （shipper）之空運貨物單據。

⑶ Freight Forwarder把不同出口商的貨物併成一整批，交由航 空公司運至目的地後，再由當地分公司或agent向航空公司提 貨，分別交給個別的進口商。此外尚有以下區分方式：

⑷ Air Waybill No若爲3個阿拉伯數字則爲MAWB，若係英文代 號則爲HAWB。

⑸ signature of issuing carrier or its agent如果與issuing carrier agent name and city中公司名稱一致，且提單抬頭爲航空公司 時，代表係由航空公司所簽發的MAWB提單。

⑹ 由承攬運送人所簽發的HAWB提單issuing carrier agent name and city必須是空白。

⑺ 部分承攬運送人簽發之HAWB，若未表明貨物業已接受「待 運」字樣者，銀行對單據將不接受。

⑻ 由航空公司所簽發的Air Waybill沒有HAWB Number，但由航 空貨運公司所簽發的Air Waybill有HAWB Number，因航空貨 運公司是以Freight Forwarder身分向出口商承攬貨物。

5 信用狀統一慣例UCP 600有關複合運送與航空運送轉運之規定為何？

1. UCP600將承攬運送人簽發之運送單據取消，改在第14條規定運送單據得由運送人、船東、船長或傭船人以外之人簽發，但以該運送單據符合本慣例第19、20、21、22、23、24條規定為條件，並將UCP500第26條複合運送單據（multimodal transport document）取消，改為涵蓋至少兩種不同運送方式之運送單據（複合或聯合運送單據）。

2. 航空運送單據（air transport document）應表明信用狀敘明之起運機場及目的；即使信用狀禁止轉運，表明將轉運或得轉運之航空運送單據仍可以接受。

6 Air Consignment Note

航空貨運單（Air Consignment Note），爲託運人與航空公司或其代理人雙方所訂立之國際航空貨物運輸契約憑證，亦稱爲Air Waybill，西元1927年訂定華沙公約稱爲Air Consignment Note簡稱爲ACN，1955年海牙議定書改稱爲Air Waybill，簡稱AWB。

7 空運不使用電放提單之理由爲何？

電放提單的優點是減少提單郵寄的風險及時效，但實務上最好是收到國外客人貨款後再電放。至於爲什麼空運電放不用提單，而海運電放會有提單，主要是因爲空運注重運送時效及倉租，所以都會有隨機（飛機）提單及文件，以利抵達目的地能快速的清關，所以實務上，空運是貨與單據同時到達，沒有電放提單，只有海運會有電放提單。

8 爲何有些銀行不願意接受分提單（House B/L）？

貨運承攬人（freight forwarder）或併裝業者（consolidator）將各出口商託運的零星貨物集合成一大批貨物交由船公司運送時，由船公司以「貨運承攬人」或「併裝業者」爲託運人所簽發一份提單，稱爲主提單（master B/L），也稱爲併裝提單（groupage B/L）。承攬人或併裝業者再依併裝提單分別簽發給各出口商的提單，爲分提單（house B/L）。有些銀行不接受分提單。若客戶端沒有指定，則拿船公司或forwarder名義簽發的提單都可以接受。

1. 併裝提單只構成輪船公司與貨運承攬人或併裝業者的運送契

約，與各出口商（眞正貨主）無直接關係。

2. 由貨運承攬人或併裝業者接受各出口商交來的託運貨物所製發的單據，稱爲分提單（house B/L）或貨運承攬人收據（Forward Carg Receipt）（簡稱FCR）。此與航空貨運公司非航空公司所簽發的空運提單稱爲分提單（House air waybill）（簡稱HAWB）不同。

⑨ 是不是不透過空運公司直接向航空公司貨運部接洽運費會比較便宜，且作業較直接？

否，空運與海運不同，航空公司不直接對外攬貨，皆須經由空運公司處理賣價／訂位／確認班機／發放主或副提單。

第12章 付　款

1 國際貿易之匯付作業模式有哪些？

匯付（remittance）係指國內匯款銀行以下列方式指示或委託國外付款銀行解付匯款款項予受款人之業務。其方式包括：

(1) 電匯：簡稱T/T，指匯款人（remitter），將款項交給匯款銀行（remitting bank），經由匯款銀行以加有密押（test key）的電文，透過Telex或SWIFT（環球財務通訊系統）等方式，將匯款快速安全地傳遞給其受託之解款銀行（paying bank），委託其將款項支付給受款人（payee）之匯款方式。

例如：國外進口商要求以T/T30天報價，是指交貨後30天以電匯方式付款。

在國際貿易實務上，電匯為主要處理匯款之方式。

(2) 信匯：簡稱M/T，利用傳統的郵遞方式傳送匯款的信息，以解決雙方債權債務，因受制於運輸工具的速度，信匯無法像T/T這麼快，即簽發書面付款委託書郵寄付款銀行，依該指示解款給指定受款人，目前鮮少人使用；不過近年來由於快遞郵遞服務（courier service）發達可彌補M/T之不足。

(3) 票匯：簡稱D/D，即債務人為清償所欠債權人貨款，以其本國貨幣向其往來銀行購買等值之外幣即期匯票（D/D），再自行郵寄給債權人。即簽發以國外存匯行為付款行之匯款支

票，交由匯款申請人逕寄國外受款人之匯款方式。

2 國際貿易託收（collection）之作業模式。

1. 託收（collection）之定義

依據託收統一規則URC522第2條a項之規定，是指銀行依所收受之指示，處理本條(b)項所界定之單據，以求：

(1) 獲得付款及／或承兌。

(2) 憑付款及／或承兌交付單據。

(3) 依其他條件交付單據。

出口託收即出口商依買賣契約開具以進口商或指定人為付款人之匯票並檢附商業發票、保險單、提單等文件送交出口地銀行（託收銀行）（remitting bank）委託收取貨款，託收銀行再依出口託收申請書之指示將有關單證寄交進口地銀行（代收銀行）（collecting bank）委託其依代收委託書（remittance letter）指示向付款人（進口商）收款。

collection為remitting bank與collecting bank間的通匯協定及委任關係，代收銀行應以善意處理事務並盡相當之注意（依URC522第9條規定）並依託收指示辦理（依URC522第4條規定）。

2. 託收種類（依據託收單據之種類）

(1) 光票託收（clean collection）：指「財務單據」之託收未附隨「商業單據」者，一般沒有提單。

(2) 跟單託收（documentary collection）：指「財務單據」附隨「商業單據」之託收；一般為有提單的情況。

⑶「財務單據」指匯票、本票、支票或其他用以收取款項之類似文據。

⑷「商業單據」指發票、運送單據、物權證書或其他類似單據，或其他非屬財務單據之任何單據。

3.託收種類（依據單據交付之方式）

⑴ 承兌交單（Documents against Acceptance，簡稱D/A）

附隨遠期匯票之託收案件，付款人（進口商）於匯票上承兌後，進口代收銀行即交付單據；於遠期匯票到期，通知付款人還款，等款項收妥後，再匯付出口地託收銀行，轉帳委託人（出口商）。

⑵ 付款交單（Documents against Payment，簡稱D/P）

付款人（進口商）須給付全部託收款項及相關費用（如有者），進口代收銀行始交付單據。

⑶ 遠期付款交單（usance D/P）

根據URC522第7條c項規定，附隨遠期匯票之付款交單託收案件，付款人（進口商）先於匯票上承兌，但付款人（進口商）須給付全部託收款項及相關費用（如有者）之後，進口代收銀行始會交付單據給付款人（進口商）。例如：匯票以D/P 120 days為付款條件，根據URC522第7條c項規定，該提單等相關單據僅能於買方付款後，進口地代收銀行始能交付買方。

③ 辦理進口託收應注意之事項。

1.辦理進口託收業務，除依國外託收銀行託收指示書之指示

辦理，一般均應遵行「託收統一規則」辦理（現行版本爲URC522）；倘對於託收指示書之指示，有不能或不願辦理者（例如：要求作成拒絕證書），須儘速通知託收銀行。

2. 交付單據須依據託收指示書上有關規定辦理，付款交單（D/P）或承兌交單（D/A）；託收單據縱使附有遠期匯票，仍須依據託收指示書上有關之指示辦理，如遠期付款交單（例如：USANCE D/P），須於進口商付清託收款項及費用後，始能交付單據。URC522第7條c項規定，基本上90天D/P或120天D/P屬不明確條款，正確解釋爲進口商願意接受單據於未來期日付款，應予勸阻。

3. 進口商辦理承兌時，代收銀行／提示銀行應負責檢視承兌匯票外觀型式是否完整而正確，但對於任何簽字之眞實性或承兌者是否得到授權，則不負責任。

4. 根據URC522第20條及第21條規定，如託收指示書明確記載利息不得拋棄：託收費用及／或支出由付款人支付，而付款人拒絕支付該利息及費用或支出時，提示銀行將不交付單據，且對於任何遲延交付單據所導致的後果不予負責，當付款人拒絕支付該利息時，提示銀行須儘速以電傳或其他方式通知對其發出委託指示的銀行。

4 國際貿易順匯付款之方式有哪些？

1. 順匯方式

進口商（債務人）主動將款項匯付給出口商（債權人）之方式。爲CWO（cash with order），即訂貨付現。資金與單據流向同

向一般稱爲順匯。

2. 順匯種類

　　包括電匯（T/T）、信匯（M/T）、票匯（D/D）、私人支票預付款（advance payment）、記帳（O/A）。

　　信匯（M/T）或票匯（D/D）票據在郵寄中遺失，根據ICC所訂URC522第14條a項定義：「銀行對於任何訊息，信函或單據於傳送中因遲延及／或滅失所致之結果，或對任何電訊傳送中所發生之遲疑、殘缺或其他錯誤負義務或責任」，因此在傳遞過程中票據遺失，可依郵政法第35條或快遞契約分別向郵政單位或快遞公司求償。

5 國際貿易逆匯付款之方式有哪些？

1. 逆匯方式：資金與單據流向相反，稱爲逆匯，例如：L/C押匯等。出口商（債權人）開發匯票（To draw a draft），經由銀行向進口商（債務人）收款。該匯票附有單證（例如B/L：documents），稱爲跟單匯票：

   依是否憑信用狀（letter of credit）簽發，分爲：

   (1) 信用狀項下跟單匯票（documentary draft with L/C）。

   (2) 非信用狀項下跟單匯票（documentary draft without L/C）。

   依交付單據方式之不同又可分爲：

   (1) 付款交單（Documents against Payment），簡稱D/P。

   (2) 承兌交單（Documents against Acceptance），簡稱D/A。

2. 以上D/P、D/A因無銀行信用之保障，風險較大，故出口之銀行多不願墊付（advance）或讓購（negotiate）該等匯票，而僅願

以託收方式辦理（on collection basis），所以一般商界稱此為D/A、D/P託收交易。

6 O/A與D/A之不同。

1. O/A（記帳方式 open account）

是賣方交貨後直接將提單等貨運單據寄給買方提貨，等約定期限再與買方結算，對賣方風險較大。

2. D/A（承兌交單 documents against acceptance）

是賣方委託出口地的託收銀行託收時，指示進口地的代收銀行，等到進口商拿遠期匯票（usance bill）向進口地的代收銀行辦理承兌之後，便可領單取貨，對進口商而言，方便資金融通，對出口商而言，買方仍有可能拒絕付款，所以仍有風險。

7 臺大出版社出口一批郵購商品到美國買方，收到美國買方寄來的郵政匯票（Postal Money Order）委請往來之外匯銀行託收時被拒付，為什麼？

1. 美國政府為加強防止跨國洗錢，對美國郵局所發行的郵政匯票（Postal Money Order）嚴格管制，從1995年起即禁止其流通到美國本土以外，所以美國郵政匯票上多半會註記"negotiable only in the U.S. and possessions"的字樣。
2. 值得注意的是，台灣多數外匯銀行是不承辦的。
3. 除有類似禁止規定外，依台灣中央銀行（81）台央字第（柒）0927號函規定，國外票據在我國境內背書轉讓，尚無法令明文禁止，故外匯銀行得辦理買入或託收業經轉讓之外國票據。

8 國際貿易上如何避免O/A（記帳方式open account）對賣方可能產生的風險？

1. 出口商可以向中國輸出入銀行投保「記帳方式（OA）輸出綜合保險」。
2. 或是向一般銀行辦理「國際應收帳款承購業務（factoring）」。辦理「國際應收帳款承購業務」對買賣方的好處：
   (1) 對賣方的好處
      A. 以優惠的付款條件而非價格競爭的手段來拓展業務。
      B. 透過強而有力的金融機構確保貨款回收。
      C. 透過熟悉當地或本地商業習慣、商業法規及實務金融機構來管理應收帳款，加速貨款回收。
      D. 提供賣方資金融通，改善現金流量。

　　E. 降低對L/C或票據的依賴及管理成本。

⑵ 對買方的好處

　　A. 增加其購買力，不需額外負擔費用；不需動用銀行的授信
　　　額度，增加資金調度能力。

　　B. 協助賣方解決放帳交易衍生之財務調度問題，取得雙贏。
　　　「國際應收帳款承購業務」正式往來之後的作業程序類似
　　　押匯，新增文件在於首次使用Factoring時，申請人必須發
　　　出「應收帳款債權讓與通知書」或「introductory letter」
　　　給買受人，每次轉讓帳款時附上「應收帳款債權讓與明細
　　　表」，並在每一聯發給買受人的發票上註明應收帳款讓與
　　　字句（assignment clause），買受人僅需配合將付款對象
　　　改變爲Factor或銀行即可，十分方便。

9 國際貿易主要付款方式依交貨前、交貨時與交貨後如何區分？

1. 交貨前付款

　　訂貨付現CWO（cash with order）：屬於順匯方式，採全
額結匯，實務上對賣方風險最低。可採用的方式包括：電匯T/T
（Telegraphic Transfer）、信匯（M/T、Mail Transfer）、票匯（D/
D、Demand Draft）、支票、國際郵政匯票。

2. 交貨時付款

⑴ 憑信即期信用狀付款。

⑵ 憑單證付現CAD（cash against documents）。

⑶ 貨到付現COD（cash on delivery）。

⑷ 憑即期跟單匯票付款（D/P付款交單，D/A承兌交單）。

3. 交貨後付款

⑴ 記帳O/A（open account）：屬賒帳買賣行為。

⑵ 寄售付款（consignment）：屬代理行為。

⑶ 分期付款（installment / progressive payment）。

⑷ 延期付款（deferred payment）。延期付款與分期付款不同的是，貨物所有權在賣方履行交貨時，即移轉給買方。

10 國際貿易上何謂D/P條件下的Under Value（低於實際貨物價格出貨）風險？

1. 國際貿易實務上，進口商要求出口商於出貨時，立即將貨運單據副本先行逕寄進口商不外是節省海關倉儲費用或市場搶手貨急需提領銷售，所以要求銀行於接獲正式單據前先辦理「副提單背書」或「擔保提貨」，但不管以L/C、D/A、D/P方式付款，辦理擔保的開狀銀行或代收銀行（collecting bank），均須承擔「擔保提貨背書金額與所收單據金額不符」的風險。

2. 有些進口商會以逃避較高關稅為藉口，要求出口商以低於實際貨物價格的所謂under value的商業發票直接寄給買方，出口商基於生意的考量，往往配合進口商的要求，忽略了本身所處風險。

3. 開狀銀行或代收銀行不論以「副提單背書」或「擔保提貨」方式簽發擔保書，根據URC522（1995）規定，儘管託收銀行與代收銀行的義務及責任極為有限，然而代收銀行既經進口商（付款人）的請求，對其有關單據加以背書後，即應對其擔保背書

負責，在「副提單背書」或「擔保提貨」方式下先提貨，進口商必須接受託收銀行寄來的單據，即便其所收受託單據與實際貨物不符有瑕疵，進口商亦必須承擔，不得作拒付的風險。

4. 所以，如果進口商所在地代收銀行以「商業發票金額與擔保提貨金額不符」為由，退回出口商所在地託收銀行，出口商可憑代收銀行退回的海運提單正本要求船公司將貨運回，或向船公司要求貨物退還託運人（shipper）。

11 台灣進口商慈青公司以託收方式向印度進口香料一批，擔保提貨後發現品質不佳，印度出口商自知理虧，告知進口商貨款免匯付，試問進口商可否向代收銀行申請退匯？有無變通方法？

1. 原則上不行，因為代收銀行已按進口商要求簽發「擔保提貨書」（indemnity and guarantee deliver without bill of landing），交給進口商辦理提貨，因此已構成代收銀行對航運公司之保證責任，在沒有完成「擔保提貨書解除通知」前，基本上，代收銀行無法接受進口商要求辦理退匯。

2. 但是若印度出口商尚未將運送單據委託出口所在地託收銀行辦理託收以前，尚未構成委任行為，在進口地代收銀行只對航運公司負保證責任情況下，可以請出口商把B/L等運送單據，直接寄給進口商轉交進口地代收銀行，以便換回「擔保提貨書」，方可辦理退匯。

3. 若出口地委託銀行已將運送單據寄達進口地代收銀行，此時代收銀行除對航運公司負有保證責任之外，對於出口商所在地之

委託銀行亦負有匯付貨款的責任，此時，可由出口商請所在地之委託銀行向代收銀行發出「單據交付、免除付款責任」的電文，由代收銀行拿正本B/L以掛號郵寄航運公司換回原簽發之「擔保提貨書」，方可接受進口商辦理退匯。

12 進口商於信用狀附加條款規定將保留信用狀金額的10%，等到出口商完成安裝試車後再付清尾款，出口商應如何處理？

1. 此一付款條件在國際貿易實務中經常使用，特別是整廠輸出或機器設備出口等生產必須經過安裝測試才能使用的情況下，所以進口商的要求是合理的。

2. 買方於開出信用狀之後加註保留若干成數金額以作為賣方如不能協助完成機器設備順運轉的權益損失補償，對於出口商來說當然不利，出口商可要求買方於L/C加註：賣方於裝船時將由台灣的銀行開發10%的履約保證函保留1年，出口商並提示裝船單據，以作為履行合約的保證，這樣的話，出口商便可向押匯銀行（開狀銀行）支取100%的貨款，特別的是，賣方必須另行開發10%的履約保證函，以向買方保證在1年內將履行期合約，也就是說，在1年內若不能協助安裝運轉，將賠償買方10%的金額，此種方式對買賣雙方均有好處。

有關信用狀附加條款規定將保留信用狀金額的10%如下：

The seller (supplier) will provide a 10% performance Bond to be retained for 1 year (or 6 months) up ob shipment, issued by a Taiwanese bank and presented with shipping documents, as a guarantee to fulfill the contract.

13 假託收

　　係L/C項下的託收，例如：A公司為剛創業不久的公司，押匯銀行核定出口押匯額度30萬美金，平時額度夠用，但旺季時，超過額度的出口押匯，押匯銀行便會以假託收方式處理，即押匯銀行對開狀銀行表示押匯並先行寄單，但不對出口商撥款，等到國外開狀銀行付款後再將押匯款項付給出口商。

　　依UCP600第14條b項與第16條d項，開狀銀行必須於押匯銀行提示日之次日起第五個銀行營業終了以前，表示拒絕或接受，因此假託收方式將使開狀銀行陷於錯誤而付款，國外開狀銀行曾向我國押匯銀行因此提出訴訟而勝訴，出口商與押匯銀行必須小心。

14 國際貿易上之國際擔保函單據有哪些？

1. 兌付要求（demand for payment）。
2. 違約或其他動支事由聲明書（statement of default or other drawing）。
3. 可轉讓單據（negotiable documents）：指單據在有追索權或無追索權前提下之簽發或轉讓。
4. 法律或司法單據：指政府簽發的單據、法院命令、仲裁判斷（arbitration award）。
5. 其他單據：指擔保函要求非本慣例規定內容的單據。
6. 簽發獨立承諾之要求：指擔保函要求受益人簽發其本身對另一人之獨立承諾單證。

對出口商而言，因擔保信用狀之內容、條款不若傳統商業信用狀之繁多，所要求單據種類亦較少，而且依國際擔保函慣例（ISP98）之規定，擔保信用狀項下，每一單據僅需符合擔保信用狀之條款而未要求單據彼此間一致性審查；又依ISP98第4.09條之規定，對單據（聲明書）措辭之符合性，依擔保信用狀之要求，分為三層次，一為僅需傳達與擔保信用狀要求同一意思之措辭即可（即實質相符）；第二為聲明書之措辭須與擔保信用狀要求的本文相符合，但不需對載明措辭為一完全相同之複製；第三為需要完全一致的措辭，即採「嚴格相符」標準。其符合性之標準依上述三層次規定，規定相當明確可減少是否瑕疵之糾紛。ISP98第4.16條規定之擔保函單據類型，其相符性之規範亦較為簡單明確，得以降低糾紛。因之，出口商利用擔保信用狀可能遭遇之不確定風險（即可能因單據瑕疵而遭致之拒付或糾紛）當較傳統之商業信用狀為低，

而對出口商爲有利。

15 貿易上之國際擔保函依其慣例可分成幾種？

1. 履約擔保函：保證申請人在交易過程中一方之違約引起他方損害之賠償。

2. 預付款擔保函（advance payment standby）：保證申請人收到受益人墊款後應承擔的義務。

3. 押標金擔保函（tenderbond standby）：保證申請人在得標後執行契約的義務。

4. 相對擔保函（counter standby）：保證申請人對受益人所簽發之另一獨立擔保函或其他承諾之義務。

5. 保險擔保函（insurance standby）：保證申請人的保險或再保險義務。

6. 商業擔保函（commercial standby）：保證申請人以其他方式規避付款時，承擔對貨物或勞務的付款義務。

16 在轉讓規定方面，國際擔保函慣例與信用狀統一慣例規定有何異同點？

1. 擔保函原則上爲不可轉讓（non-transferable），此點與信用狀統一慣例規定相同。

2. 擔保函如記載可轉讓，表示可多次轉讓，但不得部分轉讓，且應由收益人直接向簽發銀行、保兌銀行申請轉讓，但信用狀統一慣例規定可轉讓信用狀僅可轉讓一次，但可部分轉讓，不限向銀行申請轉讓，也可以私下轉讓，但這可能使得當事人面臨

可能拿到偽造的信用狀的不確定性風險。

17 USANCE D/P

即遠期付款交單（USANCE D/P）：根據URC522第7條c項規定，附隨遠期匯票之付款交單託收（USANCE D/P），付款人（進口商）先於匯票上承兌，但付款人（進口商）須給付全部託收款項及相關費用（如有者）之後，進口代收銀行始會交付單據給付款人（進口商）。

例如：匯票以D/P 180 days為付款條件，根據URC522第7條c項規定，該提單等相關單據僅能於買方付款後進口地代收銀行始能交付買方。

18 國際貿易上以Debit Note取代電匯（T/T），對出口商為何不利？

Debit Note是出口商對進口商作成書面通知，主張出口商對進口商之應收帳款（account receivable），並將該金額記入進口商帳戶借方（Debit Note）之意。實務上常見出口商代付保險費即是；進口商所以如此可能表示其財務狀況不佳，無法如期正常匯款，本例買方部分先開L/C，其餘貸款要求賣方簽發Debit Note向其收款，賣方先出貨方式，賣方恐須承擔未來買方無法憑Debit Note付清餘額的風險。

19 國際貿易上之轉融資業務（relending facility）為何？

鑑於部分國外地區外匯短缺，當地進口商難以貸到美元資金，或向往來銀行取得資金之代價高昂，輸出入銀行特加強推展轉融資業務，透過簽署轉融資合約，授予國內外金融機構（稱轉融資銀行）美元信用額度，供其轉貸國外廠商購買我國產品。

國外買主可利用本項優惠之分期付款融資，提高購買台灣產品之意願，而台灣出口廠商則於裝船押匯時即收回全部貨款，故轉融資是促進出口之金融輔助工具。

20 出口商如何申請轉融資？

1. 出口商無須向輸出入銀行辦理申請手續，因轉融資係由輸出入銀行提供資金給國外轉融資銀行，再由轉融資銀行轉貸予國外進口商供其向台灣廠商購買產品，故轉融資貸款之申請人為進口商。

   惟出口商可書面或口頭向國外進口商介紹輸出入銀行轉融資業務或提供轉融資銀行名單，以利國外買主洽詢當地轉融資銀行申請轉融資。

2. 出口商本身只需提供出口證明文件予轉融資銀行，使其能向輸出入銀行請求撥款，無須特別準備其他供審核之資料，也無需支出任何費用，手續非常簡便。

21 一般在國際貿易上供買賣雙方選擇之付款方式？

1. 憑信用狀付款

　　在憑信用狀付款（payment against letter of credit）的條件下，買方向開狀銀行申請開立信用狀給賣方並由開狀銀行予以承諾，如賣方能履行信用狀上所規定的條件，則負責對賣方所簽發的匯票加以兌付。賣方對開狀銀行提示匯票時尚須附上一定的貨運單證，稱為跟單信用狀。

　　一般賣方多將簽發的匯票連同相關單證及信用狀一併提交本國外匯銀行押匯。押匯銀行經審核單證無誤後，即買進跟單匯票，並將匯票及提單等單證寄給開狀銀行。開狀銀行收到匯票及相關單證後，會通知買方前往開狀銀行辦理付款贖單。

　　有關信用狀付款條件的用語；包括「payment by draft at sight under irrevocable L/C（憑不可撤銷信用狀下所開即期匯票支付）」等。

2. 託收（無信用狀情況下）跟單匯票付款

　　不憑信用狀跟單匯票付款方式（payment against documentary draft without L/C），為信用狀以外最常見的付款方式，由於此種付款方式並無開狀銀行作為擔保付款，通常都由賣方將貨物裝船後，備妥匯票及相關單證，委託外匯銀行託收，等到外匯銀行在買方的往來銀行收妥款項後，始將貨款付給賣方。跟單匯票交易又可分為兩種：

　　⑴ 付款交單D/P（Documents against Payment）

　　　　D/P付款交單，是賣方依據買賣雙方簽訂的買賣契約，在賣方於交運貨物後將有關提單、簽發匯票及商業發票等有關單

據，委託銀行寄至進口商之受託銀行代收貨款，等到日後買方付款時，受託銀行始能將提單等單據交付買方以憑提貨。

(2) 承兌交單，即D/A（Documents against Acceptance）

承兌交單是指出口商的交單以進口商在匯票上承兌為條件。即出口商在裝運貨物後開具遠期匯票，連同商業單據，透過託收銀行（remitting bank）向進口商提示，進口商承兌匯票後，代收銀行（collecting bank）即將商業單據交給進口商，在匯票到期時，進口商方履行付款義務。

由於承兌交單是進口商只要在匯票上辦理承兌之後，即可取得商業單據，憑以提取貨物。所以，承兌交單方式只適用於遠期匯票的託收。承兌交單是出口商先交出提單等相關單據，其收款的保障依賴進口商的信用，一旦進口商到期不付款，出口商便會遭到貨物與貸款全部落空的損失。因此，出口商對這種方式，一般需採用較慎重的態度處理。

在D/A條件下，出口商可在匯票上註記利息條款，將授信期間的利息費用轉由進口商負擔。

例如："Payable with interest at 5% per annum from date hereof to due date of arrival of remittance in New York."（自匯票寄抵紐約之日起計息，應付年利率5%）。

3. 記帳（Open Account, O/A）

O/A記帳方式進口，是賣方先將貨品與文件交付給買方，買方以記帳方式，約定於某一期限內將貨款電匯給賣方。此種交易行為對賣方並無任何保障，因O/A的交易型態是屬出口商對進口商完全的信任行為，賣方自願承擔此風險，惟在賣方對買方信用詳盡調查過，且對買方付款能力及意願都十分信任情況下願意進行，否則，

輕易接受O/A的交易條件對賣方的風險很大。

在記帳交易情況下，賣方為了規避買方拒付款的風險，可將出貨發票（即應收帳款）轉賣給當地的應收帳款收買業者（factor），賣方第一次可先收回貸款的75%～80%，其餘貸款可在買方付款後收回。Factor買下應收帳款後即承擔了全部壞帳的責任，出口商可省下許多收款作業及文書費用。

4. 貨到付現

所謂貨到付現（cash on delivery），簡稱為COD，賣方將貨運出抵達目的地時，買方應先付清貨款交給運送人，始得提貨，此種交易大多使用在小額交易（出口商對零售商）的場合。

5. 寄售

寄售是一種委託代售的貿易方式。它是指委託人（貨主）先將貨物運往寄售地，委託國外一個代銷人（受託人），按照寄售協議規定條件，由代銷人代替貨主進行銷售處理，待貨物售出，由代銷人向貨主結算貨款的一種貿易方式。

以寄售方式交易，提單通常是使用記名式提單（straight B/L），貨運單證也直接寄交受託人，所以貨物運出，賣方即已失去對貨物的控制權，但對貸款可否收回，何時收回均無把握，故對賣方極無保障，除非為了開闢新市場或與買方有密切關係，盡量少用此種付款方式交易。

6. 預付貸款

預付貨款（payament in advance）係買方發出訂單或訂定貿易契約時，即支付貨款，賣方收到貸款後即可結售外匯或辦理外匯存款。預付貨款可使用電匯T/T、信匯M/T、支票check或國際郵政匯票（interantional postal money order）方式為之。

7.憑單據付現

憑單據付現（cash against document），簡稱CAD，賣方在裝運完畢，即憑貨運單證在出口地向買主指定的銀行或代理人領取貨款。如在進口地付款，則CAD方式與付款交單D/P方式並無不同，唯一不同的是採D/P方式，賣方應簽發即期匯票方可收款，但採CAD方式則只憑貨運單證即可，不須用匯票。

22 國際貿易中之三角債為何？

1. 三角債是中國計畫經濟體制產生的特殊現象。在計畫經濟體制下，每家工廠生產的產品都必須按規定賣給上級指定的銷售對象，不准賣給非上級指定的銷售對象，即使銷售對象未付款還是得繼續供貨。於是形成甲欠乙、乙欠丙、丙欠甲的三角關係，此在國際貿易稱為三角債。

2. 茲以數字來說明三角債的現象：假設有一家國營企業，目前的財務狀況為：應收帳款4,500萬元、應付帳款4,000萬元。按理說，該國營企業的財務狀況並未惡化，因其應收帳款仍大於應付帳款。但是，問題出在：4,000萬元應付帳款必須支付，而4,500萬元應收帳款有一部分（甚至大部分）是三角債，幾乎不可能收到款。在此情況下，供貨給國營企業的大陸台商必須與握有採購決策權的Key Man建立好交情，請他將有限的現金優先支付給該公司。但這終究是亡羊補牢的作法，這次如期收到貨款，不保證下次也能如期收款。更重要的是要做好交易前的徵信調查，挑選付款沒問題的國營企業。

23 Forfaiting

遠期信用狀買斷（forfaiting）是指在延期付款的大型設備等貿易中，出口商將進口商承兌的，期限在半年至6年的遠期匯票無追索權地賣給出口商所在地的銀行。

24 何謂借項清單（Debit Note）？

大慈公司為一貿易商，經營電子零件外銷，若該公司之英國進口商客戶平常多以T/T方式匯入貨款，餘款再開L/C要求本公司出貨，但最近該公司客戶一反常態，直接開來L/C；內容如下："Upon negotiation of documents in full compliance with L/C terms beneficiary to drawn an additional amount of USD ××××Against a Debit Note issued by beneficiary,This Additional amount should not exceed USD ××××and should not be mentioned on any of the required docunments and invoices should remain showing price mentioned in this credit."，依該條款規定，大慈公司應如何製作單據。

1. Debit Note是指發票人（債權人）就對方（債務人）之欠款，以書面通知對方之清單，也就是發單人對其本身所有應收帳款（account receivable）作成書面通知對方清單，因為該項金額應計入對方帳戶的借方（Debit Side），故又稱借項清單。例如賣方代買方代付之運費或保險費即屬Debit Note。

2. 依本題意指爲當押匯單據符合信用狀條款時，受益人憑其所簽發之借項清單領取額外金額美金，此額外金額不須於L/C所要求之任何單據中載明，同時商業發票仍須依原L/C規定之價格載明。

3. 此情形常發生在進口商本身財務狀況不佳或經濟不景氣，由原本買方T/T匯款方式改爲，開出部分信用狀，其餘貨款則要求賣方簽發借項清單向其收款，此一賣方先出貨再收款的方式，將有助於買方資金的調度，但是對賣方而言較不利，因爲恐需承擔買方屆時無法憑借項清單付款的風險，出口商不得不愼重處理。

第 **13** 章

信用狀類型

1 何謂信用狀（L／C）？

1. 信用狀（Letter of Credit, L/C）是開狀銀行依照進口商的指示，開給出口商的文據，開狀銀行承諾出口商符合該文據所規定條件時，由其代替進口商負支付貨款的責任。由開狀銀行居間以書面約定適當之交易條件，審核其客戶的債信及履約能力，並負擔進出口商之信用風險，可以去除國際貿易雙方的顧慮，以利國際貿易的發展。

2. 當出口商拿到信用狀時，出口商一定要照著L/C的內容規定將貨物裝出，並準備單據給進口商，所以L/C是一張保證支付的文件，它是付款的條件之一。

3. 根據UCP600第2條對信用狀之定義：信用狀（Credit）係指任何之安排，不論其名稱或措辭為何，其係不可撤銷且因此構成開狀銀行對符合之提示須兌付之確定義務。

   所謂符合之提示是指受益人提示的單據必須符合以下規定：

   ⑴ 信用狀統一慣例（UCP600）規定。

   ⑵ 國際標準銀行實務（ISBP）規定。

4. 依台灣銀行法第16條所稱信用狀，謂銀行受客戶之委任，通知並授權指定受益人，在其履行約定條件後，得依照一定款式，開發一定金額以內之匯票或其他憑證，由該行或其指定之代理

銀行負責承兌或付款之文書。

2 信用狀（L/C）有哪些特性？

1. 獨立性

依據UCP600第4條之規定，信用狀在本質上與買賣契約係分立之交易，信用狀或以該契約為基礎，但銀行與該契約全然無關，亦不受該契約之拘束，縱信用狀含有參照該契約之任何註記者亦然；且銀行在信用狀下所為兌付或讓購，不因各當事人間所衍生之抗辯而受影響；因此，信用狀本身自成一完全獨立之交易，所有當事人於信用狀作業時，所需遵循者為信用狀之規定，而與契約無關，此謂信用狀之獨立性。依UCP600第4條b項規定，開狀銀行應勸阻申請人之任何意圖，將基礎契約之副本、試算發票或類似者包含為信用狀之一部分。

2. 文義性及無因性

信用狀交易中，各當事人間之法律關係，均以信用狀所載條款之文義為憑，以確定其權利、義務，不許當事人以信用狀文義以外之方法加以變更，此種法律性質稱為信用狀之文義性；另銀行所處理者僅為單據，而非與該等單據可能有關之貨物、勞務或履約行為（UCP600第5條），而審查單據時，係就單據表面審查（UCP600第14條a項），且依據UCP600第34條之規定，銀行對於單據之有效性、偽造……，單據所表彰之貨物，及單據簽發人之作為或不作為，皆不負責。

3. 信用狀是直接而且獨立的保證

開狀銀行直接對出口商負責，只要出口商依照信用狀規定將貨

物裝船交出，開狀銀行一定付款，即使進口商拒絕付款或倒閉，均應負責到底，不受買賣契約變更之影響。

4. L/C 是一種雙重保證

　　L/C是以銀行信用狀取代買方信用之不足，但未排除買方責任，故如開狀銀行（issuing bank）倒閉，買方仍需依contract規定履行付款義務。

③ 何謂信用狀統一慣例？

1. 信用狀統一慣例是國際商會之"Uniform Regulations for Commercial Documentary Credits"於1931年3月間在華盛頓舉行之會議決議，組成「商業跟單信用狀（Banking Committee on Commercial Documentary Credits）」草擬信用狀作業相關規則，並於1933年在Vienna舉行之國際商會第七屆年會上通過施行，名稱為"Uniform Customs and Practice for Commercial Documentary Credits"，並以82號小冊頒行，獲各國銀行與實務界普遍採行。

2. 信用狀統一慣例在1933年（UCP82）訂頒施行後，因與國際貿易相關之金融、運輸、保險等產業技術及貿易型態之迭經變革，為因應此等改變，國際商會分別於1951（UCP151）、1962（UCP222）、1974（UCP290）、1983（UCP400）及1993年作過五次修訂，目前使用者為2006年第六次修訂通過之「信用狀統一慣例2007修訂本，國際商會第600號出版物"The Uniform Customs and Practice for Documentary Credits, 2007 Revision, ICC Publication No 600"」，簡稱UCP600，並自2007年7月1日起施行。

4 信用狀統一慣例之適用情況。

1. 信用狀統一慣例（UCP）係由民間團體之國際商會（ICC）所訂定者，並非法律，僅爲成文習慣或契約條款，並無強制之拘束力，因此，倘欲使信用狀統一慣例能拘束有關各方，須將適用信用狀統一慣例之合意載入信用狀本文（在實務上包含進出口相關契據），使其成爲契約之一部分，而取得法律之地位，始具拘束力。
2. UCP600規定信用狀本文須明示受信用狀統一慣例規範，因此，以任何方式（包括SWIFT）簽發信用狀皆須載明其適用UCP600。
3. 統一慣例適用之範圍，依據UCP600第1條之規定，適用於任何跟單信用狀，在其可適用之範圍內，包括任何擔保信用狀。

5 信用狀統一慣例之效力為何？

1. 信用狀統一慣例之效力爲處理信用狀業務的主要國際慣例，該慣例未經任何國家以國內立法方式加以承認，故對所有當事人並不具拘束力，當人同意適用本慣例，必須在信用狀內記載受其約束之字句，信用狀統一慣例始能拘束有關各方。
2. 依國際商會意見：國內法（local law）之效力將優於信用狀統一慣例（UCP）所記載之責任與義務。"Local law will prevail over the obligation and responsibilities detailed in UCP. This applies to all parts of the world not just Country. (from ICC Publication No.632, June 2002. ICC Banking Commission Opinion R305)

6　L/C的關係人包括哪些？

1. 基本關係人
   (1) 開狀申請人（applicant）：指向開狀銀行請求簽發信用狀之一方，實務上通常為買方或進口商，或憑Master L/C申請轉開Back-to-back L/C之中間商或貿易商。
   (2) 開狀銀行（opening bank, issuing bank）：意指依申請人之請求與指示開發的信用狀。
   (3) 受益人（beneficiary）：意指因信用狀之簽發而享有利益之一方，實務上通常為賣方或出口商。根據UCP600規定，在一般信用狀情況下，受益人會向其往來銀行提示單據，在特別信用狀情況下，受益人會向其指定使用銀行提示單據，或經其往來銀行以轉押匯方式再向信用狀指定使用銀行提示單據。
   (4) 保兌銀行（confirming bank）：意指經開狀銀行之授權或委託，對信用狀加以保兌之銀行；亦即在開狀銀行原有之確定承諾外，對符合之提示附加其兌付或讓購之確定承諾；因此，保兌銀行之義務與開狀銀行相同，且為獨立的；保兌銀行對信用狀附加保兌，須得開狀銀行之授權或委託，對於未經授權或委託之保兌，稱為"silent confirmation"，此非UCP所規範者，亦非屬信用狀契約；因此，非信用狀指定銀行（nominated bank）之保兌銀行依據其"silent confirmation"所為之付款，無法獲得開狀銀行之補償。

2. 其他關係人

　(1) 通知銀行（advising bank）

　　　受開狀銀行之委託，通知信用狀之銀行；依據UCP600第9條b及c項之規定，通知銀行或第二通知銀行，為信用狀或修改書通知時，表示其已確信信用狀或修改書外觀之真實性，且其通知已正確反應其所收到信用狀或修改書之意旨；此外，並無對所通知之信用狀為付款、承擔延期付款、承兌或讓購之義務。縱使信用狀內規定限制其使用須於通知銀行辦理，依據UCP600第12條a項規定，除該被指定的通知銀行明示同意並已傳達受益人外，任何兌付或讓購之授權，並未構成指定銀行須予兌付或讓購之義務；另依據UCP600第9條d項之規定，銀行利用通知銀行或第二通知銀行之服務為信用狀通知時，須利用同一銀行為任何修改書之通知。

　(2) 指定銀行（nominated bank）

　　　意指可在其處使用信用狀之銀行，或信用狀可在任何銀行使用者，則指任何銀行；依據UCP600第6條之規定，信用狀須規定使用信用狀之指定銀行（可指定任何銀行或一家特定銀行），且可在指定銀行使用之信用狀，亦可在開狀銀行使用。

　(3) 付款銀行（paying bank）

　　　對即期信用狀項下之匯票及／或單據為即期付款；或對賣方遠期信用狀項下之單據承諾到期付款，並於到期日為付款；付款銀行得為開狀銀行或保兌銀行（若有保兌時），亦得為其委任之另一銀行（指定銀行nominated bank）。

⑷ 承兌銀行（accepting bank）

對賣方遠期信用狀項下之遠期匯票加以承兌之銀行，承兌銀行得為開狀銀行或保兌銀行（若有保兌時），亦得為其委任之另一銀行。

⑸ 押匯銀行（negotiating bank）

在我國外匯實務上，「押匯」係指出口商依據信用狀（不論其使用方式為：即期付款、延期付款、承兌抑或讓購）向外匯銀行取得出口貨款之墊款而言，辦理此項業務之銀行即為押匯銀行；押匯銀行不一定為指定銀行，例如：信用狀限制於另一指名之指定銀行兌付或讓購，於此情況下，押匯銀行則非屬指定銀行。

⑹ 讓購銀行

依據UCP600第2條之規定，「讓購（negotiation）」意指指定銀行於獲補償之當日或之前，對於符合信用狀規定之提示單據，經由對受益人墊款或同意墊款方式買入匯票（以指定銀行以外之銀行為付款人）及／或單據，而為讓購之指定銀行即為讓購銀行。

⑺ 補償銀行（reimbursing bank）與求償銀行（claiming bank）

依據UCP600第13條a項之規定，倘信用狀規定補償之取得係由指定銀行（求償銀行）向另一方（補償銀行）求償時，則信用狀……；因此，補償銀行係代替開狀銀行補償給已依信用狀辦理付款、承兌或讓購銀行（求償銀行claiming bank）之銀行。所以claiming bank與reimbursing bank。

⑻ 轉讓銀行（transferring bank）

辦理信用狀轉讓之銀行，依據UCP600第38條b項規定：信用

狀的受益人不一定要親自使用信用狀，尤其是在三角貿易或是由國內工廠出口貨物時，居於中間的貿易商可能需要利用信用狀的轉讓方式，把進口商開來的信用狀轉讓給貨物供應國的出口商或是國內工廠，再由信用狀受讓人交付貨物供出口商出口。

UCP600已刪除信用狀僅於開狀銀行明示其為可轉讓（transferable）時，才可轉讓的規定，按照UCP600第38條b項規定，可轉讓信用狀是指：

特別指明其為「可轉讓」的信用狀，可轉讓信用狀且得依受益人（第一受益人）之請求，使該信用狀之全部或分部可由其他受益人（第二受益人）使用。

⑼ 轉讓人／出讓人（transferor）：可轉讓信用狀（transferable credit）之出讓人，即第一受益人。

⑽ 受讓人（transferee）：為已轉讓信用狀（transferred credit）之受益人，即第二受益人。

根據UCP600第38條d項規定，可轉讓信用狀僅能轉讓一次，但轉讓一次係指第二受益人（受讓人）不得再轉讓，若是重新轉讓給第一受益人，並不構成本條所禁止之轉讓。主要目的在於確保受益人的信譽與履約交貨能力，避免因為任意轉讓而喪失對受益人的控制。

⑾ 轉押匯銀行（renegotiating bank）

倘受益人之往來銀行不是信用狀之指定銀行，受益人先至其往來銀行申請出口押匯，再由該押匯銀行將單據提示至信用狀之指定銀行，此種作業模式實務稱為轉押匯，而該信用狀之指定銀行則稱為「轉押匯銀行」（實務上，銀行業稱信用

狀之指定銀行爲第二押匯銀行）。

7 UCP600有關國際貿易信用狀轉讓之內容為何？

根據UCP600有關信用狀轉讓之方式包括：

1. 全額與部分轉讓

　⑴ 全額轉讓（total transfer）：即將信用狀全部金額轉讓給某一受讓人。

　⑵ 部分轉讓（partial transfer）：如部分裝運／動支未禁止，依據UCP600第38條d項之規定，可轉讓信用狀之各部分（不超過信用狀總金額）得分別轉讓，而該等轉讓之總合將認係僅構成信用狀之一次轉讓。

2. 變換信用狀條件之轉讓

　⑴ 原條件轉讓：即依照原信用狀條件之轉讓。

　⑵ 變換信用狀條件轉讓：信用狀統一慣例得變更之項目，轉讓費用之歸屬：依據UCP600第38條c項之規定，除於轉讓當時另有約定外，有關轉讓發生之一切費用（如手續費，規費、工本費或支出），須由第一受益人支付。在第一受益人未支付轉讓費用前，轉讓銀行無辦理轉讓之義務。

　⑶ 信用狀之轉讓金額、所載之任何單價、有效期限、提示期間、裝運期間等得予減少或縮短，保險投保之百分比得予酌增，另第一受益人之名稱得取代申請人之名稱，但如原信用狀特別要求申請人之名稱顯示於發票以外之單據時，須從其規定；除此之外，信用狀僅能依原信用狀所規定之條款（UCP600並含保兌）轉讓。

8 信用狀之格式有哪些？

1. 電報信用狀（cable L/C）

利用電報方式透過cable或telex等方式，由開狀銀行直接開狀給通知銀行，經通知銀行該信用狀的押密碼（test Key）核對，如正確無誤，將此押密碼去除後轉知受益人的L/C；又可分為簡電與詳電。

(1) 簡電：是指開狀銀行將信用狀的重點摘要電告通知銀行並轉送受益人，是開立信用狀的預先通知。

(2) 詳電：是指開狀銀行將信用狀的全部內容以拍發電報方式傳送給通知銀行，由通知銀行核對押密碼無誤後，製成信用狀通知書交付出口商，此一詳電出口商可憑以辦理押匯。

2. 郵遞信用狀（mail L/C）

開狀銀行依照信用狀申請書出具信用狀，經由郵寄方式寄交出口地通知銀行，請通知銀行轉送出口商。

3. SWIFT 信用狀

用於全世界各銀行之間傳遞信息、調撥資金、開發信用狀等，可以與各種電腦連結的電信系統，我國大多數銀行都是SWIFT（環球銀行財務電信協會（國際性非營利性之法人組織比利時布魯塞爾）的會員，且其費用較cable或telex為低，但安全性較高（押密碼比電傳來得安全可靠）。例如：SWIFT文尾部分會自動出現密碼，若密碼不符，開狀銀行發過來的信息就會自動被退回。規定代號：MT700。

9 銀行審單之原則。

　　銀行所處理者僅為單據，而非與該等單據可能有關之貨物、勞務或履約行為（UCP600第5條），而審查審查單據時，係就單據表面審查（UCP600第14條a項），且依據UCP600第34條之規定，銀行對於單據之有效性、偽造……，單據所表彰之貨物，及單據簽發人之作為或不作為等等皆不負責。

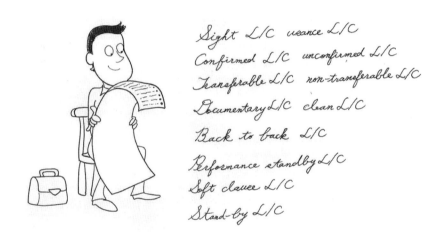

10 請說明信用狀之作業流程為何？

　　信用狀之一般作業流程如下頁。

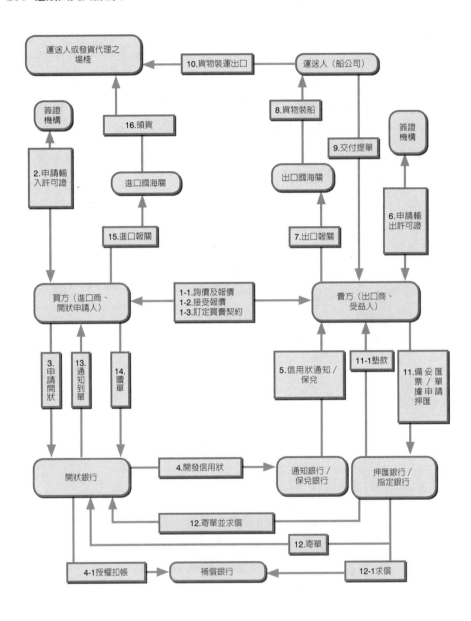

11 eUCP1.1之內容為何？

1. 近年來由於電子貿易（electronic trade）普遍，國際商會便制定
「信用狀統一慣例補篇–電子提示1.1版」（UCP Supplement for
Electronic Presentation,Version 1.1），一般通稱電子信用狀統一
慣例（eUCP1.1）。

   eUCP非用於規範電子信用狀，故無法單獨使用，而是適用於電
子紀錄之提示，因有關電子信用狀，現行信用狀統一慣例已有
規定。當eUCP與信用狀統一慣例之規定牴觸時，優先適用eUCP
之規定。而配合UCP600之修定，國際商會議同時更新eUCP
Version1.0之版本為eUCP Version 1.1，eUCP Version 1.1之更新僅
反應UCP600有關提示用語及語法之修改而已。

2. 電子信用狀統一慣例（eUCP）共12條，其中主要內容如下：

   (1) eUCP第e1條規定，「電子信用狀統一慣例」是補充UCP的不
足，兩者可共同運作。

   (2) eUCP第e2條規定，適用eUCP之電子信用狀亦適用UCP，且
不需在L/C內明示。

   (3) eUCP第e3條規定：

   A. 「單據」包含電子紀錄。

   B. 「提示地」包含電子紀錄之電子地址。

   C. 「簽署」包含書面與電子簽字。

   (4) eUCP第e4條規定：電子紀錄提示之格式若無特別規定，得以
任何格式提出。

   (5) eUCP第e5條規定：如被提示的銀行係營業中，但是其系統無
法在規定有效期限或裝運日後提示期間終止前，收到已傳送

的電子紀錄，該銀行將被視爲休業，提示日及有效期限應順延至該銀行能收到電子記錄之次一營業日。

(6) eUCP第e6條

　A. a項規定：如電子記錄包含超連結至外部系統，或提示中表明電子記錄得引用外部系統審查，審查時若該系統未能提供登入所要求之電子紀錄者，應視爲構成瑕疵。

　B. b項規定：若指定銀行依指定傳送電子紀錄，表示對電子記錄的外觀眞實性已審查過。

(7) eUCP第e7條規定：開狀銀行或保兌銀行對於電子紀錄之拒絕通知，若自拒絕通知30天內仍未收到對方如何處置電子紀錄的指示，銀行應將先前未退還之任何紙本單據退還提示人。並得以適當方法處置電子紀錄而不必負任何責任。

(8) eUCP第e11條a項規定：電子紀錄若遭到病毒或其他缺失而毀損，開狀銀行或保兌銀行或另一指定銀行收到之電子紀錄在外觀上顯示受到毀損，銀行得告知提示人請其重新提示該份電子紀錄。

12 國際標準銀行實務（ISBP）之內容與跟單信用狀之關係？

1. 國際標準銀行實務–跟單信用狀項下單據之審查"International Standard Banking Practice (ISBP) for the examination of documents under documentary credits"係國際商會銀行委員會"ICC Banking Commission"歷經2年半整理完成200節（paragraphs）之單據審查標準，並於2002年10月在羅馬之銀行委員會年會上確認其爲

國際商會之正式文件。

2. 國際商會於2007年推出ISBP681，主要針對專業術語進行了適應性更新。時隔6年之後，UCP600於2007年7月1日起正式實施，為順應UCP600實施的變化以及反映相關行業實務新趨勢，國際商會決定推出ISBP的全新版本，即ISBP745。

3. ISBP745開頭兩段便在闡述兩者關係，內容如下：

(1) 本出版物應結合UCP600進行解讀，不應孤立使用。

(2) 本出版物所描述的實務強調了在信用證或有關的任何修改書沒有明確修改或排除UCP600適用條款的範圍內，UCP600各項條款應如何解釋和應用。這表明，當適用UCP600時，ISBP745即適用。

13 2013年國際商會之ISBP745有關日期之修正內容。

1. 推出新版 ISBP745 的背景

第一個版本ISBP645於2002年首次推出。現行ISBP681是為順應UCP600實施而推出的更新版本。新版ISBP745是對UCP600下信用證審單實務作出全面描述的版本。

2. ISBP745 的範例

例如：ISBP681第13段規定：即使信用證沒有明確要求，匯票，運輸單據及保險單據也必須註明日期。同樣內容，ISBP745第A11段(a)款將其修訂（或者說擴展）如下：

即使信用證沒有明確要求，

(1) 匯票需註明出具日期；

(2) 保險單據需註明出具日期或下述第K10（b段）及第K11段所

指的保險生效日期；

(3) UCP600第19-25條規定的正本運輸單據，需視情況而定，註明出具日期，裝船批註日期，裝運日期，收妥待運日期，發貨日期，收貨日期或取件日期。

可見，新版ISBP篇幅有所增加，但同時也更加詳盡、清楚，特別是更加實用。

14 即期信用狀與遠期信用狀之意涵為何？

1. 即期信用狀（Sight L/C）及遠期信用狀（Usance L/C）：

(1) 即期信用狀：開狀銀行對受益人提示之匯票及／或單據，立即付款者謂之即期信用狀。

(2) 遠期信用狀：依據利息之負擔，又分為賣方遠期信用狀（Seller's Usance L/C）及買方遠期信用狀（Buyer's Usance L/C）：

　A. 賣方遠期信用狀：即到單時，申請人（進口商）可承兌贖單，到期償還本金後，開狀銀行才匯付款項予押匯銀行。賣方遠期信用狀下，出口商晚收貸款，進口商晚付貸款，貼現利息及承兌費用由賣方負擔。

　B. 買方遠期信用狀：即到單時，開狀銀行先行以即期方式補償押匯銀行，但申請人（進口商）可承兌贖單，到期再償還本金加利息。買方遠期信用狀下，出口商：可立即收取貨款，進口商可晚付貸款，貼現利息及承兌費用則由買方負擔。

15 即期信用狀（Sight L/C）及遠期信用狀（Usance L/C）之比較。

項目 種類	開狀銀行對提示（押匯）銀行之補償	開狀申請人辦理贖單及還款	出口押匯銀行扣取之墊款利息
即期信用狀（Sight L/C）	以即期方式補償	到單買方須還款贖單	出押息
買方遠期信用狀（Buyer's Usance）	以即期方式補償	到單買方係承兌贖單，到期還款（本金加計利息）	出押息
賣方遠期信用狀（Seller's Usance）	以信用狀所規定或推算之到期日補償	到單買方係承兌贖單，到期還款（本金）	貼現息或出押息加貼現息視信用狀對到期日之規定

16 何謂擔保信用狀（Standby L/C or Bank Guarantee）？

1. 擔保信用狀或保證函（Standby L/C or Bank Guarantee）：一般用於進口商對於各項契約付款之保證，較少直接作為付款工具。通常於記帳、寄售或分期付款等出口商對進口商放帳時使用。

2. 假如A國商人擬向國外銀行借款時，可請求A國銀行開出以貸出款項的外國B銀行為受益人的擔保信用狀，該信用狀規定如借款人（A國商人，即擔保信用狀申請人）不於規定日期償還借款本息時，該外國貸款B銀行即可就其本息開出即期匯票向A國開狀銀行求償。

3. 進口廠商向國外製造商購進機器時，如價款過高，可約定以分

期付款方式進口，但此種賒帳交易，因付款期限較長，供應商所擔風險較大，故常要求進口商提供銀行保證，有些開立保證函，有些是開立擔保信用狀。

17 何謂保兌信用狀（confirmed L/C）與未保兌信用狀（unconfirmed L/C）？

1. 經開狀銀行以外之另一銀行（保兌銀行）附加其「保兌」者，謂之保兌信用狀（confirmed L/C）；反之，則為未保兌信用狀（unconfirmed L/C）；依據UCP600第2條保兌定義之規定，保兌銀行於開狀銀行原有之確定承諾外，亦對符合之提示為兌付或讓購之確定承諾。

2. 保兌銀行（confirming bank）之義務與開狀銀行相同，且為獨立的；保兌銀行對信用狀附加保兌，須得開狀銀行之授權或委託。

18 何謂延期付款信用狀（deferred payment L/C）？

延期付款信用狀規定，開狀銀行或指定銀行對於受益人之付款，係於受益人提示單據後，於信用狀規定或推定之到期日始付款之信用狀，一般多屬不須提示匯票之遠期信用狀。

19 延期付款信用狀（deferred payment credit）與遠期信用狀之不同。

1. 延期付款信用狀係指出口商於貨物裝船後，備妥信用狀上所規

定的貨運單據向通知銀行提示付款或押匯時，尚不能立即取得
貨款，須等將來一定指定日期（例如：裝船後120天或180天
後）到期，才能取得押匯款項。

2. 實質上，此為不要求受益人開發匯票的一種遠期信用狀。以此
　一信用狀作為交易的工具，就賣方而言，其性質與賣方遠期信
　用狀相類似，但並不開發匯票，故亦可稱為「無匯票之遠期信
　用狀」。出口商於貨物裝船後某一期間內，始得要求付款或押
　匯。求償時，只能要求信用狀上所規定的金額（通常為貨款本
　金）。

3. 延期付款信用狀不能預借款項，惟一般的遠期信用狀出口商可
　以預借款項，可以先開出匯票，到押匯銀行預借款項，押匯銀
　行亦可持該張匯票在市面上流通，而延期付款信用狀不能預借
　款項亦無匯票。故實務上，延期付款信用狀對出口商是比較不
　利的。

20 何謂直線信用狀（straight L/C）？

　　直線信用狀規定受益人須將信用狀項下匯票直接向特定之銀行
提示付款，開狀銀行於信用狀所做付款確定之對象只限受益人，不
對受益人以外之背書人或善意執票人做任何付款之承諾。

1. 一般信用狀之付款承諾用語舉例如下：

We hereby engage with the drawer, endorsers and bona fide holders
of the drafts that drafts will duly honored.

2. 直線信用狀之付款承諾用語舉例如下：

We hereby engage with you that all drafts drawn under and in compliance with the term of this credit will be duly honored on presentation to the above drawee.

21 何謂讓購信用狀（negotiation L/C）？

　　凡允許受益人將其匯票及單證提交付款銀行以外的其他銀行請求讓購，而不必逕向付款銀行提示付款的信用狀，稱為讓購信用狀（negotiation L/C），再依L/C是否規定讓購銀行可分為：

1. 未限制押匯信用狀（general or non-restricted L/C）

　　信用狀未規定受益人必須向某一指定的讓購（押匯）銀行辦理押匯手續，例如：自由讓構信用狀（freely negotiable credit），則屬未限制押匯信用狀。

2. 限制押匯信用狀（special or restricted L/C）

　　信用狀規定受益人必須向某一指定的讓購（押匯）銀行辦理押匯手續，謂之特別信用狀或限制押匯信用狀。

22 何謂跟單信用狀（documentary L/C）與非跟單信用狀（clean L/C）？

1. 信用狀之使用須憑提示匯票及／或單據（裝運單據）者，係為跟單信用狀，此種信用狀大多數使用在國際貿易之商品交易上；非跟單信用狀在使用上，不須提示裝運單據，例如：光票信用狀、旅行信用狀，擔保信用狀或保證函。

2. 跟單信用狀（documentary credit；通常簡稱L/C）：為開狀銀行

對受益人（出口商）之兌付承諾，由進口商向其往來銀行申請開發信用狀予受益人（出口商），由受益人（出口商）依據信用狀之規定裝運貨物，遵行信用狀之條款及條件，並提示符合信用狀所規定之單據，開狀銀行或其代理銀行即對受益人（出口商）或其指定人爲付款、承兌或讓購。所以跟單信用狀的「單」指的是提單（B/L）。

23 何謂可轉讓信用狀（transferable L/C）與不可轉讓信用狀（non-transferable L/C）？

1. 可轉讓信用狀或受讓信用狀（transferred credit）
   依據UCP600第38條b項之規定，可轉讓信用狀意旨一信用狀明確規定其係「transferable」（可轉讓）；可轉讓信用狀得在受益人（第一受益人）之請求下，使其全部或部分得由其他受益人（第二受益人）使用。

2. 信用狀轉讓之次數，依據UCP600第38條d項之規定，可轉讓信用狀不得經第二受益人之請求，轉讓予隨後之任何受益人，第一受益人不認其係隨後之受益人；因此，可轉讓信用狀僅能轉讓一次；重新轉讓予第一受益人，並不構成本條所禁止之轉讓；如部分裝運／動支未禁止，依據UCP600第38條d項之規定，可轉讓信用狀之各部分（不超過信用狀總金額）得分別轉讓，而該等轉讓之總合將認係僅構成信用狀之一次轉讓。

3. 受讓信用狀得變更之項目及其他項目，依據UCP600第38條g項之規定，在信用狀轉讓時，信用狀之金額、所載之任何單價、有效期限、提示期間、裝運期間等得予減少或縮短，保險投保

之百分比得予酌增，另第一受益人之名稱得取代申請人之名稱，但如原信用狀特別要求申請人之名稱顯示於發票以外之單據時，須從其規定；除此之外，信用狀僅能依原信用狀規定之條款（UCP600並含保兌）轉讓。

24 可轉讓信用狀（transferable L/C）之作業流程為何？

信用狀轉讓之作業流程圖如下：

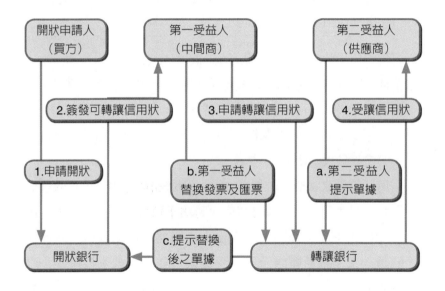

25 何謂背對背信用狀（back to back L/C）？

此於三角貿易情況使用較多，又稱為轉開信用狀，出口商向國內供應商採購貨品外銷，基於商業機密，為了不讓供應商獲知對外交易內容，或不便以轉讓信用狀方式由貨品供應商直接出口，可憑

國外開來之信用狀（master L/C）向其往來銀行申請開發給國內或
第三國受益人（供應商）之本地信用狀（local L/C），此稱之為背
對背信用狀（back to back L/C）。

26 轉讓信用狀與背對背信用狀之比較。

1. 兩者相同之處
   (1) 都是可收取價差。
   (2) 兩者都為換單押匯。
   (3) 所有條件均比原始信用狀減少或縮短，例如：商品單價與金
       額均比原始信用狀減少，最後裝船日、信用狀有效期限及單
       據提示期限均為比原始信用狀縮短。
   (4) 原始信用狀的保證付款功能均延伸至供應商。
2. 兩者不同之處
   (1) 信用狀需明確規定「transferable」（可轉讓），才可以憑原
       始信用狀作轉讓，背對背信用狀（又稱轉開信用狀）則沒有
       此規定。
   (2) 轉讓信用狀之內容與原始信用狀大同小異，內容不會有太大
       變動，背對背信用狀（又稱轉開信用狀）內容則與原始信用
       狀差異較多。
   (3) 轉讓信用狀下，開狀銀行須對轉讓信用狀之受讓人與原始信
       用狀之受益人，負同樣付款責任。背對背信用狀（又稱轉開
       信用狀）下，供應商與原始信用狀無關，轉開銀行對供應商
       負有付款責任。
   (4) 背對背信用狀（又稱轉開信用狀）需提供轉開銀行保證金或

是擔保品，但轉讓信用狀則無。

項目 種類	交易性質	銀行之 義務	辦理之 次數	變換之項目	單據之替換
信用狀轉讓	同一信用狀之全部或部分由另一受益人使用	僅為信用狀轉讓之通知	一次為限	原則須依據UCP600第38條g項之規定辦理	依據ＵＣＰ600第38條h項之規定，僅能替換發票及匯票
轉開back-to-back L/C	與master L/C係屬分立之交易	為開狀銀行之義務	未限制	未限制	未限制

27 轉開信用狀（或稱背對背信用狀）之作業流程為何？

轉開信用狀（或稱背對背信用狀）之作業流程如下：

憑Master Credit轉開Secondary Credit，在實務上，銀行業稱

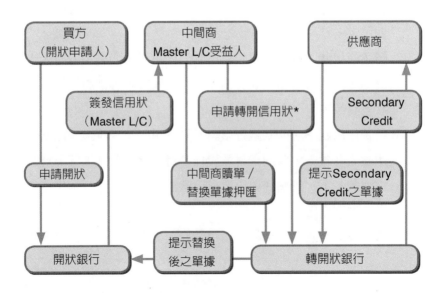

爲Back-to-Back信用狀。轉開狀銀行爲中間商往來銀行，其係憑Master Credit轉開Secondary Credit。中間商（出口商）同時扮演兩種角色，對國外進口商爲賣方，對國內供應商爲買方的角色，所以中間商（出口商）爲Secondary Credit之受益人。可憑Master Credit辦理押匯或信用狀向下託收。

28 何謂循環信用狀（revolving credit）？

循環信用狀是指信用狀被受益人全部或部分使用後，又恢復到原金額，再被受益人繼續使用，直至用完規定的使用次數或累計總金額爲止的信用狀。它與一般信用狀的不同之處在於，它可以多次循環使用，而一般信用狀在使用後即告失效。

循環信用狀主要用於長時間或較長期內分批交貨的供貨契約。使用此種信用狀，買方可以節省開狀押金和逐單開狀的手續及費用，賣方也可避免等狀、催狀、審狀的麻煩，因而有利於買賣雙方業務的開展。

循環信用狀按運用的方式分爲按時間循環和按金額循環兩種：

1. 按時間循環信用狀

指受益人在一定時間內可多次支取信用狀規定金額的信用狀。此一信用狀有兩種作法：

　(1) 受益人上次因故未交或未交足貨物從而未用完信用狀規定的金額，其貨物可移至下一次一併補交，其金額可移至下次一併使用，稱爲可積累使用的循環信用狀（cumulative revolving credit）。

　(2) 受益人上次因故未交或未交足貨物，該批貨物的支款權也相

應取消，其金額不能移至下次一併使用，稱為非積累使用的循環信用狀（noncumulative revolving credit）。

2. 按金額循環信用狀

指受益人按信用狀規定金額議付後，仍恢復原金額再繼續使用，直至用完規定的循環次數或總金額為止。在該項下，恢復原金額的作法有三種：

(1) 自動式循環：信用狀規定每次金額使用後，無須等待開狀行通知，即可自動恢復到原金額，可再次使用。

(2) 半自動循環：信用狀規定每次金額使用後，需等待若干天，若在此期間開狀行未發出停止循環使用的通知，即可自動恢復到原金額，可繼續使用。

(3) 非自動循環：信用狀規定每次金額使用後，必須等待開狀行的通知到達後，方能恢復到原金額，繼續使用。

29 有追索權信用狀（with recourse credit）與無追索權信用狀（without recourse credit）之意涵為何？

1. 有追索權信用狀（with recourse credit）

憑有追索權信用狀開出匯票，匯票遭拒付時，被背書人可向背書的前手或出票人（開出匯票的人）請求償還票款，稱為有追索權信用狀；亦即在信用狀上印有with recourse字樣，無註明有無追索權者視為有追索權，在匯票遭到拒付時，被背書人（押匯銀行或付款銀行）可向背書人請求償還票款，此對出口商較沒保障。受益人持有這種信用狀，押匯銀行通常會拒絕承辦讓購。

2. 無追索權信用狀（without recourse credit）

　　受益人（出口商）執有此種匯票或信用狀，在匯票遭開狀銀行拒付時，被背書人（押匯銀行或付款銀行）不能向背書人請求償還票款，一旦出口商從押匯銀行取到貨款，即使開狀銀行拒付給押匯銀行，押匯銀行也不能向受益人（出口商）追討貨款，對出口商較有保障。

30 何謂紅條款與綠條款信用狀？

1. 紅條款信用狀 red clause L/C

　　又稱預支信用狀（anticipatory credit），其可提供信用狀受益人於貨物出口前，憑信用狀開出的匯票或收據預支款項。受益人可先向出口地銀行預支部分貸款，預支款項於辦理押匯時扣還墊款本息。

2. 綠條款信用狀 green clause L/C

　　亦為預支信用狀的一種，惟較紅條款信用狀的要求嚴格，綠條款信用狀須以倉單做為擔保，出口商在貨物裝運之前，將貨物存於倉庫並取得倉單，連同信用狀向銀行申請按照貨物價款之某一成數的墊款，出口商以所借之款項採購。綠條款信用狀主要目的在提供出口商備辦出口貨物所需的資金，當出口商信用地位較薄弱，或出口地之借款成本過高時，進口商可利用此種信用狀將其信用及低成本資金提供給出口商。

31 Deferred Payment L/C與Usance L/C之不同為何？

1. 遠期L/C為開狀銀行於規定到期日才付款。

2. 延期付款（Deferred Payment）是出口商在交貨後若干日或裝船日後若干日，開狀銀行才付款。

3. 遠期L/C規定受益人需簽Draft，延期付款L/C不用簽Draft。

4. 延期付款L/C為沒有Draft，出口商無法利用貼現融資，但遠期L/C可憑匯票押匯。

5. 遠期L/C因貼現費用由買方負擔或賣方負擔不同，而有Buyer's Usance L/C與Seller's Usance L/C，但是延期付款L/C之延付利息一律由賣方負擔。

32 何謂GN Form L/C與RE Form L/C？

1. GN Form L/C求償／補償方式：是由開狀銀行本身承擔對求償銀行（指定銀行）之補償，要求求償銀行提示單據，經審查提示符合後，依據求償銀行指示付款的一種方式。

2. RE Form L/C求償／補償方式：是由指定銀行向信用狀所規定之補償銀行求償的一種補償方式。

33 履約備用信用證（Performance Standby L/C）之內容及其與國際擔保會慣例ISP98之關係為何？

1. 履約備用信用證是開狀銀行應開狀申請人請求，對受益人開立承諾某項義務之憑證。根據《ISP98》規定，備用信用證包括：預付款備用信用證、履約備用信用證、投標備用信用證、進出口備用信用證。除外，尚可根據需要由開狀銀行開出融資備用信用證、借款備用信用證、保險備用信用證等。

2. 履約備用信用證是指開狀銀行擔保支付金錢以外履約義務的備

用信用證，其包括對申請人在基礎交易中違約而造成損失進行賠償的義務。

34 何謂「SWIFT L/C」？

1. 開狀銀行將信用狀的內容，以設於比利時（Beligum）布魯塞爾的環球銀行財務電信協會（Society for Worldwide Interbank Financial Telecommunication）（簡稱SWIFT），所規定的信用狀（Documentary Credits）電信格式輸入後，透過其設於美國、比利時、荷蘭之操控中心（Operating Center）（簡稱OPC）將信用狀透過電訊傳輸到電信局的區域數據交換機（Regional Processor）（簡稱RGP），銀行業者於啓用其設於銀行之終端機ST200後，即可接收到全部訊息；此一傳輸之信用狀，優點為具有自動核算密碼功能，ST200去訊及收訊的押碼不同，所竊聽到的也只是亂語或亂碼，使偽造信用狀難度加高；通信內容於OPC中，會留有備檔資料可供爭議參考；而且傳輸的速度很快，符合今日的國際貿易需求。以此種方式開出的信用狀謂之"SWIFT L/C"，也稱爲「思維L/C」。

2. 此類SWIFT L/C無須表示UCP 600字樣，即符合信用狀統一慣例生效規定。

35 何謂商號承兌信用狀（trader's acceptance credit）？

是以開狀申請人作爲遠期匯票付款人的信用狀。遠期匯票需由開狀申請人辦理承兌，但開狀銀行仍需對開狀申請人的承兌和到期付款負責。商號承兌匯票亦可貼現，惟其貼現條件較銀行承兌匯票

差，故受益人多不樂於接受商號承兌信用狀而要求開立銀行承兌信用狀。

36 何謂假遠期信用狀（usance credit payable at sight）？

假遠期信用狀是指買賣雙方簽訂的貿易合同原規定為即期付款，但來狀要求出口人開立遠期匯票，同時在來狀上又說明該遠期匯票可即期議付，由付款行負責貼現，其貼現費用和延遲付款利息由開狀申請人負擔的一種信用狀。此種信用狀，對出口人來說仍屬即期十足收款的信用狀；但對開狀申請人來說則屬遠期付款信用狀，故又稱「買方遠期信用狀」（buyer's usance credit）。

進口商所以願意使用假遠期信用狀，是因為：1.其可以利用貼現市場或國外銀行資金以解決資金周轉不足的困難；2.可以擺脫進口國外匯管制法令的限制。

至於出口商是否接受國外開來的假遠期信用狀，關鍵取決於來狀中是否說明下述三項內容：

1. 出口人的遠期匯票由付款行保狀貼現；

2. 貼現費用和遲期付款利息由開狀申請人負擔；

3. 受益人能即期收到十足貨款。

同時具備了這三項，才可接受，否則出口商可不接受。假遠期信用狀支付條款如下：

本信用狀項下的遠期匯票由付款人承兌和貼現，所有費用由買方負擔，遠期匯票可即期收款。

Drawee will accept and discount usance drafts drawn under this Credit. All charges are for buyer's account, usance draft payable at sight basis.

37 什麼是Letter of Intent？

1. Letter of Intent是意向書，係指一方當事者在契約尚未正式締結之前，爲了要求他方當事人能夠先就某些雙方已經合意的事開始履行，先對他方當事人保證的文件，在意向書下，買方未來會請開狀銀行開立信用狀，但買方又恐屆時賣方無法履行交貨，導致損失發生，因此另要求賣方亦須開出一定比例（例如：2% performance bond）的保證文件，以作爲未來賣方履約的承諾。

2. 此種交易常見於中東地區，根據此一交易條件，賣方接到買方所開來的信用狀後，須向其往來銀行申請開發信用狀金額2%的履約保證函或擔保信用狀，稱爲Letter of Intent。

38 何謂Soft Clause L/C？

1. Soft Clause L/C又稱爲「附條件條款之信用狀或瑕疵信用狀」，是指信用狀內容模糊不清，責任不明確，存有嚴重缺陷且對受益人不利條款的信用狀。

2. 由於信用狀列載特殊條款或設有陷阱，未來能否順利押匯取決於進口商與開狀銀行有關，故又稱爲有陷阱的信用狀，實務上信用狀多爲不可撤銷信用狀，此爲進口商爲保護自身權益，所採取的防衛措施，但Soft Clause L/C對出口商存在相當大的風險，故Soft Clause L/C又稱爲「問題信用狀」。

3. 例如：信用狀規定最後裝船日在信用狀有效日期之後：
This credit is force until may 15, 2016.

B/L must be dated not later than june 15, 2017.

4. 或是信用狀上並無適用統一慣例之記載。

5. 信用狀規定不可分批裝運，但卻規定各批貨品裝船期限。

例如：Shipment to be effected by one lot.

First shipment must be effected not later than April 30, 2017.

Secondt shipment must be effected not later than June 30, 2017.

Third shipment must be effected not later than Oct 31, 2017.

39 保證函（letter of guarantee）與擔保信用狀（stand-by L/C）之意涵為何？

1. 擔保信用狀（stand-by L/C）的格式大多為定型化，但保證函（letter of guarantee）則無一定製式化格式。

2. 擔保信用狀（stand-by L/C）的受益人只要提示符合信用狀所規定的匯票或單據，開狀銀行必須付款，但是保證函（letter of guarantee）的受益人，只要開狀申請人提出異議，受益人便可能無法取得款項。

3. 擔保信用狀（stand-by L/C）的開狀銀行是法律上的主債務人，但保證函（letter of guarantee）的開狀銀行只是法律上的從屬債務人（除非特別聲明其為主債務人），兩者有所不同。

4. 擔保信用狀（stand-by L/C）一般均需遵守信用狀統一慣例的規定，但是保證函（letter of guarantee）不需遵守信用狀統一慣例的規定，其法律關係是以開狀銀行所在地法律為依據。

1 當押匯銀行A銀行將單據分兩次寄送,開狀銀行美國洛杉磯花旗銀行收到後想主張拒付,究竟應以第一次還是第二次收到時間計算?

　　有關押匯單據瑕疵通知,依UCP600第14條d項規定,應於押匯銀行寄達單據到開狀銀行收到日(提示日)之次日起第五個營業日終了前,以電傳或其他方式發出(不含例假日),所以應以第一次收到時間為準,否則開狀銀行美國洛杉磯花旗銀行不得主張拒付。

2 L/C要求提示海運提單,如果ocean B/L裝載港寫非海港之內陸都市,進口商可否拒付?

1. 依UCP600第20條規定所指,海運提單是貨物純粹使用船舶之海上運輸,由裝載港(port of loading)運送到目地港(port of destination)。所以要適用本條規定的b/l必須是收益人提出之運送單據為「含港對港運送之提單」(bill of lading covering port-to- port shipment),所以b/l必須是海運提單(ocean B/L),運送工具必須是船舶(vessel or ship),且裝卸地均應為港口,因此若ocean B/L裝載港寫非海港之內陸都市,則開狀銀行或進口商當然有權主張此為一瑕疵提單而拒付。

2. If the course of this investigation it transpisres that one or both of

the mentioned port are not actually port,then the nominated and /or issuing bank has the right to highlight this anomaly as a discrepancy.（摘錄自ICC Publication No.596 Feb, 1999）

3 根據信用狀規定需提示"a full set of original ocean B/L showing shipment from Singapore to Shenzhen"，但所提示的提單註明"Port of loading：Singapore，Port of discharge: Hong Kong，Place of destination: Shenzhen"請問此是否為瑕疵單證？

1. 依據Art.23（UCP500）(a)（iii）條款規定：「⋯⋯表明信用狀規定之裝載港及卸貨港」意旨可知，Shenzhen為「卸貨港」而非「目的地」，故該單據將被拒絕。

2. 再依UCP600第20條並依海牙規則第1條e項規定，海運提單限定為「自貨物裝上船時起，至卸下船時止」，即所謂的鉤至鉤原則（tackle to tackle）。亦即運送人的責任為貨物在碼頭上掛上船舶的吊鉤時，至貨物在碼頭上脫離船舶的吊鉤時為止。

4 第一受益人辦理信用狀轉讓時，應否表明保留修改之拒絕權？

1. 根據UCP600第38條e項之規定，第一受益人必須指示轉讓銀行是否保留拒絕或准許轉讓銀行將修改書通知第二受益人的權利。

2. 如果第一受益人對讓銀行表示拒絕將修改書通知第二受益人，那麼第二受益人無法知道信用狀修改事項，此為第一受益人為

保護其自身權益所作的決定，如果第二受益人不能依照修改內容提出單據，責任將由第一受益人負擔。

3. 依據UCP600第38條f項之規定，各受益人得就其受讓部分個別表示是否同意修改，對於拒絕接受修改之任何第二受益人，該已轉讓信用狀將仍屬未修改，但對於接受修改之任何第二受益人，該已轉讓信用狀必須依修改書規定執行。

5 為何可轉讓信用狀轉讓時，第一受益人有權依其自身的發票或匯票替代第二受益人的發票或匯票？

依據UCP600第38條h項之規定，第一受益人有權依其自身的發票或匯票替代第二受益人的發票或匯票，其主要理由如下：

1. 為避免開狀申請人（國外進口商）與第二受益人彼此知道其名稱與地址。
2. 為避免開狀申請人（國外進口商）與第二受益人知道第一受益人的實際售價及實際既得金額。
3. 可轉讓信用狀轉讓時，第一受益人有權依其自身的發票或匯票替代第二受益人的發票或匯票，在三角貿易時，可避免國外進口商知道國內工廠為誰，避免國外進口商與國內工廠直接交易。

6 根據信用狀規定需提示"a full set of original ocean B/L showing shipment from Singapore to Keelung"，但是所提示的提單註明"Port of loading：Singapore，Port of discharge：Hong Kong，Place of destination：Keelung" 為何被拒絕？

1. 依據Art.23（UCP500）(a)（iii）條款規定：「……表明信用狀規定之裝載港及卸貨港」意旨可知，Keelung為「卸貨港」而非「目的地」，故該單據將被拒絕。

2. 再依UCP600第20條並依海牙規則第1條e項規定，海運提單限定為「自貨物裝上船時起，至卸下船時止」，即所謂的鉤至鉤原則（tackle to tackle）。亦即貨物在碼頭上掛上船舶的吊鉤時，至貨物在碼頭上脫離船舶的吊鉤時為止。

7 UCP600有關信用狀修改之規定如何？

信用狀修改：信用狀統一慣例有關修改之相關規定如下：

1. 依信用狀統一慣例UCP600為第10條a項之規定，除第38條另有規定外，信用狀之修改或撤銷，非經開狀銀行、保兌銀行（如有保兌時）及受益人之同意，否則不生效力。

2. 第10條c項：在受益人向通知修改書之銀行傳達其接受修改書前，原信用狀條款（或含有先前已接受之修改書之信用狀）對受益人而言仍屬有效。受益人對於修改書之接受或拒絕應予知會，若受益人怠於知會，則符合該信用狀及尚待接受之任何修改書之提示，將視為受益人接受該修改書之知會，自此刻起，該信用狀即視同已予修改。

3. 第10條e項：對修改書之部分接受，將不被允許且將視為拒絕修改書之知會。

8 UCP600有關讓購與保兌及日期之定義為何？

1. 讓購（negotiation）

   指定銀行在其應獲補償之銀行營業日當日或之前，以墊款或同意墊款予受益人之方式，買入符合提示項下之匯票（以指定銀行以外之銀行為付款人）及（或）單據，並支付對價。

2. 保兌（confirmation）

   指保兌銀行於開狀銀行原有確定承諾外，亦對符合之提示為兌付或讓購之確定承諾。

3. 信用狀上的用語如TO、UNTIL等字句用於裝運日期，則被認為包括所提及的當天日期。

4. FROM、AFTER用於到期日，不包括所提及的當天日期。

5. FIRST HALF OF MONTH、SECOND HALF OF MONTH分別解釋為各該月的1至15日及16至30日或31日。

6. 如信用狀之裝船期間規定為BEGINNING OF A MONTH、MIDDLE OF A MONTH、END OF A MONTH分別解釋為各該月的1至10日、11至20日、21至30（31）日。

7. 如信用狀之裝船期間規定為PROMPT、IMMEDIATELY、AS SOON AS POSSIBLE因欠缺明確意義，銀行將不予理會。

8. ON OR ABOUT於裝運期限時，解釋為「自特定日期前5日或該特定日期的後5日止的期限內裝運」。

9. 例如：SHIPMENT TO BE EFFECTED ON OR ABOUT OCT. 31, 2012其裝運日期自10月26日起至11月5日止的任何一日均可。

10. ABOUT、APPROXIMATELY應用於有關信用狀金額、數量、單價時，容許信用狀金額、數量、單價有±10%的差額。

11. 信用狀如未規定單證的份數，每種單據至少提示1份正本。信用狀如果規定提示單據副本，則提示正本或副本皆可以。

12. 如信用狀沒有規定押匯期限，押匯期限為自裝運日起的21日之內要押匯。

13. 押匯時，如銀行特休日、例假日，則該信用狀有效日期或押匯日期，可順延至銀行之次一營業日；但如因天災、暴動、內亂、叛變、戰爭或任何其他非銀行本身所能控制的事由發生，如火災、地震、颱風等，銀行則概不負責任，任一方亦不可主張順延。信用狀上的最後裝船日一律不得順延。

14. 提單日期視為裝運日期。

15. 開狀銀行審單時間為自提示日之次日起最晚五個營業日內必須決定，否則視為接受。

16. 信用狀如未規定單證的份數，則提示一份正本及一份副本即可。

9 UCP600第9條信用狀及修改書之通知內容為何？

1. 該條規範通知銀行之義務，相當於UCP500第7條及第11條(b)，其主要修訂如下：

(1) 通知銀行未附加保兌時，其通知信用狀及任何修改書不負任何兌付或讓購之義務。

(2) 原UCP500第7(a)消極的要求通知銀行應以相當之注意查對信用狀或修改書外觀之真實性。UCP600則積極的要求通知銀行須確信外觀如押碼或簽字之真實性，且該通知書須正確反映所收到之信用狀或修改書之條款；即不可有漏頁、竄改須完

整通知給受益人。

(3) 增訂(c)項；正式納入實務上行之已久「第二通知銀行」之服務。但無論第一或第二通知銀行，均須確信信用狀或修改書外觀之真實性，且正確反映所收到之信用狀或修改書之條款。

2. 該條規定信用狀及任何修改書得經通知銀行通知受益人，意即信用狀或修改書之通知不一定皆非經銀行通知不可，亦可由開狀銀行或開狀申請人直接交付受益人，但可能造成指定銀行為兌付或讓購時有所疑慮，因此信用狀以經通匯銀行通知受益人為宜。

10 UCP600第11條電傳及預告信用狀及修改書之內容為何？

1. 本條相當原UCP500第11條，UCP600除用字較精簡清晰外，並作下列修訂：

(1) 明訂「經確認之電傳信用狀或修改書，將視為可憑使用之信用狀或修改書，且任何隨後之郵寄證實書應不予理會」。反觀原UCP500-11（ai）僅規定隨後之郵寄證實書將不具效力，規範較不明確。

(2) 增訂若開狀銀行發出簡電（或類似意旨之文句），一定要發出確認性信用狀或修改書，且後送之明細其內容不得與先前之簡電（預告）有所牴觸，以免賣方（受益人）權益受損。

2. 強調經預告之信用狀或修改書即為不可撤銷之承諾，開狀銀行應慎重其事，不可隨意撤銷其預告之信用狀或修改書，且一經發出開狀銀行應儘速簽發可憑使用之信用狀或修改書，其條款

不得與先前之預告有所牴觸。

11 UCP600有關第13條銀行間補償之安排規定為何？

1. 本條規定開狀銀行補償義務、補償安排及辦理補償相關細節之安排與CP500第19條之規定大致相同，惟其內容稍作修訂，使其更加平實精簡，同時增加以下規定：

   (1) 如開狀銀行指定另一銀行擔任補償銀行，則信用狀必須敘明指定銀行（求償銀行）補償之取得得向另一方（補償銀行）求償，且敘明補償是否受開狀當時有效之國際商會銀行間補償規則（URR525）之規範。為配合此規定，SWIFT總部於Nov.18，2006將授權信（MT740）新增40F欄位增列1.URR LATEST VERSION或2.NOT URR之選項。

   (2) 若信用狀未敘明補償係受國際商會銀行間補償規則之規範，則開狀銀行必須提供與信用狀敘明使用方式相符之補償授權予補償銀行。該補償授權不應受有效期限之約束，即提供無期限之補償授權。另為反應實務上需要，信用狀上常規定求償銀行於向補償銀行請求補償時，須附帶提出條款業已符合之證明，但實際上是否符合，補償銀行不負審查之責，其規定並無意義，且與補償之本質單純支付（clean payment）不相符合，故新增「不應要求求償銀行向補償銀行提出條款業已符合之證明」。

2. 補償為開狀銀行對兌付或讓購銀行之義務，如因任何原因求償銀行未能自補償銀行取得補償款項時，開狀銀行當然不能免除其應為補償之基本義務，並應對任何利息損失及因此而產生之

任何費用負責。

3. 補償銀行之費用原則上由開狀銀行負擔，惟如有例外須由受益人負擔時，開狀銀行應於信用狀正本及補償授權書上作如是聲明，俾各方事先預爲安排。如此該項費用如由受益人負擔者，補償銀行應於支付予求償銀行之金額中扣除。至如未作補償者，補償銀行之費用當然仍由開狀銀行負擔。

12 UCP600第14條審查單據之標準爲何？

1. 本條相當於UCP500第13條，惟爲減少瑕疵單據之比率，促使國際貿易進行順暢，作大幅修改，其修改要點如下：

  (1) 原UCP500泛稱審查單據者爲銀行，本條則指明指定銀行，保兌銀行，如有者，及開狀銀行得以單據就表面所示決定是否構成符合之提示，並保留on their face，以表明其文義性及表面符合性原則，而不須追究事實眞僞。

  (2) 指定銀行，保兌銀行，如有者，及開狀銀行應各有自提示日之次日起最長五個銀行營業日，以決定提示之單據是否符合。此一期間不因提示之當日或之後適逢任何有效期限或提示期間末日而須縮短或受其他影響，使得該等銀行均有正常而充裕之作業時間。

  (3) 新增(3)項，明確表示若信用狀未規定提示期間，且要求提示第19條至第25條所規範之一份以上正本運送單據者，才可適用裝運日後二十一個曆日內爲提示之規定。如使用領貨收據（cargo receipt）或副本運送單據者不適用該規定。

2. 原UCP500第22條規範單據之簽發日得早於信用狀開狀日。ISBP

第14條規範任何單據絕不可顯示其係提示日後簽發。綜合前述二條規定「單據之日期得早於信用狀之簽發日，但絕不可遲於提示日」。

3. 配合多角化國際貿易，減少瑕疵單據產生。規範受益人（申請人）於同一國內之數個地址可以互異，甚且可不管電話／傳真／電子信箱，但運送單據上受貨人及被通知人地址及聯絡細節須符合信用狀。

13 UCP600第14條審查單據之簽發標準為何？

1. 單據的簽發：除提單、保險單據及商業發票外，信用狀未規定簽發人或其資料內容者，只要該單據做到「功能符合所求」，且其他方面亦依照信用狀本文，單據本身及國際標準銀行實務依上下文義，整體研判審閱，無須完全一致（identical），但不得互相牴觸（conflict），銀行則照單接受。一般實務上，常見Third party documents acceptable條款易引起爭議，蓋third party documents可能係指third party shipper或third party issuer，如為前者則在第14條（k）項已含括，倘為後者，則所有單據（除匯票外但包含商業發票），得由受益人以外之人簽發，顯與此條相牴觸，易引起爭議。故Third party documents acceptable應避免使用。

2. 本條(d)項將UCP500審單標準中，有關一致性（consistency）之敘述予以刪除，引進「不牴觸」及「依上下文義整體審閱」之觀念以降低對「不一致性」規則之誤用。亦即「單據本身」、「單據與單據」、「單據與信用狀」間之資料無須如鏡像般之

一致，僅須不牴觸即可。

3. e項相當於UCP500第37條c，新增除勞務或履約行為之說明，仍強調除商業發票外，其他單據上貨物、勞務或履約行為之說明，如有敘明者，得為不與信用狀之說明有所牴觸之統稱。

4. k項擴及任何單據上所示之託運人或發貨人無須為信用狀之受益人。相較於UCP500-30iii只規範銀行將接受運送單據上表明以信用狀受益人以外之人為貨物之發貨人有所不同。目前大陸出口台灣押匯的實務中，由於Form A係由大陸官方出具，其發貨人或託運人一定不是受益人，因此容易造成困擾，k項規定對於兩岸貿易有很大助益。但對於一定是由第三者提供的單據，尤其是大陸出口台灣押匯的情形，最好還是明白規定較不會有困擾。

5. l項確定「運送單據得由運送人、船東、船長或傭船人以外之任何一方簽發，但以該運送單據符合本慣例第19、20、21、22、23、24條之各項要求為條件」。此乃因攬貨業者（forwarder）及物流業，由其簽發之運送單據占了押匯實務上重要比重，攬貨業者認為UCP500第30條係對其歧視，故乃以本條取代UCP500-30，表明任何人（或法人）無論其行業（如freight forwarder），只要其取得agent身分即可簽發提單，但其簽發之提單須符合UCP600-19至24條（不含25條之快遞／郵遞業者）之規範。

14 UCP600有關第15條符合提示之內容為何？

本條規範了UCP之精華，因UCP500只規定單據符合，銀行

就必須接受單據。至於是否以L/C作為支付工具並沒有說明，而UCP600則有明確規範：

1. 若開狀銀行決定提示係屬符合，該銀行須為無追索權之兌付。

2. 若保兌銀行決定提示係屬符合，當匯票之付款行（drawee）為保兌銀行時，該銀行等同開狀銀行須為無追索權之兌付，當匯票之付款行非為保兌銀行，保兌銀行則須為無追索權之讓購，並將單據遞送開狀銀行。

3. 若指定銀行決定提示係屬符合，當匯票之付款行為指定銀行時，指定銀行得為有追索權之兌付，當匯票之付款行非為指定銀行時，指定銀行得為有追索權之讓購，此雖無強制性，但是一旦兌付或讓購，該行就必須將單據遞送保兌銀行或開狀銀行。

15 UCP600有關第16條瑕疵單據、拋棄及通知之內容。

1. 本條相當於UCP500第14條，惟對拒付之單次通知（single notice）有嚴謹的新規定，其內容如下：

    (1) 銀行拒絕兌付或讓購；

    (2) 銀行拒絕兌付或讓購有關之各項瑕疵；

    (3) 銀行留置單據待提示人進一步之指示；或開狀銀行留置單據直至收到申請人拋棄瑕疵之主張，且同意接受拋棄，或於同意接受拋棄前收到提示人進一步之指示；或銀行退還單據；或銀行正依先前自提示人收到之指示而作為。

2. 原UCP500-14dii僅二種單據處置方式：

    (1) 留候提示人指示

(2) 退還提示人。

　　UCP600細分為四種，新增下列兩種：

(3) 開狀銀行留置單據直至收到申請人拋棄瑕疵之主張，且同意接受拋棄，或於同意接受拋棄前收到提示人進一步之指示。

(4) 銀行正依先前自提示人收到之指示而作為。

3. 原UCP500第14條決定提示係不符合時，該銀行得拒絕單據，UCP600明確表示指定銀行，保兌銀行，如有者，或開狀銀行得拒絕兌付或讓購。若開狀銀行決定提示係不符合，該行依自身之判斷得洽商申請人拋棄瑕疵之主張，但其最後期限仍為五個營業日，並不因洽商而予延長。若進一步要採取拒付時，其拒付合理時間，也配合審單改為5個營業日。

4. 依指定而行事之指定銀行，保兌銀行，如有者，或開狀銀行，只要發出銀行留置單據待提示人進一步之指示或開狀銀行留置單據直至收到申請人拋棄瑕疵之主張，且同意接受拋棄，或於同意接受拋棄前收到提示人進一步之指示，該等銀行得於任何時間退還單據，而不須再聽候提示人之指示。有此明文規定，可免除何時退單爭議。

5. 若開狀銀行或保兌銀行未依本條之規定：

(1) 限一次通知。

(2) 表明拒付（refuse）之旨意。

(3) 各項瑕疵。

(4) 提示日之次日起第5個銀行營業日終了之前，以電傳或快捷通知辦理時，則該等銀行不得主張該等單據係不構成符合之提示。

相對的，該等銀行做出適當之拒付通知時，開狀銀行或保兌銀

行即有權對已作出之任何補償款項連同利息，主張返還。

16 依UCP600規定電傳信用狀註明「明細後送」與未註明「明細後送」之差異。

以電傳方式開發時，可憑使用信用狀（或修改書）之定義：應依據UCP600第11條a項之規定辦理：

1. 已經確認（authenticated）之電傳指示，且未註明「明細後送（full details to follow）」（或類似用語）之通知，視為可憑使用之信用狀（或修改書），不須另寄證實書，隨後寄至之證實書，通知銀行亦將不予理會。

2. 如電傳載明「明細後送」（或類似意旨之文句），或敘明郵寄證實書始為可憑使用之信用狀或修改書時，則該項電傳將不視為可憑使用之信用狀或修改書。開狀銀行須盡速開發可憑使用之信用狀或修改書，其條款不得與該電傳有所牴觸。

17 UCP600運送條款不適用之文件包括哪些？

承攬運送人收貨證明（forwarder's certificate of receipt）、承攬運送人裝運證明（forwarder's certificate of shipment）、承攬運送人運送證明（forwarder's certificate of transport）、承攬運送人貨物收據（forwarder's cargo receipt）、大副收據（mate's receipt）、小提單（delivery order）等均不代表運送契約，亦非UCP600第19條至第25條所指之運送單據。

18 一張信用狀有兩種幣別（例如：美元或歐元），押匯銀行能否拒絕出口商押匯？

．．．

　　UCP600並無特別規定，押匯銀行當無拒絕接收出口商押匯的理由。

19 依據UCP600第30條規定，約（about）或大概（approximately）等用語，意義為何？

．．．

　　合用於L/C金額或數量單價者，解釋為容許不逾該金額數量或單價上下10%差額。

20 保兌銀行對信用狀附加保兌，是否須得開狀銀行之授權或委託？

．．．

　　依據UCP600第2條保兌定義之規定，保兌銀行於開狀銀行原有之確定承諾外，亦對符合之提示為兌付或讓購之確定承諾。因此，保兌銀行的義務與開狀銀行相同，且為獨立的；保兌銀行對信用狀附加保兌，須得開狀銀行之授權或委託。

21 UCP600有關可轉讓信用狀之意涵。

．．．

　　依據UCP600第38條b項之規定，可轉讓信用狀意旨一信用狀明確規定其係可轉讓（transferable）；可轉讓信用狀得在受益人（第一受益人）之請求下使其全部或部分得由其他受益人（第二受益人）使用。信用狀轉讓之次數，依據UCP600第38條d項之規定，可轉讓信用狀不得經第二受益人之請求，轉讓予隨後之任何受益人，

第一受益人不認係隨後之受益人；因此，可轉讓信用狀僅能轉讓一次；重行轉讓予第一受益人，並不構成本條所禁止之轉讓；如部分裝運／動支未禁止，依據UCP600第38條d項之規定，可轉讓信用狀之各部分（不超過信用狀總金額）得分別轉讓，而該等轉讓之總合將認係僅構成信用狀之一次轉讓。

22 如何判斷信用狀的真偽或是否接受？

1. 信用狀種類、條款及條件等內容，是否與開狀所依據之買賣契約一致，如有不符應要求對方修改信用狀。

2. 開狀銀行之信用狀況如何，如信用不佳，是否有經信用良好之另一銀行附加其保兌。

3. 信用狀之外表經確認有效之信用狀（如：押碼符合、簽字驗符），如有加註「信用狀之簽字不符」、「信用狀無押碼」或「信用狀押碼不符」等類似註記，應經由通知銀行向開狀銀行釐清或確認。

4. 是否為正本信用狀（UCP稱為可憑使用信用狀），依據UCP600第11條a項之規定，如電傳載明「明細後送（full details to follow）」（或類似意旨之文句），或敘明郵寄證實書始為可憑使用之信用狀或修改書時，則該項電傳將不視為可憑使用之信用狀或修改書。

5. 信用狀是否可在任何銀行使用（available with any bank），例如：自由讓購（即實務上之未限制押匯）；或須在指名之指定銀行使用？例如：限制在通知銀行讓購（available with advising bank by negotiation；即實務上之限制押匯），倘屬後者，而該

指定銀行又非受益人往來之銀行，則將增加受益人之作業成本，受益人可考慮洽商申請人（進口商）向開狀銀行要求取消此一條款。

6. 是否規定裝運日後提示單據之特定期間–提示期間，若規定有提示期間，則該期間是否足夠備製單據申請押匯；如未規定，則須注意UCP600第14條c項之規定，倘提示包含一份或一份以上之正本運送單據，則提示須於裝運日後21個工作日曆天作成。

7. 各條款間是否有牴觸之情形：例如：信用狀要求受益人證明一份正本提單逕寄進口商，又要求提示全套正本提單；信用狀規定提示空運提單，卻規定起／訖地點為出／進口之海港，或要求提示黑船名單等與海運相關之單據。

8. 是否有受益人（出口商）無法掌控出貨之規定：例如：信用狀表明裝運日期及裝運數量另行通知；或須提示進口商聲明樣品已經認可之證明；或須提示進口商簽署或副署之單據。

9. 有無適用信用狀統一慣例之記載。

23 UCP600有關信用狀之通知與接受規定為何？

　　信用狀通知：信用狀通知銀行之義務與通知之相關規定如下：

1. 依據UCP600第9條a項之規定，非保兌銀行之通知銀行對其所通知之信用狀不負任何兌付或讓購之義務。

2. 同條c項之規定，通知銀行得利用另一銀行（第二通知銀行）之服務通知信用狀及任何修改書予受益人。

3. 前述同條b項之規定，信用狀通知銀行或第二通知銀行之義務可歸納如下：

(1) 選擇通知信用狀時，在通知信用狀或修改書時，通知銀行表示其已就信用狀或修改書外觀之真實性予以確認（has satisfied itself as to the apparent authenticity）且其通知已正確的反應所收到信用狀或修改書之條款及條件包括：

A. 查對無誤，將所收到之信用狀或修改書之條款及條件，不變更之前提下，即予通知受益人。

B. 如無法查對則可選擇：

a. 盡速告知所由收受指示之銀行（即開狀銀行或第一通知銀行），此項事實，並俟接獲必要之資訊後，始通知受益人；例如：We can not authenticate the signature (s) appearing on the credit, so this credit is pending for your further confirmations.。

b. 如仍選擇通知信用狀時，則須告知受益人或第二通知銀行其無法確認該信用狀之真實性；例如：As this message has been received by unauthenticated cable, we are entirely not responsible for authenticity or correctness thereof.

C. 如選擇不通知信用狀時，則須將此意旨盡速告知開狀銀行。

(2) 另依據UCP600第35條之規定，銀行對於專門術語翻譯或解釋之錯誤不負義務或責任並得不經翻譯而照轉信用狀條文；另銀行對於訊息傳送中或信函或單據遞交中因遲延、滅失、殘缺或其他錯誤所致之後果不負義務或責任。

24 依據UCP600之規定，如何辦理信用狀全額轉讓（total transfer）與部分轉讓（partial Transfer）？

1. 全額轉讓時，轉讓銀行在原信用狀上記載轉讓事實，再將信用狀正本，連同轉讓通知書（advice of transfer of commercial credit）交給第二受益人，並依UCP600第38條c項規定，向第一受益人收取轉讓費。

2. 部分轉讓時，由轉讓銀行影印信用狀，再分別於信用狀正本及影印本上註記轉讓事實，影本經由轉讓銀行證明轉讓金額蓋章後交給第二受益人，正本即交還第一受益人保管收查，轉讓銀行並依UCP600第38條c項規定向第一受益人收取轉讓費。

3. 在轉讓時根據UCP600第38條e項規定，轉讓銀行會要求第一受益人出具不可撤銷之指示函，內容記明信用狀在何種條件下，允許轉讓銀行通知第二受益人等文句。

4. 若信用狀為全額轉讓（不替換發票及匯票之轉讓）時，押匯銀行將押匯文件附上伴書，寄給轉讓銀行。

5. 若信用狀為部分轉讓（替換發票及匯票之轉讓）時，押匯銀行將押匯文件附上伴書，寄給轉讓銀行。

6. 轉讓銀行於辦理替換發票及匯票時，第一受益人之發票及第二受益人之發票有差額時，第一受益人可憑信用狀動支。

7. 轉讓銀行檢視第一受益人提示替換發票及匯票後的押匯文件，並確認符合信用狀規定後，可依L/C指示向開狀銀行求償。

25 信用狀以不同幣別表示是否違反信用狀統一慣例？

　　根據信用狀統一慣例中對於金額及數量之解釋，例如：
UCP600第30條之規定：約（about）或大概（approximately）等用
語，若是用於有關信用狀金額或信用狀所載之數量或單價者，可解
釋為容許不超過該金額、數量、或單價10%上下的差額，對於信用
狀金額應以何種貨幣表示，或以何種幣別開發並無特別規定或解
釋，因此信用狀之金額若分別以不同幣別表示，並未違反信用狀統
一慣例中金額的規定。

26 若保兌銀行不願對落後地區的開狀銀行信用狀加以保兌，該如何處理？

　　若開狀地屬政經不穩定地區，例如：寮國或北韓，依UCP600
第8條d項規定，若銀行經開狀銀行之授權或委託對信用狀加以保
兌，但該銀行卻不願照辦時，該銀行須盡速通知開狀銀行。出口商
可洽詢國內願意保兌之國內通知銀行，並請開狀銀行重新開立一張
信用狀給願意保兌之國內通知銀行，依據UCP600規定辦理保兌。

27 信用狀第一受益人A公司經由通知銀行辦理L/C全額轉讓予印尼生產之工廠B（即第二受益人B），由工廠直接發貨至加拿大，事後工廠因故停產，第二受益人B可否辦理撤銷信用狀，第一受益人A有權拒絕第二受益人之撤銷嗎？

1. 依UCP600第2條規定：「信用狀意指任何安排，不論其名稱或措辭爲何，其係不可撤銷且因構成開狀銀行對符合之提示須兌付之確定承諾。」

2. 依UCP600第3條規定：「信用狀係不可撤銷，即使其未表明該旨趣。」

3. 依UCP600第7條b項規定：「開狀銀行自簽發信用狀時起，即受其應爲兌付之不可撤銷之拘束。」

4. 依UCP600第10條a項規定：「除第38條另有規定外，信用狀非經開狀銀行、保兌銀行、如有者，及受益人之同意，不得修改或取消。」

5. 所以實務上信用狀之撤銷，係由受益人與開狀申請人先行洽妥後，將L/C正本及同意書送交通知銀行，經通知銀行拍電狀銀行徵得開狀申請人同意後，即完成撤銷。

6. 依UCP600第38條b項規定：「可轉讓信用狀意指特別敘明其係「可轉讓（transferable）」之信用狀；可轉讓信用狀得依第一受益人之請求，使其全部或部分由另一受益人（第二受益人）使用。故本題L/C經轉讓後，第二受益人（生產工廠）則依L/C規定行使請求權，而與第一受益人無關，除非有其他特別約定。因此第一受益人無權拒絕第二受益人之撤銷。但開狀銀行與保

兌銀行也有權表示同意與否。

28 出口商漢華貿易公司最近收到智利某銀行開來信用狀，信用狀特別條款（special instruction）規定，信用狀付款方式如下：

50 PCT at sight against required documents

50 PCT at 60 days after arrival of merchandies at destination, which will be notified to you in due time.

試問漢華公司可以接受此L/C嗎？

1. 依UCP600規定只要所提示單據符合第7條開狀銀行與第8條保兌銀行之義務a項規定，開狀銀行即須履行其所開信用狀項下之義務，所以本題出口商依信用狀規定提示即期方式償付50%貨款，但出口商仍須考慮智利的國家風險，可能是智利國家外匯短缺，尤其沒有保兌銀行情況下，最好還是小心為宜。

2. 一般國際貿易付款是以單據之收受為準，例如：信用狀、D/A、D/P等，本題以貨物之收受為準（像是寄售或O/A）作為付款依據，賣方要承擔買方其餘以D/A方式付款之50%貨款，於貨物運抵目的地後60天，必須依買方意願支付貨款，屆時可能不獲買方付款的風險，若出口商出口該批貨物之利潤超過50%，倒還不至於遭受淨損，反之若出口商出口該批貨物之利潤不超過50%，則可能會有損失，建議出口商寧可不接單為上策。

信用狀審單範例

1 請說明以下國際貿易郵遞信用狀各欄的內容。

第 (1) ABN BANK LTD. 55-66 QUEEN'S ROAD　　　TELEX　NO AMSTERDAM NETHERLANDS　　23453579 SWIFT CODE: ABCMNL2A	Documentary Credit (3) IRREVOCABLE	Number: (4) ABC-090807002
(2) Date Aug. 7 2017	Date and place of expiry (5) Sep. 30 2017　　　　In Beneficiary's Country	
(6) Applicant: FOXCONN INTERNATIONAL, INC. 111, SAN MARCO ST. AMSTERDAM NETHERLANDS	Beneficiary:　　　　　　　　　　(7) HONG DARN CO., LTD. NO.100 CII-LAN ROAD TAIPEI, TAIWAN	
(8) Advising Bank: THE TAIWAN COMMERCIAL BANK TAIPEI BR. NO.111 JINAN ROAD TAIPEI, TAIWAN	Amount: USD2,500,000.00 (9) US Dollars Two Million and Five Hundred Thousand　Only	

(10) Partial Shipments ☒ allowed ☐ not allowed	(11) Transhipment ☐ allowed ☒ not allowed	Credit available with any bank/　　bank　　(12) by ☐ Payment ☐ Acceptance ☒ Negotiation
(13) Shipment/Dispatch/Taking in charge from/at Taiwanese ports		Against presentation of the documents details herein
(14) For transportation to European ports		☒ and of your draft (s) at _sight_ drawn on us for full
(15) Not later than Sep. 20 2017		invoice value　　　　　　　　　(16)

(17) Documents required:
☒　SIGNED COMMERCIAL INVOICE IN 5 COPIES, INDICATING THIS L/C NO
☒　FULL SET OF CLEAN ON BOARD OCEAN BILLS OF LADING MADE OUT TO ORDER OF ABC BANK LTD,
　　MARKED "FREIGHT PREPAID" AND NOTIFY APPLICANT.
☒　SIGNED PACKING LIST IN 3 COPIES SHOWING QUANTITY/GROSS AND NET WEIGHT FOR EACH PACKAGE.
☒　INSURANCE POLICY/CERTIFICATE IN DUPLICATE FOR 110 PCT OF INVOICE VALUE COVERING INSTITUTE
　　CARGO CLAUSES (A), INSTITUTE WAR CLAUSES (CARGO), INSTITUTE STRIKES CLAUSES (CARGO),

(18) Covering：TV set 1000sets @USD500.00/set as per proforma invoice no.1034
　　CIF Rotterdam

(19) Additional Conditions：
　+10 PCT MORE OR LESS ON QUANTITY OF GOODS AND CREDIT AMOUNT ARE ACCEPTABLE.
　+CONTAINER SHIPMENT REQUIRE.

(20) Reimbursement Instruction：
UPON RECEIPT OF DOCUMENTS CONFORMING TO THE TERMS AND CONDITIONS OF THIS CREDIT, WE WILL PAY
THE NEGOTIATING BANK AT SIGHT IN ACCORDANCE WITH THEIR INSTRUCTION,
AND ALL DOCUMENTS MUST BE AIRMAIL TO OUR INTERNATIONAL BANKING DEPT. AT 123 QUEEN'S ST.
AMSTERDAM NETHERLANDS

(21) Details of Charges：
ALL COMMISSIONS AND CHARGES OUTSIDE NETHERLANDS ARE FOR THE BENEFICIARIES ACCOUNT.

(22) This Documentary Credit is subject to the "Uniform Customs and Practice for Documentary Credits 2007 Revision, ICC
Publication No.600 (UCP600)"

Your faithfully

ABN BANK LTD

_____
Authorized Signature (s.)

上開信用狀內容解析如下：

	項目	內容
(1)	開狀銀行（issuing bank）	ABN BANK LTD.
(2)	開狀日期（date of issue）	Aug. 7 2017
(3)	信用狀種類（form of credit）	不可撤銷跟單信用狀（irrevocable documentary credit）
(4)	信用狀號碼（credit number）	ABC-090807002
(5)	有效日期與地點（date and place of expiry）	Sep. 30 2017 In Beneficiary's Country
(6)	開狀申請人（applicant）名稱及地址	FOXCONN INTERNATIONAL, INC 111, SAN MARCO ST.AMSTERDAM NETHERLANDS
(7)	受益人（beneficiary）名稱及地址	HONG DARN CO., LTD. NO.100 CII-LAN ROAD TAIPEI, TAIWAN
(8)	通知銀行（advising bank）	THE TAIWAN COMMERCIAL BANK TAIPEI BR.
(9)	信用狀金額（credit amount）	USD2,500,000.00
(10)	部分裝運（partial shipments）之規定	允許（allowed）
(11)	轉運（transhipment）	不允許（not allowed）
(12)	信用狀使用之銀行與方式（available with...by）	any bank by negotiation（即自由讓購）
(13)	裝運／發送／接管之地點（shipment/dispatch/taking in charge from/at：即出口地）	Taiwanese ports（任一台灣之港口）
(14)	運送至（for transportation to：即進口地）	European ports（任一歐洲之港口）
(15)	最遲裝運日（latest date of shipment;or not later than）	Sep. 20 2017

	項目	內容
(16)	押匯應提示……（Against presentation of the documents details herein and nd of your draft（s）at sight drawn on us for full invoice value）	即押匯時應提示：所規定之單據及受益人簽發、金額為全部發票金額、以開狀銀行為付款人（drawn on us）匯票之即期（sight）匯票。
(17)	所須之單據（documents required:）	1. SIGNED COMMERCIAL INVOICE IN 5 COPIES, INDICATING THIS L/C NO.（已簽署之商業發票5份並須表明信用狀號碼） 2. FULL SET OF CLEAN ON BOARD OCEAN BILLS OF LADING MADE OUT TO ORDER OF ABC BANK LTD, MARKED "FREIGHT PREPAID" AND NOTIFY APPLICANT.（全套清潔裝船提單，受貨人作成憑ABC BANK LTD.指示，註明「運費已預付」並以開狀申請人為到貨通知人） 3. SIGNED PACKING LIST IN 3 COPIES SHOWING QUANTITY/GROSS AND NET WEIGHT FOR EACH PACKAGE.（已簽署之裝箱單（包裝單）3份，顯示每件包裝之數量／毛重及淨重）。 4. INSURANCE POLICY/CERTIFICATE IN DUPLICATE FOR 110 PCT OF INVOICE VALUE COVERING INSTITUTE CARGO CLAUSES(A), INSTITUTE WAR CLAUSES(CARGO), INSTITUTE STRIKES CLAUSES(CARGO)，（保險單／保險證明書一式兩份，保險金額為發票金額之110%，投保保險條款為：協會條款A、協會兵險條款及協會罷工條款）

	項目	內容
(18)	貨物說明（description of the goods；or covering）	TV set 1,000sets @USD500.00/set as per proforma invoice no.1234 CIF Rotterdam（電視機1,000台，單價USD500/台，參照編號1234之試算發票，貿易條件CIF Rotterdam）
(19)	特別條件 （additional conditions）	+ 10 PCT MORE OR LESS ON QUANTITY OF GOODS AND CREDIT AMOUNT ARE ACCEPTABLE.（允許貨物數量及信用狀金額上下百分之十之差額） + CONTAINER SHIPMENT REQUIRE.（必須為貨櫃裝運）
(20)	補償指示（reimbursement instruction）	UPON RECEIPT OF DOCUMENTS CONFORMING TO THE TERMS AND CONDITIONS OF THIS CREDIT, WE WILL PAY THE NEGOTIATING BANK AT SIGHT IN ACCORDANCE WITH THEIR INSTRUCTION.（在接到完全符合信用狀條款及條件之單據後，將會按照讓購銀行之指示付款） AND ALL DOCUMENTS MUST BE AIRMAIL TO OUR INTERNATIONAL BANKING DEPT. AT 123 QUEEN'S ST. AMSTERDAM NETHERLANDS.（所有單據須寄到我行（開狀銀行）之國際金融部地址：……）
(21)	費用明細 （details of charges）	ALL COMMISSIONS AND CHARGES OUTSIDE NETHERLANDS ARE FOR THE BENEFICIARIES ACCOUNT.（在荷蘭以外所發生之費用歸由受益人負擔）
(22)	適用規則（applicable rules）	適用UCP600

② 請說明以下以SWIFT簽發之信用狀電文主要內容。
電文範例

```
    ****  Authentication Result Correct with current Key    ****
----------------- Instance Type and Transmission----------------- Original received from SWIFT
Priority                     :  Normal
Message Output Reference  :    1603    0110403CITIHKHXAXXXX2564266373
Correspondent Input Reference :  1603    01104032513507299 MBBTTWTPBXXX
--------------------------------------- Message Header ---------------------------------------------
Swift Output          : FIN 700 Issue of a Documentary Credit
Sender（發電銀行：BBTTWTPBXXX
    通常即為開   BANK OF TAIWAN,
    狀銀行）       TAIPEI TW
Receiver（收電銀行: CITIHKHXAXXX
    即通知銀行）  CITIBANK NA,
                   HONG KONG
--------------------------------------- Message Text ---------------------------------------------
*27 : Sequence of Total（電文總計及序號）
     1/1
*40A: Form of Documentary Credit（跟單信用狀類型）
     IRREVOCABLE（不可撤銷）
*20 : Documentary Credit Number（跟單信用狀號碼）
     9AUUH2/00123/100
31C: Date of Issue（開狀日期）
     0170403
40E: Applicable Rules（適用規則）
     UCPURR LATEST VERSION
31D: Date and Place of Expiry（信用狀有效日期及地點）
     0170630 IN HONG KONG
50 : Applicant（開狀申請人）
     AAA TEXTILE CO., LTD.
     NO.100, NEI HU RD.,
     TAIPEI, TAIWAN
59 : Beneficiary（信用狀受益人）
     HONDA   CO., LTD.
     UNIT 1, NO.303 LIN PAI RD., KWAI CHUNG
     N.T. HONG KONG
32B: Currency Code Amount（信用狀金額－幣別及數額）
     Currency : USD（US DOLLAR）
     Amount :   #200,000#
39A: Percentage Credit Amount Tolerance（信用狀金額增減百分比）
     10/10
41D: Available With….By….-Name/Addr（信用狀使用地點及使用方式）
     ADVISING BANK
     BY ACCEPTANCE
42C: Drafts at…（匯票條款）
     60 DAYS AFTER SIGHT
42D: Drawee － Name and Address（匯票付款人）
     BANK OF TAIWAN ,
     TAIPEI, TAIWAN
43P: Partial Shipment（可否分裝）
     NOT ALLOWED
43T: Transshipment（可否轉運）
     NOT ALLOWED
```

44E: Port of Loading/Airport of Departure （裝運港/起運機場）
　　HONG KONG
44F: Port of Discharge/Airport of Destination（卸貨港/目的地機場）
　　MANILA
44C: Latest Date of Shipment（最遲裝運日）
　　0170620
45A: Descp of Goods and/or Services（貨物及/或勞務之說明）
　　FABRIC IN GOOD AT USD2.35/M QUANTITY:5832.5M
　　AS PER PROFORMA INVOICE NO.CA20040331
　　CIF MANILA
46A: Documents Required（應提示之單據）
　　＋SIGNED COMMERCIAL INVOICE（商業發票）IN 5 COPIES, INDICATING THIS L/C NO.
　　＋FULL SET OF CLEAN ON BOARD OCEAN BILLS OF LADING（全套清潔且已裝船海運提單）MADE OUT TO
　　　ORDER OF TAIWAN BUSINESS BANK, MARKED "FREIGHT PREPAID" AND NOTIFY APPLICANT.
　　＋SIGNED PACKING LIST（包裝單）IN 3 COPIES SHOWING QUANTITY/GROSS AND NET WEIGHT FOR EACH
　　　PACKAGE.
　　＋INSURANCE POLICY/CERTIFICATE（保險單/保險證明書）IN DUPLICATE FOR 110 PCT OF INVOICE VALUE
　　　COVERING INSTITUTE CARGO CLAUSES（A）, INSTITUTE WAR CLAUSES（CARGO）, INSTITUTE STRIKES
　　　CLAUSES （CARGO）,
　　＋INSPECTION CERTIFICATE IN 1 COPY.
　　＋BENEFICIARY'S CERTIFICATE STATING THAT ONE COMPLETE SET OF NON-NEGOTIABLE DOCUMENTS
　　　HAVE BEEN AIRMAILED DIRECTLY TO THE APPLICANT.（裝船通知之傳真影本）
47A: Additional Conditions（附加條款）
　　＋10 PCT MORE OR LESS ON QUANTITY OF GOODS ARE ACCEPTABLE.
　　＋CONFIRMING CHARGE ARE FOR BENEFICIARY'S ACCOUNT.
71B: Details of Charges（費用明細）
　　ALL COMMISSIONS AND CHARGES OUTSIDE

　　TAIWAN ARE FOR THE BENEFICIARIES'
　　ACCOUNT.
　48: Presentation Period（單據提示期間）
　　DOCUMENTS TO BE PRESENTED NOT LATER
　　THAN 10 DAYS AFTER SHIPMENT DATE BUT
　　STILL WITHIN CREDIT VALIDITY.
*49: Confirmation Instructions（保兌指示）
　　CONFIRM
　53A：Reimbursing Bank（補償銀行）
　　CITIUS33
　78: Instrucs to Pay/Accpt/Negot Bank（對付款、承兌或讓購銀行之指示）
　　ON RECEIPT OF DOCUMENTS CONFORMING TO THE TERMS AND CONDITIONS OF THIS CREDIT, WE WILL
　　PAY THE NEGOTIATING BANK AT MATURITY IN ACCORDANCE WITH THEIR INSTRUCTION, ACCEPTANCE
　　COMMISSIONS AND DISCOUNT CHARGES ARE FOR BENEFICIARY'S ACCOUNT.
　　ALL DOCUMENTS MUST BE AIRMAIL TO OUR INTERNATIONAL BANKING DEPT. AT NO.66, TA CHUNG ST.
　　TAIPEI, TAIWAN.
　　Trailer:{MAC:F9T09F78; CHK:D12345}

內容解析如下：

欄位	項目	內容
發電行	開狀銀行（issuing bank）	BANK OF TAIWAN , TAIPEI TW；SWIFT BIC（銀行識別代碼）BBTTWTP
收電行	通知銀行（advising bank）	CITIBANK NA, HONG KONG；SWIFT BIC（銀行識別代碼）CITIHKHX
*27（註）	電文總計及序號（sequence of total）	1/1（表示本信用狀僅有一筆電文此為第一筆）
*40A	跟單信用狀類型（form of documentary credit）	IRREVOCABLE（不可撤銷）
*20	跟單信用狀號碼（documentary credit number）	9AUUH2/00123/100
31C	開狀日期（date of issue）	2017/04/03；倘本欄位留空未填列，則以開狀銀行之發電日期為開狀日期。
*40E	適用規則（applicable rules）	UCPURR LATEST VERSION；此代號意為：本跟單信用狀係適用開發當日法國巴黎國際商會（ICC）現行版本之信用狀統一慣例。
*31D	信用狀有效日期及地點（date and place of expiry）	2017/06/30 IN HONG KONG；但應注意UCP600第6條d項ii款之規定，使用信用狀之銀行所在地即為提示地，而信用狀得於任何銀行使用者，任何銀行之所在地即為提示地；而本條a項規定，在指定銀行使用之信用狀亦可在開狀銀行使用，因此，倘信用狀規定除開狀銀行所在地以外之提示地時，依據本條d項ii款之規定，開狀銀行之所在地亦為提示地。

欄位	項目	內容
*50	開狀申請人（applicant）	AAA TEXTILE CO., LTD. NO.100, NEI HU RD., TAIPEI, TAIWAN
*59	信用狀受益人（beneficiary）	HONDA CO., LTD. UNIT 1, NO.303 LIN PAI RD., KWAI CHUNG N.T. HONG KONG
*32B	信用狀金額－幣別及數額（currency code amount）	USD200,000
39A	信用狀金額增減百分比（percentage credit amount tolerance）	10/10；斜線（/）前面表示允許增加之百分比，斜線後面代表允許減少之百分比。
*41D	信用狀使用地點及使用方式（available With...by）	ADVISING BANK BY ACCEPTANCE：表示此信用狀係限制在通知銀行承兌。
42C	匯票條款（Drafts at）	60 DAYS AFTER SIGHT，此為賣方遠期信用狀（Seller's Usance）所須提示之60天遠期匯票；遠期匯票之到期日亦有以裝運日起算，例如：XX days after the date of shipment
42D	匯票付款人（drawee）	BANK OF TAIWAN , TAIPEI, TAIWAN
43P	可否部分裝運（partial shipment）	NOT ALLOWED：本欄位如未填列，即信用狀未規定可否分裝，則依據UCP600之規定，允許分裝。
43T	可否轉運（transshipment）	NOT ALLOWED：本欄位如未填列，即信用狀未規定可否轉運，則依據UCP600之規定，允許轉運。
44E	裝運港／起運機場（port of loading/airport of departure）	HONG KONG
44F	卸貨港／目的地機場（port of discharge/airport of destination）	MANILA
44C	最遲裝運日（latest date of shipment）	2017/06/20

欄位	項目	內容
45A	貨物及／或勞務之說明（description of the goods or services）	FABRIC IN GOOD AT USD2.35/M QUANTITY: 5832.5M AS PER PROFORMA INVOICE NO.CA20040331 CIF MANILA
46A	應提示之單據（documents required）	+ SIGNED COMMERCIAL INVOICE（商業發票）IN 5 COPIES, INDICATING THIS L/C NO. + FULL SET OF CLEAN ON BOARD OCEAN BILLS OF LADING（全套清潔且已裝船海運提單）MADE OUT TO ORDER OF TAIWAN BUSINESS BANK, MARKED "FREIGHT PREPAID" AND NOTIFY APPLICANT. + SIGNED PACKING LIST（包裝單）IN 3 COPIES SHOWING QUANTITY/GROSS AND NET WEIGHT FOR EACH PACKAGE. + INSURANCE POLICY/CERTIFICATE（保險單／保險證明書）IN DUPLICATE FOR 110PCT OF INVOICE VALUE COVERING INSTITUTE CARGO CLAUSES(A), INSTITUTE WAR CLAUSES (CARGO), INSTITUTE STRIKES CLAUSES (CARGO), + INSPECTION CERTIFICATE IN 1 COPY. + BENEFICIARY'S CERTIFICATE STATING THAT ONE COMPLETE SET OF NON-NEGOTIABLE DOCUMENTS HAVE BEEN AIRMAILED DIRECTLY TO THE APPLICANT.（裝船通知之傳真影本）

欄位	項目	內容
47A	附加條款（additional conditions）	+ 10 PCT MORE OR LESS ON QUANTITY OF GOODS ARE ACCEPTABLE.（允許貨物數量上下百分之十之差額，此為配合前述39A欄位，信用狀金額差額之規定） + CONFIRMING CHARGE ARE FOR BENEFICIARY'S ACCOUNT.（保兌費用由受益人負擔）
71B	費用明細（details of charges）	ALL COMMISSIONS AND CHARGES OUTSIDE TAIWAN ARE FOR THE BENEFICIARIES' ACCOUNT.（在台灣以外所發生之費用歸由受益人負擔）
48	單據提示期間（Presentation Period）	DOCUMENTS TO BE PRESENTED NOT LATER THAN 10 DAYS AFTER SHIPMENT DATE BUT STILL WITHIN CREDIT VALIDITY.（單據須於裝運後10日內且在信用狀有效期間內提示；倘本欄位未填列，即表示信用狀未規定提示期間，若該信用狀要求提示至少一份正本運送單據，則提示期間為21個曆日；另實務上，逾此期間提示，則構成慢提示（later presentation）之瑕疵）
*49	保兌指示（Confirmation Instructions）	CONFIRM（此代號表示請求通知銀行加保兌；倘為授權加保兌（即在受益人要求時授權通知銀行加保兌）時期代號為"MAY ADD"，倘不須加保兌則為"WITHOUT"）

欄位	項目	內容
53A	補償銀行（reimbursing bank）	CITIUS33（此為花旗銀行紐約分行之SWIFT銀行代號（SWIFT BIC），即補償之安排係由求償銀行（為指定銀行即實務上之押匯銀行）向此銀行請求補償）；倘開狀銀行擬由其自己補償押匯銀行，則此欄位不須使用。
78	對付款、承兌或讓購銀行之指示（instrucs to pay/accpt/Negot bank）	THE NEGOTIATING BANK IS AUTHORIZED TO DRAW AT SIGHT ON REIMBURSING BANK. ALL DOCUMENTS MUST BE AIRMAIL TO OUR INTERNATIONAL BANKING DEPT. AT NO.66, TA CHUNG ST. TAIPEI, TAIWAN.（授權讓購銀行向前述之補償銀行求償，及將單據寄給開狀銀行之國外部）
報尾	已加密碼	{MAC:F9T09F78; CHK:D12345}

註：欄位代號前面有*者，為必要欄位，亦即在本電文中，欄位內須填列資料始能發出，縱無資料可供填列，亦須載入"NON REF"；而無*者，為選項欄位，在電文中視需要填列。

3 請根據以下信用狀回答下列問題。

(1) KBD BANK LTD. 55-66 QUEEN'S ROAD TELEX NO Brussels Belgium 53453579 SWIFT CODE: KBDBBEBB (2) Date Apr. 1 2017	Documentary Credit (3) IRREVOCABLE	Number: (4) KBD-908073344
	Date and place of expiry (5) JUN. 30 2017 In Beneficiary's Country	
(6) Applicant: COSMOS INTERNATIONAL, INC. 100, San Marco St. Brussels Belgium	Beneficiary: (7) DIN UNG CO., LTD. NO.800 CHANG HSIN ROAD TAIPEI, TAIWAN	
(8) Advising Bank: THE TAIPEI COMMERCIAL BANK TAIPEI BR. NO.101 MU HSIN ROAD TAIPEI, TAIWAN	Amount: USD400,000.00 (9) US Dollars Four Hundred Thousand Only	

(10) Partial Shipments ☐allowed；☐not allowed	(11) Transhipment ☐allowed ；☐not allowed	Credit available with advising bank (12) by ☐ Payment ☒Acceptance ☐ Negotiation

(13) Shipment/Dispatch/Taking in charge from/at Taiwanese ports
(14) For transportation to Antwerp port
(15) Not later than Jun. 20 2017

Against presentation of the documents details herein
☒ and of your draft (s) at 120 days after sight drawn on advising bank for full invoice value (16)

17) Documents required:
☒ SIGNED COMMERCIAL INVOICE IN 5 COPIES, INDICATING THIS L/C NO
☒ FULL SET OF CLEAN ON BOARD OCEAN BILLS OF LADING MADE OUT TO ORDER OF KBD BANK LTD, MARKED "FREIGHT PREPAID" AND NOTIFY APPLICANT.
☒ SIGNED PACKING LIST IN 3 COPIES SHOWING QUANTITY/GROSS AND NET WEIGHT FOR EACH PACKAGE.
☒ INSURANCE POLICY/CERTIFICATE IN DUPLICATE FOR 110 PCT OF INVOICE VALUE COVERING INSTITUTE CARGO CLAUSES (A), INSTITUTE WAR CLAUSES (CARGO), INSTITUTE STRIKES CLAUSES (CARGO).

(18) Covering：Furniture set 1000sets @USD600.00/set as per proforma invoice no.1028
    CIF Antwerp

(19) Additional Conditions：
+THE COMMERCIAL INVOICE MUST BE INDICATED THE COUNTRY OF ORIGIN：TAIWAN.
+CONTAINER SHIPMENT REQUIRE.

(20) Reimbursement Instruction：
UPON RECEIPT OF DOCUMENTS CONFORMING TO THE TERMS AND CONDITIONS OF THIS CREDIT, WE WILL PAY THE ACCEPTANCE BANK AT MATURITY IN ACCORDANCE WITH THEIR INSTRUCTION, ACCEPTANCE COMMISSIONS AND DISCOUNT CHARGES ARE FOR BENEFICIARY'S ACCOUNT.
AND ALL DOCUMENTS MUST BE AIRMAIL TO OUR INTERNATIONAL BANKING DEPT. AT 55-66 QUEEN'S ST. Brussels Belgium

(21) Details of Charges：
ALL COMMISSIONS AND CHARGES OUTSIDE BELGIUM ARE FOR THE BENEFICIARIES ACCOUNT.

(22) This Documentary Credit is subject to the "Uniform Customs and Practice for Documentary Credits 2007 Revision, ICC Publication No.600 (UCP600)"

Your faithfully

KBD BANK LTD

Authorized Signature (s)

請依上述信用狀資訊填入下列內容空格內：

項目	內容
開狀銀行（issuing bank）	
開狀日期（date of issue）	
信用狀種類 （form of credit）	□可撤銷 □即期 □跟單 □讓構 □未限押 □可轉讓 □保兌 □不可撤銷 □遠期 □非跟單 □直線 □限押 □不可轉讓 □未保兌
信用狀號碼（credit number）	
有效日期與地點（date and place of expiry）	遇假日可否順延？ □可；□否 因不可抗力因素休業可否順延？ □可；□否
申請人（applicant）名稱及地址	
受益人（beneficiary）名稱及地址	
通知銀行（advising bank）	
信用狀金額（credit amount）	
信用狀使用之銀行與方式 （available with...by）	在何處提示： 使用之方式： 是否須提示匯票及票期 匯票之發票人： 匯票之付款人：
裝運／發送／接管 之地點	接管地： 卸貨港： 裝載港： 運送至地點 目的地：
可否部分裝運	可否轉運
最遲裝運日	遇假日可否順延？ □可；□否 因不可抗力因素休業可否順延？ □可；□否
所須之單據 （documents required）	名稱 份數 內容
貨物說明（description of the goods）	貿易條件：
特別條件（additional conditions）	
信用狀金額與貨物數量是否允許 增減及增減比率	信用狀金額 □可；□否 增減比率 +□ -□ 貨物數量 □可；□否 增減比率 +□ -□
提示期間（presentation period）	遇假日可否順延？ □可；□否 因不可抗力因素休業可否順延？ □可；□否
補償指示（reimbursement instruction）	

項目		內容	
費用明細（details of charges）	開狀費用	□申請人；□受益人	
	押匯費用	□申請人；□受益人	
	通知費用	□申請人；□受益人	
適用規則（applicable rules）			

有關上述信用狀解析如下：

項目		內容					
開狀銀行（issuing bank）		KBD BANK LTD. Brussels Belgium					
開狀日期（date of issue）		2017年4月1日（Apr. 1 2017）					
信用狀種類 （form of credit）	□可撤銷	□即期	☒跟單	☒讓構	□未限押	□可轉讓	□保兌
	☒不可撤銷	☒遠期	□非跟單	□直線	☒限押	☒不可轉讓	☒未保兌
信用狀號碼（credit number）		KBD-908073344					
有效日期與地點（date and place of expiry）		2017年6月30日在受益人國家	遇假日可否順延？			☒可；□否	
			因不可抗力因素休業可否順延？			□可；☒否	
申請人（applicant）		COSMOS INTERNATIONAL, INC.					
受益人（beneficiary）		DIN UNG CO., LTD.					
通知銀行（advising bank）		THE TAIPEI COMMERCIAL BANK TAIPEI BR. TAIWAN					
信用狀金額（credit amount）		USD400,000.00					
信用狀使用之銀行與方式 （available with...by）		在何處提示：通知銀行		使用之方式：承兌（by Acceptance）			
		是否須提示匯票及票期：需要提示120 d*ays after sight遠期匯票		匯票之發票人：TA CHING CO., LTD.（受益人）			
				匯票之付款人：TAIPEI COMMERCIAL BANK TAIPEI BR（信用狀指定銀行）			
裝運／發送／接管之地點	接管地：未規定		運送至地點	卸貨港：Antwerp port			
	裝載港：Taiwanese ports			目的地：未規定			
可否部分裝運		信用狀未規定，依據UCP600之規定，視為允許部分裝運	可否轉運	信用狀未規定，依據UCP600之規定，視為允許轉運			
最遲裝運日		2017年6月20日	遇假日可否順延？			□可；☒否	
			因不可抗力因素休業可否順延？			□可；☒否	

項目	內容		
	名稱	份數	內容
所須之單據 （documents required）	商業 發票	5份	須經簽署，並載明信用狀號碼
	提單	全套	須為清潔裝船提單，受貨人作成憑KBD BANK LTD.指示，註明「運費已預付」並以開狀申請人為到貨通知人
	裝箱單 （包裝 單）	3份	須經簽署，顯示每件包裝之數量/毛重及淨重
	保險單 /保險 證明書	1式 2份	保險金額為發票金額之110%，投保保險條款為：協會條款A、協會兵險條款及協會罷工條款
貨物說明（description of the goods）	Furniture set 1000sets @USD600.00/set as per proforma invoice no.1028		貿易條件：CIF Antwerp
特別條件（additional conditions）	+THE COMMERCIAL INVOICE MUST BE INDICATED THE COUNTRY OF ORIGIN:TAIWAN.（商業發票須載明貨物原產地：台灣） +CONTAINER SHIPMENT REQUIRE.（須以貨櫃運送）		

信用狀金額與貨物數量是否允許增減及增減比率	信用狀金額	□可；☒否	增減比率	+□ −□
	貨物數量	□可；☒否	增減比率	+□ −□

提示期間（presentation period）：未規定提示期間，且須提示全套正本提單；因此，單據須於裝運日後21曆日，且不遲於信用狀有效期限之期間內提示。	遇假日可否順延？	☒可；□否
	因不可抗力因素休業可否順延？	□可；☒否

補償指示（reimbursement instruction）	到期付款，且承兌費用與貼現息由受益人負擔，並將單據寄送開狀銀行之國際金融部	
費用明細（details of charges）	開狀費用	☒申請人；□受益人
	押匯費用	□申請人；☒受益人
	通知費用	□申請人；☒受益人
適用規則（applicable rules）		

4 請就以下信用狀內容加以分析

```
    ****   Authentication Result Correct with current Key    ****
--------------------- Instance Type and Transmission----------------------- Original received from SWIFT
Priority               :   Normal
Message Output Reference  :   1603   110401CITYHKHXAXXXX2564266373
Correspondent Input Reference :   1603   1104012513507299 TBBKTWTPBXXX
-------------------------------------------- Message Header -----------------------------------------------------
Swift Output        : FIN 700 Issue of a Documentary Credit
Sender：TBBKTWTPBXXX
          TAOYUNG BUSINESS BANK,
          TAIPEI TW
Receiver：CITYHKHXAXXX
          CITYBANK NA,
          HONG KONG
-------------------------------------------- Message Text -----------------------------------------------------
*27 : Sequence of Total
      1/1
*40A: Form of Documentary Credit
      IRREVOCABLE TRANSFERABLE
*20 : Documentary Credit Number
      9ATTH2/00123/100
31C: Date of Issue
      170401
*40E: Applicable Rules
      UCPURR LATEST VERSION
*31D: Date and Place of Expiry
      170730 IN HONG KONG
*50 : Applicant
      ATT   TEXTILE CO., LTD.
      NO.999, NEI HU RD.,
      TAIPEI, TAIWAN
*59 : Beneficiary
      WELCOME   INTERNATIONAL CO., LTD.
      UNIT 2, NO.543 LIN PAI RD., KWAI CHUNG
      N.T. HONG KONG
*32B: Currency Code Amount
      Currency : USD（US DOLLAR）
      Amount : #40,000.00#
39A: Percentage Credit Amount Tolerance
      5/5
*41D: Available With….By….-Name/Addr
      ANY BANK
      BY NEGOTIATION
42C: Drafts at…SIGHT
42D: Drawee – Name and Address
      TAOYUNG BUSINESS BANK, TAIPEI, TAIWAN
43P: Partial Shipment
      ALLOWED
```

43T: Transshipment
　　NOT ALLOWED
44E: Port of Loading/Airport of Departure
　　HONG KONG
44F: Port of Discharge/Airport of Destination
　　Keelung
44C: Latest Date of Shipment
　　170720
45A: Descp of Goods and/or Services
　　FABRIC IN GOOD AT USD5.00/M QUANTITY:6000M
　　AS PER PROFORMA INVOICE NO.KB123
　　CFR MANILA
46A: Documents Required
　＋SIGNED COMMERCIAL INVOICEIN 5 COPIES, INDICATING THIS L/C NO.
　＋FULL SET OF CLEAN ON BOARD OCEAN BILLS OF LADING MADE OUT TO ORDER OF TAOYUNG BUSINESS
　　BANK, MARKED "FREIGHT PREPAID" AND NOTIFY APPLICANT.
　＋SIGNED PACKING LIST IN 3 COPIES SHOWING QUANTITY/GROSS AND NET WEIGHT FOR EACH PACKAGE.
　＋INSPECTION CERTIFICATE IN 1 COPY.
　＋BENEFICIARY'S CERTIFICATE STATING THAT ONE COMPLETE SET OF NON-NEGOTIABLE DOCUMENTS
　　HAVE BEEN AIRMAILED DIRECTLY TO THE APPLICANT.
47A: Additional Conditions
　＋5 PCT MORE OR LESS ON QUANTITY OF GOODS ARE ACCEPTABLE.
　＋CONFIRMING CHARGE ARE FOR BENEFICIARY'S ACCOUNT.
71B: Details of Charges
　　ALL COMMISSIONS AND CHARGES OUTSIDE TAIWAN ARE FOR THE BENEFICIARIES' ACCOUNT.
48: Presentation Period（單據提示期間）
　　DOCUMENTS TO BE PRESENTED NOT LATER THAN 15 DAYS AFTER SHIPMENT DATE BUT STILL WITHIN CREDIT VALIDITY.
*49: Confirmation Instructions（保兌指示）
　　CONFIRM
53A：Reimbursing Bank（補償銀行）
　　CITYUS33
78: Instrucs to Pay/Accpt/Negot Bank（對付款、承兌或讓購銀行之指示）
　　THE NEGOTIATING BANK IS AUTHORIZED TO DRAW AT SIGHT ON REIMBURSING BANK.
　　ALL DOCUMENTS MUST BE AIRMAIL TO OUR INTERNATIONAL BANKING DEPT. AT NO.66, TA CHUNG ST.
　　TAIPEI, TAIWAN.
　　Trailer:{MAC:F9T09F78; CHK:D12345}

> 通知銀行兼保兌銀行之註記：
> We confirm the credit and thereby undertake to honor the drafts drawn in compliance with the terms and conditions of this credit if presented at our counters on or before 2017/07/30

請就信用狀回答下述內容：

項目	內容
開狀銀行（issuing bank）	
開狀日期（date of issue）	
信用狀種類（form of credit）	□可撤銷　□即期　□跟單　□讓構　□未限押　□可轉讓　□保兌 □不可撤銷　□遠期　□非跟單　□直線　□限押　□不可轉讓　□未保兌
信用狀號碼（credit number）	

項目	內容				
有效日期與地點（date and place of expiry）	遇假日可否順延？				□可；□否
	因不可抗力因素休業可否順延？				□可；□否
申請人（applicant）名稱及地址					
受益人（beneficiary）名稱及地址					
通知銀行（advising bank）					
信用狀金額（credit amount）					
信用狀使用之銀行與方式（available with...by）	在何處提示：		使用之方式：		
	是否須提示匯票及票期：		匯票之發票人：		
			匯票之付款人：		
裝運／發送／接管之地點	接管地：		運送至地點	卸貨港：	
	裝載港：			目的地：	
可否部分裝運			可否轉運		
最遲裝運日			遇假日可否順延？		□可；□否
			因不可抗力因素休業可否順延？		□可；□否
所須之單據（documents required）	名稱	份數	內容		
貨物說明（description of the goods）			貿易條件：		
特別條件（additional conditions）					
信用狀金額與貨物數量是否允許增減及增減比率	信用狀金額	□可；□否	增減比率	＋□ －□	
	貨物數量	□可；□否	增減比率	＋□ －□	
提示期間（presentation period）	遇假日可否順延？				□可；□否
	因不可抗力因素休業可否順延？				□可；□否
補償指示（reimbursement instruction）					
費用明細（details of charges）	開狀費用	□申請人；□受益人			
	押匯費用	□申請人；□受益人			
	通知費用	□申請人；□受益人			
適用規則（applicable rules）					

上題解析：

項目		內容
開狀銀行（issuing bank）		TAOYUNG BUSINESS BANK, TAIPEI TW
開狀日期（date of issue）		2017年4月1日
信用狀種類 （form of credit）	□可撤銷　　☒即期　☒跟單　　☒讓構　☒未限押　☒可轉讓　☒保兌 ☒不可撤銷　□遠期　□非跟單　□直線　□限押　　□不可轉讓　□未保兌	
信用狀號碼（credit number）		9ATTH2/00123/100
有效日期與地點（date and place of expiry）	2017/7/30在香港	遇假日可否順延？　　　　　　☒可；□否 因不可抗力因素休業可否順延？　□可；☒否
申請人（applicant）名稱及地址		ATT TEXTILE CO., LTD；NO.999, NEI HU RD., TAIPEI, TAIWAN
受益人（beneficiary）名稱及地址		WELCOME INTERNATIONAL CO., LTD.；UNIT 2, NO.543 LIN PAI RD., KWAI CHUNG N.T. HONG KONG
通知銀行（Advising Bank）		CITYBANK NA, HONG KONG
信用狀金額（credit amount）		USD40,000.00
信用狀使用之銀行與方式 （available with...by）	在何處提示：任何銀行　　　　使用之方式：自由讓構 是否須提示匯票及票期：須　　匯票之發票人：受益人 提示即期匯票　　　　　　　　匯票之付款人：開狀銀行	
裝運／發送／接管之地點	接管地：未規定 裝載港：HONG KONG	運送至地點　卸貨港：KEELUNG 　　　　　　目的地：未規定
可否部分裝運	允許	可否轉運　　不允許
最遲裝運日	2017/7/20	遇假日可否順延？　　　　　　□可；☒否 因不可抗力因素休業可否順延？　□可；☒否

所須之單據 （documents required）	名稱	份數	內容
	商業發票	5份	須經簽署，並載明信用狀號碼
	提單	全套	須為清潔裝船提單，受貨人作成憑TAOYUNG BUSINESS BANK指示，註明「運費已預付」並以開狀申請人為到貨通知人
	裝箱單 （包裝單）	3份	須經簽署，顯示每件包裝之數量／毛重及淨重
	檢驗證明書	1份	
	受益人證明書	1份	須證明直接郵寄一套副本單據給申請人

項目	內容	
貨物說明（description of the goods）	FABRIC IN GOOD AT USD5.00/M QUANTITY:6000M AS PER PROFORMA INVOICE NO.KB123	貿易條件：CFR MANILA
特別條件（additional conditions）	+5 PCT MORE OR LESS ON QUANTITY OF GOODS ARE ACCEPTABLE.（允許貨物數量及信用狀金額上下百分之五之差額） +CONFIRMING CHARGE ARE FOR BENEFICIARY'S ACCOUNT.（保兌費用由受益人負擔）	

信用狀金額與貨物數量是否允許增減及增減比率	信用狀金額	☒可；☐否	增減比率	+☐5% −☐5%
	貨物數量	☒可；☐否	增減比率	+☐5% −☐5%

提示期間（presentation period）：單據須於裝運日後15曆日，且不遲於信用狀有效期限之期間內提示。	遇假日可否順延？	☒可；☐否
	因不可抗力因素休業可否順延？	☐可；☒否

補償指示（reimbursement instruction）	授權讓購銀行已即期方式向補償銀行求償（CITY Bank 紐約分行）	
費用明細（details of charges）	開狀費用	☒申請人；☐受益人
	押匯費用	☐申請人；☒受益人
	通知費用	☐申請人；☒受益人
適用規則（applicable rules）	適用開狀時國際商會現行版本之信用狀統一慣例（UCP600）及補償統一規則（URR725）	

5 如果 L／C 中需要的押匯文件（REQUIRED DOCUMENTS）引述條文如下：
  +"DUPLICATE" CLEAN OCEAN BILLS OF LADING MARKED FREIGHT COLLECT...........
  +"ORIGINAL" AND "TRIPLICATE" SHIPPING DOCUMENTS MUST BE SENT DIRECT TO L/C APPLICANT WITHIN 3 DAYS AFTER SHIPMENT HAS BEEEN EFFECTED
  則押匯時的正確解釋為何？

正確解釋應爲：

「兩份」正本的海運已裝船之清潔提單，表明運費到付……。

「首份正本」文件及「參份」裝船文件，應於裝運後3天內送交給信用狀申請人。

6 **若於國際貿易信用狀中有文詞表述如下：**
DRAWEE: ISSUING BANK
IF L/C CONFIRMED, IN WHICH CASE THE DRAFTS
MUST BE DRAWN ON CONFIRMING BANK....
則匯票的付款人欄應如何填註？

首先應向出口商查明此張L/C是否於收到後有向銀行（一般爲L/C通知銀行）辦理（妥）保兌手續，如有時，則應以L/C的保兌銀行爲匯票之付款人；反之，則以L/C的開狀銀行爲付款行並填註相關資料。

7 **若於信用狀中有文詞表述如下：**
INVOICE AND ALL DOCUMENTS CONSIGNEED TO
M/S ABC CORP.
B/L TO ORDER OF XYZ BANK, MANILA
則INVOICE和其他文件應如何表述？

1. 首先可查明報關行擬列印押匯的表格中，其於買方欄中的文字表述爲何，目前幾乎都是以FOR ACCOUNT & RISKS OF來表述，因此爲符合文件化的要求，報關行的理單人員應該將文詞CONSIGNEED TO M/S ABC CORP. 當做進口買方名稱，全部載

註。

2. 否則應於表格空白處或REMARK欄中特別的標示：CONSIGNEED TO M/S ABC CORP.文詞，如此才符合信用狀統一慣例的要求；至於提單的部分，因印定的提單表格中都已預先印出CONSIGNEE或CONSIGNEE TO文詞，所以直接於該欄位中塡註TO ORDER OF XYZ BANK, MANILA，即符合信用狀統一慣例要求。

第16章 通關實務

1 國際貿易中之D8報單進儲物流中心為何？

　　D8報單進儲物流中心業務是海關配合JUST IN TIME「955」、「973」、「982」全島配送與全球配送需求觀念下，開放D8保稅貨物得進儲物中心，做有條件的免審免驗快速申報D2報單申報出倉進口，所謂有條件的快速通關是用D8報單申報進儲物流中心案件，先辦理通關各項審核，申報出倉進口時，表外貨品（沒簽審條件者）需在報單上按月彙報欄登打「Y」，申報先放後稅，申報參加抽驗。

2 國際貿易上貨物出口通關時，報關人與關稅局之業務內容。

1. 就報關人之立場而言，主要業務項目，有「填製報單」、「傳送報關資料」、「會同海關驗貨」及「取回放行通知」等四大步驟。
2. 就關務機關立場而言，主要業務項目，包括「收單」、「分類估價」、「驗貨」及「放行」四大步驟。

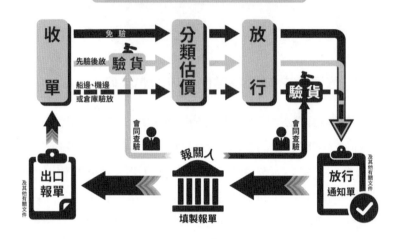

3 目前台灣海關驗貨之方式分為哪幾種？

1. 免驗

　　此種驗放方式，海關完成受理收單後，一經分類估價無訛，即予以簽放報單。

2. 先驗後放

　　此種驗放方式，海關完成受理收單後，先派關員會同報關人，前往貨物存放處所查驗貨物，再予以分類估價，無訛後始簽放報單。

3. 船邊、機邊或倉庫驗放

　　此種驗放方式，係海關完成受理收單後，先行分類估價無訛，即簽放報單（但仍由海關收持），俟派員會同報關人前往船邊（或機邊或倉庫）查驗貨物亦無訛後，始將所簽放之報單發交報關人。

4　我國國際貿易報關之作業內容為何？

出口貨物應於貨物進倉後方能辦理收單作業、倉儲業依據裝貨單或託運單、海運出口貨物進倉申請書點貨進倉，進倉完畢後以出口貨物進倉資料訊息透過通關網路傳送海關。

1. 報單之申報

貨物輸出人或委託人，直接遞交或網路傳輸（EDI）。

2. 報關期限

連線報單（船舶結關前24小時），未連線報單（上班時間）。

3. 報關應檢附文件

裝貨單、裝箱單、輸出許可證、發票或商業發票、出口貨物進倉證明（進倉單）、委任書、型錄說明書或圖樣、其他機關委託代為查核之文件。

5　國際貿易貨物出口報關應送書審之文件有哪些？

1. 出口報單（customs declaration: export）。
2. 裝貨單（Shipping Order；S/O）
3. 包裝單（packing list）。
4. 商業發票（commercial invoice或invoice）。
5. 貨物進倉證明一份。
6. 個案委任書一份。
7. 型錄、圖樣或說明書（catalogue of specification）。
8. 退稅清表。
9. 其他機關委託代為查核之文件。

6 目前我國國際貿易貨物之輸出法規有哪些？

1. 貿易法、貿易法施行細則、貨品輸出管理辦法、限制輸出貨品及委託查核輸出貨品合訂本規定辦理。
2. 輸出大陸地區貨品依「台灣地區與大陸地區貿易許可辦法」規定辦理。
3. 輸出戰略性高科技貨品依「戰略性高科技貨品輸出入管理辦法」規定辦理。

7 台灣海關應驗、免驗及抽驗之規定為何？

1. 應驗項目

　　如H級出口廠商、密報案件、混合五金廢料、自行申請查驗案件。

2. 免驗物品

　　如總統、副總統運寄國外之物品、駐在中華民國之各國外交使節之運寄國外之物品等。

3. 得予免驗物品

　　如鮮果及蔬菜、動物、植物苗、包裝相同、重量劃一或散裝出口之大宗貨物、運政機關及公營事業出口物品、靈柩或骨灰、信譽良好廠商之出口貨物。

4. 抽驗之規定

　　符合應、免驗之案件，應予抽驗，抽驗比率由（廠商類級、貨品類別、報關人、國外收貨人等）。

8　台灣出口貨物之通關方式為何？

出口廠商分為：低危險群（L類）、一般（G）、高危險群（H），以核列為C1，C2，C3三種方式通關。

1. C1：「免審免驗」通關

出口貨物可立即裝船出口；進口貨物於完成繳納稅費手續，即可持憑電腦列印之放行通知及原提貨單證前往貨棧提貨。書面報單及其他有關文件正本，應由報關人保管1年，海關於必要時得命其補送或前往查核。

2. C2：「文件審核」通關

報關人於連線報關後，須於翌日海關辦公時間終了前補送書面報單及其他有關文件正本，經審核相符後通關放行。

3. C3：「貨物查驗」通關

報關人除於上開時間內檢送書面報單及其他有關文件正本外，進口貨物並應自報關日起10日內申請會同海關驗貨關員查驗貨物，再由業務單位審核及分類估價後通關放行。

9　台灣審核貨品稅則分類及退關處理之規定為何？

1. 依據海關進口稅則及進出口貨品分類表之規定。
2. 核算離岸價格
   (1) 有輸出許可證所列之離岸價格折算申報。
   (2) 無輸出許可證則附價值證明文件、實際價值分析或信用狀影本核算。
3. 批註查驗取樣

   鑑定出口貨物之名稱、種類、品質供稅則分類或核退稅之參

考。

4. 商港建設費及推廣貿易服務費金額之審核

係於結關銷艙後第二天，由海關列印稅費繳納證或放款書給報關行。

5. 退關及註銷貨物之處理

退關貨物或出口經向海關傳遞之連線、非連線報單，已產生通關方式，並已放行，因故未能裝船出口者。

6. 註銷貨物

係指出口經向海關傳遞之C2，C3報單、尚未放行者，因故不裝船出口，經由貨主、報關人向有關出口業物單位申請註銷者。

10 當進出口商接到海關處分書時，應如何申請複查？

如對海關所為處分不服，可依處分書背面所附「複查申請書」格式載明請求事項、事實及理由、複查申請人姓名並蓋章，於收到處分書之日起30日內向原處分海關提出複查申請。

11 按台灣關稅法規定，進口貨物完稅價格的計算適用順序為何？

1. 依進口貨物的交易價格（即CIF價格）。
2. 依與進口貨物同樣貨物的交易價格核估。
3. 依類似貨物的交易價格核估。
4. 依國內銷售價格核估。
5. 按計算價格核估。
6. 按查得的資料，以合理方式核定。

12 台灣進口大陸地區ECFA早期收穫清單貨物如何適用優惠關稅？

1. 廠商進口海峽兩岸經濟合作架構協議（ECFA）之附件一貨品貿易早期收穫產品，須符合ECFA之附件二臨時原產地規則暨個別產品之特定原產地規則（PSR），始可適用ECFA附件一之優惠關稅。

2. 依據臨時原產地規則第2條規定，兩岸進出口貨物必須是在兩岸原始取得或使用兩岸任一方或雙方之原產材料所生產者，如係使用第三國之進口材料所製造之貨物，須符合個別貨品之PSR，始得認定為原產於兩岸貨物。

3. 貨物進口時應檢附大陸原產地證明書，並於進口報單「主管機關指定代號」欄填報原產地證明書號碼，及於「輸出入貨品分類號列附碼」欄填報「PT」（優惠關稅待遇Preferential Tariff Treatment），未填報且已按一般稅率核課繳稅放行之貨物，不得事後補證申請退還已繳之關稅。

13 拒絕適用ECFA優惠關稅之情形為何？

　　依據海峽兩岸經濟合作架構協議（ECFA）附件二臨時原產地規則第17條授權訂定之「適用於貨品貿易早期收穫產品的臨時原產地規則之行政程序」第7條規定，發生下列情形之一者，進口方海關得拒絕給予貨物優惠關稅待遇：

1. 進口貨物經認定不具備臨時原產地規則規定之原產資格。
2. 進口貨物不符合臨時原產地規則直接運輸之規定。
3. 進口商或被請求協助查證之出口方未能於限期內提供資料或書

面查證結果。

4. 原產地證明書未按填寫須知正確填製、簽章或簽發。

5. 原產地證明書所載內容與所提交之證明文件不相符。

6. 原產地證明書所列貨品名稱、稅號前八位碼、數量、重量、包裝嘜頭、編號、包裝件數或種類等內容與所申報之貨物不相符。

14 國外客戶要求提供FORM A這份文件供其清關使用，請問何謂FORM A，該如何申請？

原產地證明書是證明商品原產地，即貨物的生產或製造地的一種證明文件，用以證明出口貨物的正當來源，是進口國對貨物確定稅率待遇，進行貿易統計，實行數量限制（如配額、許可證等）和控制從特定國家進口（如反傾銷稅、反補貼稅）的主要依據之一，由於進口國會對某些特定國家所製造的產品，課以優惠性的關稅，或為了限制或禁止某些國家的某種貨物進口等目的，而要求進口商於進口報關時，應提供產地證明書以為憑證。GSP FORM A的全名是優惠關稅產地證明，簡稱為GSP FORM A，主要功能是已開發國家（俄羅斯或烏克蘭），提供給開發中或未開發國家做關稅優惠減免時所使用。

15 貨物通關自動化

1. 所謂的「貨物通關自動化」（Cargo Clearance Automation）係將海關辦理貨物通關的作業與所有相關業者及相關單位，利用了「電腦連線」，以「電子資料交換」（EDI；Electronic Data Interchange）的方式建立起一個全國性電子資料交換「加值網

路」（Value Added Network；簡稱VAN）稱爲「中華民國貿易及通關自動化網路」，簡稱爲「關貿網路TRADE-VAN；縮寫T/V」。取代了傳統的「人工遞送文件」；以此「電腦自動處理」方式替代「人工作業」方式，彼此交換與共享貨物資訊，以加速貨物通關，有效提升業者的競爭力，進而邁向無紙化通關之目標。在現今世界中也都極力推行貨物通關自動化。

2. 在自動化通關架構下，報關資料經由「關貿網路」（TRADE-VAN）通過海關之「專家系統」將貨物篩選爲三種通關方式：C1（免審免驗通關）、C2（文件審核通關）及C3（貨物查驗通關）。空、海運之進、出口貨物通關自動化系統分別於民國81年11月及83年11月陸續上線。目前報關行已使用全部連線的方式傳輸，其他除了少部分的簽審機關外，亦均已連線。

16 貨物通關自動化之優點有哪些？

1. 隨時收單

關貿網路係24小時運作，業者可隨時透過網路報關，不必受海關上班時間限制，也不必派人將書面報單送至海關辦理報關手續。

2. 加速通關

可縮短通關作業時間，加速貨物流通，節省各單位營運成本。

3. 線上掌握報關狀態

報關業者可線上掌握報單處理狀態，提升服務品質，並可免除排隊站關等候時間及人力成本。

4. 避免人爲疏失

減少關員人工介入，可避免人爲偏差，提升通關品質。

5. 先放後稅

　　網路中設有「保證金額度檔」，進口應納稅費先自該檔中扣除後，貨物即可放行，業者事後再予補繳即可，十分方便。

6. 電腦通知放行

　　業者可經由電腦隨時取得放行訊息及放行通知單，辦理提貨。

7. 網路加值服務

　　包括有公共資料庫查詢、海關資料庫查詢、EDI資料庫查詢、法規全文檢索、電子布告欄等。

17 國際貿易上進口未准許輸入之大陸物品，海關如何認定原產地？

　　根據「進口貨物原產地認定標準」認定其原產地，進口貨物如果是在大陸生產或加工，透過第三地轉運來台灣者，則該進口貨物之原產地認定如下：

1. 大蒜、香菇、竹筍、梅、李、茶葉、稻米、花生等八種農產品之原產地為其收割或採集之國家或地區。

2. 大陸貨物透過第三地轉運來台，在第三地未加工者，其原產地認定為大陸。

3. 大陸瓷磚在第三地拋光或進行其他方式加工後來台，其原產地仍為大陸。

4. 瓷磚以外之大陸貨物在第三地加工後來台，加工後之貨物所歸屬之稅則號別前六位碼與加工前之貨物相同，且加工後之貨物增值率未達35者，原產地認定為大陸。

5. 大陸貨物在第三地加工後來台，加工後之貨物所歸屬之稅則號

別前六位碼與加工前之貨物不同者，以該加工之第三地為原產地，但如屬簡單加工者，仍認定原產地為大陸。

6. 瓷磚以外之大陸貨物在第三地加工後來台，加工後之貨物所歸屬之稅則號別前六位碼與加工前之貨物相同，但加工後之貨物增值率已達35%者，原產地認定為該加工之第三地，惟如該加工經認定為簡單加工者，仍認定原產地為大陸。

18 國際貿易存儲於自由港區貨物，稅法上可享之優惠為何？

「自由貿易港區設置管理條例」第21條規定，自由港區事業自國外運入自由港區內供營運之貨物，免徵關稅、貨物稅、營業稅、菸酒稅、菸品健康福利捐、推廣貿易服務費及商港服務費。又同條例第23條規定，自由港區事業之貨物輸往課稅區時，始依進口貨物或相關規定課徵上開稅款。同條例第24條亦規定自由港區事業自課稅區運入供營運之貨物及自用機器、設備，視同出口，得依相關法令規定，申請減徵、免徵或退還關稅、貨物稅、菸酒稅及菸品健康福利捐。

19 保稅倉庫之保稅貨物轉儲至其他保稅倉庫時，其存倉期限之計算為何？

根據「保稅倉庫設立及管理辦法」第48條規定，保稅貨物於保稅倉庫間轉儲，或由保稅倉庫轉儲物流中心後再轉儲至保稅倉庫，其存倉期限，應自最初進儲保稅倉庫之日起算。

20 想要進口貨物一批，報關時需要準備哪些文件？

貨物進口報關除應填報進口報單外並應檢附下列文件：

1. 發票或商業發票1份。
2. 裝箱單一份（散裝、大宗或單一包裝貨物免附）。
3. 提貨單或空運提單影本一份（未連線申報者，應提供小提單或空運提單一份配合進口報單申報；但連線申報者免附）。
4. 委託書一份（委託報關行報關者，須逐案檢附。由海關建檔之長期委任書案件，報關時免附長期委任書影本，惟應於「其他申報事項」欄申報海關登錄號碼。利用報關線上委任WEB作業系統辦理委任者，報關時亦免附委任書）。
5. 其他依有關規定應檢附者（如商品檢驗合格證、農藥許可證⋯⋯等）。

21 出口貨物報關後，如發現申報事項錯誤，可以申請更正嗎？有何規定事項？

如果申報事項是屬於筆誤、誤繕、漏列或其他顯然錯誤，可以向海關申請更正。關於申請更正之期限、項目及申請更正應提出之佐證資料，關稅法第17條及「進出口報單申報事項更正作業辦法」訂有詳細說明。

22 關稅法第26條有關規定通關規定為何？

1. 關稅法第26條規定：「未完成海關放行手續之進出口貨物，得經海關核准，暫時儲存於貨棧或貨櫃集散站。」；另依海關

管理進出口貨棧辦法規定：「貨棧係指經海關核准登記專供存儲未完成海關放行手續之進口、出口或轉運、轉口貨物之場所。」；又依轉口貨物通關及管理作業要點規定：「一般轉口貨物通關作業：指進口運輸工具載運入境，暫時卸存海關指定之進口貨棧或貨櫃集散站之貨物，辦理轉船機）出口之通關程序。倘經海關放行後，則須提領出站（倉）」。

2. 將進口毒性化學物質二異氰酸甲苯（TDI）在中港卸船整櫃暫存，不辦理海關放行手續，數天後原櫃再裝船轉運出口乙節，係屬上述所稱「暫時儲存」行為，得不須辦理貯存登記文件。

23 進口報單與出口報單之種類有哪些？

1. 進口報單類別

G1外貨進口，D8外貨進保稅倉，B6保稅廠輸入原料，E1國外輸入加工區，P4國外輸入科園區，D2保稅貨出倉進口，L2保稅貨出物流進口，D6保稅倉與物流貨相互轉儲或售與，B7保稅倉或物流售與保稅廠，D7保稅倉或物流售與加工或科園區，B3保稅廠售與記帳廠再加工出口，E4加工區售與記帳廠再加工出口，G7國貨復進口，E5加工區輸出貨復進口，G2本地補稅案件。

2. 出口報單類別

G5國貨出口，G3外貨復出口，D1課稅區貨售與發貨或物流中心，D3保稅貨售與保稅倉或物流中心，D4保稅貨退運出口，D5保稅貨出倉出口，D9國貨進保稅倉，B1國內廠售與保稅廠原料，B2保稅廠售與他保稅區再加工出口，B8保稅廠原料復出口，B9保稅廠加工品出口，E2加工區輸出國外，E3課稅區輸入加工區，E6國

外輸入加工區復出口，E7加工區售與他保稅區再加工出口，P1國內廠售與科園區，P2科園區售與保稅區再加工出口，P5科園進口原料復出口，P6科園區成品出口，L5物流中心貨物出口。

24 大華公司報關進口後，直接以保稅卡車運到鴻海，是否可行？

1. 大華公司無保稅資格，向海關報運進口之外貨，可選擇外貨完稅後提領進口，或是保稅進儲一般保稅倉庫。

2. 根據保倉管理辦法第2條，自用保倉可完全存儲自行進口之保稅貨物，如果外貨進口後直接進儲自用保稅倉庫，依規定須以自用保稅倉庫業者為納稅義務人向海關報關以保稅進儲自用保稅倉庫。

3. 大華公司向海關報運進儲保稅倉庫之保稅貨物，因保稅區視同國外，儲存於保稅倉庫之貨物為尚未完成報關繳稅之貨物，仍不屬於國內貨物之範疇。因此，直接以保稅卡車運到鴻海之提議為法所不許，應不可行。

25 貨品暫准通關證制度（ATA carnet system）為何？

「貨品暫准通關證」制度，簡單地說，就是在特定目的下，為使需要於日後以原貨復運出口之特定貨品（例如：商業樣品、專業器材、展覽品等），得於締約國間暫時免稅快速進口通關，所採用經認可之一種特殊通關文件的制度。

26 進口貨物之報關期限內容為何？

1. 申報人

進口貨物之報關，應由納稅義務人（收貨人、提貨單持有人或貨物持有人）或受委託之報關行繕具（或由電腦列印）進口報單（customs declaration: import）〔簡5105（通關小組規劃報告之編號）；關01001（關稅總局表格文件之原有編號）〕遞交或傳輸海關辦理。

2. 報關期限

⑴ 進口貨物應自裝載貨物之運輸工具進口日起「15日」內向海關申報。

⑵ 海運者可在船舶抵埠前5日（全貨櫃輪為7日）內預報（船公司艙單應先預報）。

27 進口貨物報關應附之文件有哪些？

1. 貨物進口報單（applicattion for import），（簡5105；關01001）如（Form 3-1）。

2. 小提單（Delivery Order；簡稱D/O，又稱小提單）。

3. 輸入許可證：須辦進口簽證之貨物應檢附海關存查聯正本，免辦證之貨物，則免附。

4. 商業發票：一式兩份，首頁須加蓋公司及負責人圖章。

5. 包裝單：一份，散裝、單一包裝或大宗之貨物，則不必檢附。

6. 貨價申報書一式兩聯。

7. 委任書：一份。為確定報關行與貨主間之委任關係，須由報關人與納稅義務人共同簽署。可分常年（長期）委任或臨時委任。

28 何謂進口預報？

1. 進口船舶之船長或其委任之船舶業者，應於船舶進口24小時前向海關提出「船舶進口預報單」。

2. 海關船隻掛號得在進港前15日內海關提出，海關會回應「船隻掛號核覆通知」予以確認。

29 何謂進口申報？

進口船舶抵達後應在24小時內檢具以下文件申報：

1. 船舶入港報告單（電腦連線方式傳輸者免附）。

2. 進口及過境貨物艙單（運輸業者以EDI方式傳輸者免附）。

3. Container Vessel（得以貨櫃放置艙位配置圖替代）。

4. 國籍證明書。

5. 噸位證明書。

6. 結關證明。

30 申請結關應檢具之文件？

1. 結關申請書。

2. 出口貨物艙單。

3. 檢疫准單。

4. 退關貨物清單。

5. 註銷貨物清單。

6. 出口貨櫃清單：應於船舶結關後48小時內為之（以EDI方式傳輸者免附）。

7. 結關手續完成後由海關核發「結關證明書」後始得出港。

8. 出口船舶應在結關後48小時內開航，逾時未開航者，應向海關重行申請結關。

31 保稅倉庫與保稅工廠之不同。

1. 保稅倉庫

　　係依關稅法第15條規定不得儲存毒品、管制輸入品。鑽石原石，存倉期間以2年為限，不得延長，存儲保稅倉庫之保稅貨物申請出倉進口者，除供應保稅工廠、加工區、科學園區外，應依一般進口貨完稅期限繳納稅捐。

2. 保稅工廠

　　係依關稅法第19條規定向海關申請核准登記為海關管理保稅工廠，其自國外進口之原料存入保稅工廠製造成加工產品外銷者，免徵關稅。

32 普通保稅倉庫、專用保稅倉庫與保稅倉庫發貨中心之不同。

1. 普通保稅倉庫

　　普通保稅倉庫其主要功能為提供國內業者寄儲運達中華民國口岸之貨物，轉口外銷或補稅後內銷。

　(1) 進儲、出倉：逐案向海關報關放行後進出倉，因配合海關作息時間，通關作業時效易受限，但經海關核准實施自主管理者，不在此限。

　(2) 存倉期限：2年為限，不得延長。

⑶ 保稅區間交易：逐案報關不得按月彙報。

⑷ 通關方式：外貨進儲及進口出倉只能C2通關（文件審核通關）。

2. 專用保稅倉庫

以特殊用途居多如航空公司修護廠、空廚、免稅商店等。

以下介紹與一般物流倉儲使用者有關之「專用（重整）保稅倉庫」，其功能為提供檢驗、測試、整理、分類、分割、裝配或重裝之貨物（簡稱重整貨物）進儲。

⑴ 進儲、出倉：逐案向海關報關放行後進出倉，因配合海關作息時間，通關作業時效受限，但經海關核准實施自主管理者，不在此限。

⑵ 存倉期限：2年為限，不得延長。

⑶ 保稅區間交易：逐案報關不得按月彙報。

⑷ 通關方式：外貨進儲及進口出倉只能C2通關（文件審核通關）。

3. 保稅倉庫發貨中心（簡稱發貨中心）

專供存儲自行進口或自行向國內採購之貨物。業者如貨物進出量大且頻繁可考慮自行向海關申請設立發貨中心，惟需自行繳交保證金新台幣300萬元，但存倉保稅貨物加計售與課稅區廠商按月彙報先行出倉之貨物所涉稅捐（費）金額超過新臺幣300萬元者，得由海關就個別發貨中心之需要，酌予提高。稅法修正由海關代徵營業稅實施以來，大部分發貨中心業者突增5%營業稅的保證金，資金調度倍感吃力；尤其高科技及電子業產品高單價低關稅的特性，外加5%營業稅後，保證金都大幅提高至原來的三至五倍，業者是否自行申請設立發貨中心應審慎評估。

(1) 進儲、出倉：逐案向海關報關放行後進出倉，因配合海關作息時間，通關作業時效受限。

(2) 存倉期限：2年為限，不得延長。

(3) 保稅區間交易：

 A. 保稅工廠及課稅區廠商將貨物售與發貨中心，得向海關申請按月彙報。

 B. 發貨中心將保稅貨物售與保稅工廠、科學工業園區、加工出口區、其他發貨中心及課稅區廠商，得向海關申請按月彙報。發貨中心售與課稅區廠商向海關申請按月彙報，除未開放大陸原料零組件明定需逐案辦理不得按月彙報外，海關依業者及行業之特性逐案審核。

(4) 進儲未開放大陸原料零組件：可轉賣給加工區、科學園區、保稅工廠、重整保稅倉庫、物流中心加工或重整後外銷。

(5) 通關方式：外貨進儲及進口出倉，除經海關核准按月彙報案件外，只能C2通關（文件審核通關）。

(6) 貨物之重整及簡易加工：得向海關申請辦理重整。重整之貨物以在重整過程中不發生損耗或損耗甚微者為限。重整後不合格之貨物，如屬國內採購者不得報廢除帳應辦理退貨；如屬國外採購者，除退貨掉換者外，如檢具發貨人同意就地報廢文件，准予報廢除帳。

(7) 檢驗測試：存儲發貨中心之保稅貨物得經監管海關核准運出保稅倉庫辦理檢驗、測試。

保稅倉庫發貨中心是專供存儲自行進口或自行向國內採購之貨物流通之便利所設。有少數發貨中心業者利用此項便利變相對外營業，以代理名義幫其他業者進口圖取發貨中心法令規範重

整及按月彙報等之便利；既然報關時以發貨中心名義進口，來貨是未稅品其可能所涉之稅費，自然從該發貨中心保證金帳上扣抵，一旦該發貨中心有積欠稅費或涉及緝案，所繳納之保證金又不足以扣抵時，所有存儲於該發貨中心之貨物，都將成為海關執行的標的物。

33 得使用暫准通關證之項目為何？

暫准通關證指貨物於與我國簽定本項條約或協定之國家間流通時，得使用本證暫准免稅通關。

得使用暫准通關證之貨物，以下列項目為限：

1. 專業器材、設備。
2. 供展覽會、國際商展、會議或類似活動陳列或使用之貨物。
3. 為招攬交易而供展示或示範之進口商業樣品。
4. 其他依前項條約或協定所規定之貨物。前項貨物不包括菸酒、易腐壞物及因使用而消耗之貨物、不擬復出口之貨物、在我國列入管制進口或出口及進口為加工或修理之貨物。

34 台灣核發暫准通關證的機構為何？通關證之有效期限多久？

發證機構，指經簽署條約或協定締約國同意，有權在該國領域內簽發通關證之機構；保證機構，指經締約國同意，有權在該國領域內，對通關證申請人或持用人未能履行規定之條件時，提供負責清償應納進口關稅或其他稅費保證之機構。在台灣，暫准通關證的發證機構及保證機構為中華民國對外貿易發展協會。通關證之有效

期限自發證機構簽發之日起，不得超過1年。

35 持有暫准通關證，是否仍需依正常通關程序報關？

使用通關證辦理通關之貨物，除由入出境旅客攜帶者，應填寫「中華民國海關申報單」向海關申報外，均免填報進、出口報單。海關應憑通關證查核、驗貨，並在相關聯上簽證及作必要之處理。

36 使用暫准通關證之貨物可否分批出口？

原則上使用暫准通關證應同時出口不得分批，但若暫准通關證本身有分批出口聯者，則可分批出口。

37 貨物海運通關與空運通關之不同？

海運與空運貨物通關均適用相同法規，其通關方式及稅費繳納並無不同。惟因空運貨物中，屬小件之快遞貨物居多，故特設快遞專區以為因應。茲將空運與海運貨物通關之差異列表如下。

1. 空運

    快遞專區：日間驗貨、24小時提領。

    卸貨准單：無。

2. 海運

    快遞專區：無。

    卸貨准單：非經海關申領卸貨准單，不得卸貨。

38 減讓表（schedule of concessions）

1. 係申請加入WTO所需完成之文件之一，為會員載明各項貨品得進口之條件、要件、關稅稅率及資格等各項規定之國家減讓表。
2. 提出入會申請的國家獲關稅領域，須與任何提出諮商要求的WTO會員進行雙邊諮商，並逐一簽署雙邊協議，協議之內容包括協議文、關稅減讓表及服務承諾表。

39 高峰關稅（tariff peak）

1. 又稱尖峰關稅，是GATT或WTO關稅談判時常見之工具，係指某些國家某些產品關稅遠高於其他產品關稅，若將該國關稅表內之關稅稅率逐章地在圖表上以連續線表示時，其圖形將出現明顯的高峰點綴而成連續性高原，這些高峰顯示該產品（或該類產品）較其他產品獲得較高之保護利益。
2. 高峰關稅屬相對的概念，必須與本國其他產品關稅稅率或是其他國家產品關稅比較。在目前杜哈回合農業談判中，高峰關稅的現象普遍存在於已開發國家，尤其許多糧食進口國，其農產品關稅多高於100%以上，顯示高峰關稅普遍存在，各國對農產品保護水準偏高。

40 烏拉圭回合公式（Uruguay round formula）

烏拉圭回合公式是多邊貿易談判關稅減讓重要公式之一，源自烏拉圭回合，為線性關稅削減方式之一，即設定平均削減比例，以

及單項產品的最低削減比例，並按年度平均削減關稅。此一方式的優點在於可對敏感產品實施較具彈性的關稅減讓以及在低關稅規定下，免於進一步的關稅削減。

41 零對零關稅削減（zero-for-zero tariff reduction）

係指部門別談判所採降稅方式，基於談判互惠原則，藉由關稅削減，將特定產品或部門之關稅調降至零，例如：化學品、林產品。

42 何謂關稅外配額（out-quota）

通常進口國先設定一定的關稅內配額（in-quota），在此額度內採取較低的從價稅或是從量稅，超過該額度，稱為關稅外配額（out-quota），則課徵較高的從價稅或是從量稅，有些國家會將關稅內配額額度分配與特定國家，但提高關稅外配額之稅率，造成人為的操控。

旅客通關

貨物通關　貨櫃通關

商務仲裁

1 貿易雙方當事人聲請以仲裁方式解決商務爭議時,依台灣仲裁法規定,當事人兩造得選定一人或單數之數人為仲裁人,若兩造於仲裁協議中並未約定仲裁人之選定方式,依仲裁法規定規定,仲裁人之選定方式為何?

　　根據台灣仲裁法第9條「仲裁人之約定及選定」,仲裁協議,未約定仲裁人及其選定方法者,應由雙方當事人各選一仲裁人,再由雙方選定之仲裁人共推第三仲裁人為主任仲裁人,並由仲裁庭以書面通知當事人。仲裁人於選定後30日內未共推主任仲裁人者,當事人得聲請法院為之選定。

　　仲裁協議約定由單一之仲裁人仲裁,而當事人之一方於收受他方選定仲裁人之書面要求後30日內未能達成協議時,當事人一方得聲請法院為之選定。

　　前二項情形,於當事人約定仲裁事件由仲裁機構辦理者,由該仲裁機構選定仲裁人。當事人之一方有二人以上,對仲裁人之選定未達成協議者,依多數決定之;人數相等時,以抽籤定之。

2 國際貿易上之仲裁優點有哪些?

1. 仲裁人之判斷,依仲裁法第37條規定,與法院之確定判決,具

有同一效力；一經判斷，即告確定，可使當事人減免訟累。

2. 快速：仲裁庭應於組成之日起6個月內作成判斷書；必要時，得延長3個月。

3. 專家判斷：仲裁人皆具各業專門知識或經驗之專家，可達成辦案之正確性。

4. 經濟：仲裁費比訴訟費為低，且仲裁判斷迅速結案，可節省當事人許多時間。

5. 保密：依仲裁法第23條第2項規定仲裁程序不對外公開，可確保工商業之營業祕密，仲裁詢問時仲裁人與當事人均分坐席位上，兼顧雙方顏面與尊嚴。

3 商務仲裁強制執行之停止內容與我國仲裁判斷之效力為何？

1. 在當事人聲請外國仲裁判斷後，若法院認定並無駁回的事由時，則應以裁定承認效力，並得為強行執行。

2. 若他造當事人欲停止強制執行，則須依我國仲裁法第51條第1項規定「外國仲裁判斷，於法院裁定承認或強制執行終結前，當事人已請求撤銷仲裁判斷或停止其效力者，法院得依聲請，命其提供相當並確實之擔保，裁定停止其承認或執行之程序。」

3. 依我國仲裁法第37條規定，仲裁人之判斷，於當事人間，與法院之確定判決有同一效力。但須聲請法院為執行裁定後，方得為強制執行。

4　國際貿易商務仲裁之特性為何？

1. 採一審制較司法訴訟能早日解決問題

　　「仲裁判斷」為一項確定判決，大多數國家法律均規定仲裁以一審終結，仲裁人能迅速作成判斷，並拘束當事人，因其不可以上訴，故與法院須經一定程序至終審確定判決，曠日廢時者不同。

2. 可確守商業之機密不虞外洩

　　「訴訟」係以公開裁判為原則，而「仲裁」則係以非公開之方式進行。如此，企業在經營業務策略上之機密，包括：專利權或技術祕訣（know how）等機密將無外洩之虞。

3. 費用固定又便宜

　　「法院訴訟」之期間不僅太長，而且當事人非具備有法律之專門知識不可，聘請律師之訴訟費用不貲，而「仲裁」係以專家學者為仲裁人，仲裁判斷確定，該費用有一定之標準，而且是可以事先估定。

5 外國仲裁之判斷效力為何？

1. 外國仲裁判斷之意義

　　根據我國仲裁法第47條第1項規定，凡在中華民國領域外作成之仲裁判斷，為外國仲裁判斷，可見我國亦採「仲裁舉行地」主義，即只要仲裁判斷是在我國領域外作成，皆稱為外國仲裁判斷。

2. 外國仲裁判斷在我國的執行力

　　外國仲裁判斷須先由當事人向我國法院聲請承認後，方取得執行力。

3. 外國仲裁判斷之聲請承認，應向法院提出聲請狀，並附具下列文件：

　　(1) 仲裁判斷書之正本或經認證之繕本。

　　(2) 仲裁協議原本或經認證之繕本。

　　(3) 仲裁判斷適用外國仲裁法規、外國仲裁機構仲裁規則或國際組織仲裁規則者，其全文。

6 在貿易上一般是和氣生財，避免發生不愉快的糾紛，但偏偏索賠易糾紛無法避免，請列出解決方式。

　　目前一般對於貿易糾紛之處理方式，通常是由糾紛當事人自行交涉，或是透過糾紛當事人以外的第三者居間方式，包括協調、調停、商務仲裁以及司法訴訟等方式加以解決。

1. 當事人之「直接交涉」

　　一般在國內交易如果發生商務索賠糾紛時，往往買賣當事人自行和解了事，所以一旦糾紛發生，買賣當事人可以考慮直接進行交

涉，互相磋商處理，以求圓滿解決問題。

2. 糾紛案之「協調」

所謂「協調」，亦即糾紛當事人以外之第三者居間調解當事人之爭執，使雙方當事人作成互相讓步之決定，藉以謀求合理解決糾紛，欲求以「協調」方式來解決處理糾紛問題，唯有賴雙方當事人互相讓步，才能順利進行。不過，縱然以「協調」方式透過第三者居間調解，因其協議不具司法強制力，當事人一方對他方無法請求強制執行。

3. 糾紛案之「調停」

所謂「調停」指糾紛當事人雙方選擇公正第三者為「調停人」（或調停委員會），並接受「調停人」（或調停委員會）所提具體解決方案（調停方案）以解決貿易糾紛之方法。但「調停方案」因為對於糾紛當事人不發生法律拘束力，當事人雙方並無接受之義務。因此，倘當事人拒絕受理「調停方案」，糾紛還是無法解決。惟其較「仲裁」或「訴訟」方式，在程序上較為簡便。

4. 商務仲裁

所謂「仲裁」是由買賣當事人同意遴選公正第三者（即仲裁人），並委任仲裁人以第三者立場，根據當事人所提供證物資料等，由仲裁人作公正合理之判斷，使當事人服從裁定，以解決處理貿易糾紛之一種私的裁判。

7 國際貿易契約內容原則上應包含契約有效期、契約之終止與消滅、不可抗力條款、契約之轉讓、仲裁條款、裁判管轄、準據法、完整契約條款、契約修正條款、通知條款等。當國際貿易發生糾紛時，可選擇仲裁以利省時、省錢、省力地解決糾紛。試問依據台灣「仲裁法」第37條第2項規定，仲裁判斷應如何方得為強制執行？或仲裁判斷應如何，得逕為強制執行？

依據台灣「仲裁法」第37條第2項規定，仲裁判斷，須聲請法院為執行裁定後，方得為強制執行。但合於下列規定之一，並經當事人雙方以書面約定仲裁判斷無須法院裁定即得為強制執行者，得逕為強制執行：

1. 以給付金錢或其他代替物或有價證券之一定數量為標的者。
2. 以給付特定之動產為標的者。

前項強制執行之規定，除當事人外，對於下列之人，就該仲裁判斷之法律關係，亦有效力：

1. 仲裁程序開始後為當事人之繼受人及為當事人或其繼受人占有請求之標的物者。
2. 為他人而為當事人者之該他人及仲裁程序開始後為該他人之繼受人，及為該他人或其繼受人占有請求之標的物者。

8 仲裁人的資格與不得為仲裁人之情形為何？

1. 依仲裁法第5條規定仲裁人應為自然人。當事人於仲裁協議約定仲裁機構以外之法人或團體為仲裁人者，視為未約定仲裁人。
2. 具有法律或其他各業專門知識或經驗，信望素孚之公正人士，

具備下列資格之一者，得爲仲裁人：

(1) 曾任實任推事、法官或檢察官者。

(2) 曾執行律師、會計師、建築師、技師或其他與商務有關之專門職業人員業務5年以上者。

(3) 曾任國內、外仲裁機構仲裁事件之仲裁人者。

(4) 曾任教育部認可之國內、外大專院校助理教授以上職務5年以上者。

(5) 具有特殊領域之專門知識或技術，並在該特殊領域服務5年以上者。

3. 有下列各款情形之一者，不得爲仲裁人：

(1) 犯貪汙、瀆職之罪，經判刑確定。

(2) 犯前款以外之罪，經判處有期徒刑1年以上之刑確定。

(3) 經褫奪公權宣告尙未復權。

(4) 破產宣告尙未復權。

(5) 受監護或輔助宣告尙未撤銷。

(6) 未成年人。

9　請列舉兩個世界主要仲裁機構。

1. 國際商會仲裁院（ICC）

國際商會仲裁院（The International Court of Arbitration of International Chamber of Commerce）。在國際商事仲裁領域，ICC是最具影響的仲裁機構。

其成立於1923年，屬於國際商會的一部分。國際商會仲裁院的成立也是延續其促進和維護國際商事活動的目的。

2. 美國仲裁協會

　　美國仲裁協會英文名為：American Arbitration Association.英文簡稱為：AAA。美國仲裁協會成立於1926年，是一個非盈利性的為公眾服務的機構。美國仲裁協會的目的在於，在法律的許可的範圍內，透過仲裁，調解，協商，民主選擇等方式解決商事爭議。美國仲裁協會的受案範圍很廣範，從國際經貿糾紛，到勞動爭議，消費者爭議，證券糾紛，無所不包。

10 台灣國際商務之仲裁判斷及其種類為何？

1. 所謂仲裁判斷（arbitration award）係指仲裁庭根據當事人仲裁協議條款所指定之仲裁範圍，按照當事人約定之仲裁規則及實定法，經仲裁人以獨任或合意方式所作出之判斷。

2. 按判斷作出之時間、範圍，及當事人是否全部參加仲裁等因素，其種類可區分為：(1)中間判斷（interlocutory award）、(2)部分判斷（partial award）、(3)終局判斷（final award）及(4)缺席判斷（default award）四大類，茲分述如次：

　(1) 中間判斷

　　　中間判斷又稱之為臨時判斷，係指於仲裁過程中應當事人請求並經仲裁庭同意，或者仲裁庭認為有必要時，於案件之終局判斷作出前，先就案件之程序性問題所作出之判斷。因此，其最大關鍵為中間判斷之標的，絕不可涉及當事人之責任分配或實體權益問題。此種判斷作出方式，近年來以為許多國際常設仲裁機構所採行，並於其仲裁規則中明定仲裁庭有此一權限。

(2) 部分判斷

　　部分判斷，係指仲裁庭於作出終局判斷前，對已審理完竣之部分實體問題，為利繼續審理其他爭議事項，所為之仲裁判斷。不過部分判斷之效力不得違背終局判斷之結果，且其判斷事項與內容須於終局判斷中明示。由於部分判斷係針對實體爭議所作出者，因此其於判斷範圍內，與終局判斷具同一之效力。

(3) 終局判斷

　　終局判斷，係指仲裁對爭議內容完成審理後所作出之仲裁判斷。終局判斷一旦完成，該判斷即對當事人產生如同法院判決之既判力，同時仲裁庭之管轄權即告消滅，當事人對判斷結果縱有不符，亦無法再向仲裁庭提出，僅於該判斷結果經當事人之一造聲請有管轄權法院承認與執行時，受不利判斷之當事人始得提起撤銷判斷之訴。

　　由此可知，終局判斷與部分判斷最大之分野，在於僅終局判斷方得有權向管轄法院提起承認與執行聲請之標的，此亦經各國國內法所限制與確認。

(4) 缺席判斷

　　缺席判斷，係指一造當事人經合法通知，又無正當理由不到庭之情形下，仲裁庭在仲裁過程中或審理終結後所作出之仲裁判斷。就法律性質而言，缺席判斷並非獨立之判斷類型，而僅用於說明判斷作出之方式，因此，缺席判斷之情形可能發生於上述三種判斷作出之過程中。

　　一般而言，仲裁之基礎為當事人間之仲裁合意，因此仲裁審理過程中，當事人應受到對等之程序重視，俾使雙方得到庭

對自己有利或不利之部分進行主張或抗辯，或就雙方提示之證據進行確認。

但於仲裁實務上，當事人可能因預見不利結果而拒不到庭，若未以法令授權仲裁庭，在當事人未全部出席之情況下得作出仲裁判斷，則可能造成當事人之一造以此作爲干擾仲裁程序進行之手段，反不利仲裁制度之建立，因此，各國仲裁法律率多明定，只要仲裁庭能具體證明未出庭之當事人確經合法通知，且其缺席未敘明理由，或理由不正當時，仲裁庭即可在當事人缺席之情況下，繼續進行仲裁程序，並在現有之證據基礎上作出判斷。不過於此需特別強調，缺席判斷適用之重點，在於缺席之當事人於仲裁程序進行中，業經「合法通知」有案。若仲裁庭無法就前開「合法通知」一節爲完全舉證，則該缺席判斷即爲瑕疵仲裁判斷，當事人若持該判斷向「紐約公約」締約國法院，或我國法院請求承認與執行時，相對人自得依「紐約公約」第36條第1項第1款第2目，或我國「仲裁法」第50條第1項第3款之規定，請求法院撤銷該仲裁判斷。

11 國際貿易契約內容原則上應包含契約有效期、契約之終止與消滅、不可抗力條款、契約之轉讓、仲裁條款、裁判管轄、準據法、完整契約條款、契約修正條款、通知條款等。當國際貿易發生糾紛時，可選擇仲裁以利省時、省錢、省力地解決糾紛。試問依據我國「仲裁法」第37條第2項規定，仲裁判斷應如何方得為強制執行？或仲裁判斷應如何，得逕為強制執行？

依據我國「仲裁法」第37條第2項規定，仲裁判斷，須聲請法院為執行裁定後，方得為強制執行。但合於下列規定之一，並經當事人雙方以書面約定仲裁判斷無須法院裁定即得為強制執行者，得逕為強制執行：

1. 以給付金錢或其他代替物或有價證券之一定數量為標的者。
2. 以給付特定之動產為標的者。

前項強制執行之規定，除當事人外，對於下列之人，就該仲裁判斷之法律關係，亦有效力：

(1) 仲裁程序開始後為當事人之繼受人及為當事人或其繼受人占有請求之標的物者。

(2) 為他人而為當事人者之該他人及仲裁程序開始後為該他人之繼受人，及為該他人或其繼受人占有請求之標的物者。

12 何謂專案仲裁（adhoc）？

當事人之間就某一爭議事件，直接合意由特定的仲裁人（一或三人）組成仲裁庭，不經仲裁機構的協助或管理下，自行進行相關仲裁程序，並作出仲裁判斷。在實務上，此種仲裁方式很少見。

13 據美國專利機構FOSS Patents報導，美國法院曾於2012年已敲定蘋果與三星於2012年5月21、22日參加在舊金山地方法院召開的和解會議，以解決雙方的專利糾紛。聖荷西聯邦法院法官高蘭惠日前下令，希望蘋果與三星能夠尋求「替代性解決糾紛」（Alternative Dispute Resolution）機制，以解決雙方專利訴訟，請說明何謂「替代性解決糾紛」（Alternative Dispute Resolution）機制。

所謂替代性糾紛解決機制（Alternative Dispute Resolution，簡稱ADR）是指由美國聯邦貿易委員會所訂透過第三者協助解決糾紛的協調機制，美國的業界為避免延宕且昂貴的法庭之爭，分採ADR解決複雜商業糾紛。考慮以此方式快速解決糾紛案件或針對某些事務作保密處理。

以ADR解決國際貿易糾紛的形式有以下幾種：

1. 和解。
2. 調解。
3. 調停。
4. 小型審理。
5. 無拘束力仲裁（non-binding Arbitration）：在非拘束性仲裁時，仲裁者將聆聽雙方法制上的爭議點，檢視其證據，然後提出意見給雙方，然而該意見雙方並無義務要遵守，但他們可以依此建議來進行協商。
6. 爭議審查委員會。
7. 專家意見。

8. 圓桌式的解決會議。

其中，和解是指：當事人約定相互讓步以中止爭執或防止爭執發生的契約（類似我民法第736條）。調解是指：法院於兩造法律關係有爭執時，在未起訴前從中調停排解，使爲一種合意，以避免訴訟之程序。調停是指在一私人且祕密的過程中，由一位公正人士（非法官）協助糾紛當事人鑑定與澄清相關問題並且達成協議。

14 何謂DOCDEX Rules No.811？

1. 所謂DOCDEX是由ICC所訂，並於2002年以第811號出版物另訂「跟單票據爭議專家解決規則」，簡稱DOCDEX Rules No.811。

2. 據此規則，信用狀當中的任何一方當事人與其他當事人就信用狀產生了爭議，可以向國際商會設在法國巴黎的國際專業技術中心提出書面申請，由該中心在銀行委員會提名的一份專家名單中指定三名專家，在審理全過程，專家小組對所有與「跟單票據爭議專家解決規則」案件有關的訊息和文件嚴格保密。根據當事人陳述的案情和有關書面材料，經與銀行委員會的技術顧問協商後，就如何解決單證或票據爭議以該中心的名義做出決定，每件專家費用原則爲美金五千元；稱爲DOCDEX裁定（decision）。「跟單票據爭議專家解決」服務成本是在附錄中規定的標準費用。標準費用是不可返還的。在例外情況下，可能要支付附加費，「中心」根據爭議案件的複雜程度與附錄中「附加費」所規定的最高限額決定附加費。

3. 被申請人可針對申請人的申請書提交答辯書。被申請人可能是

申請書中列明的爭議的一方或多個當事方，答辯書可由每個被
申請人單獨提交或多個被申請人共同提交。答辯書必須在「中
心」的申請確認函規定的期限內送達「中心」（第5條）。答
辯書及隨附所有文件一式四份應提供給設在法國巴黎的「中
心」。

4. DOCDEX是傳統的仲裁或訴訟以外的最新發展起來的一種快捷
高效的票據糾紛解決方式。

15 國際貿易上有所謂WTO爭端解決機構DSB，其效益如何？

1. WTO在2002年2月成立爭端解決機構，並由會員國簽署「爭端解
決規則與程序了解書」（Understanding on Rules and Procedures,
Govering the Settlement of Dispute），以解決會員國間的爭議。

2. WTO爭端解決之目的，係在促使當事國遵守建議或裁決之要
求，以解決國際經貿爭議。不同於GATT1947時代，WTO之DSB
設有監督爭端裁決執行之體系，以確保會員措施能符合WTO的
規定。

3. WTO的成功運作，乃因創設獨特的法律體制，尤其是DSB的高
效率運作，使WTO的會員國必須遵守DSB裁定，不同國家不同
利益集團履行DSB，即屬於履行加入WTO所負之義務。此種
爭端解決機制並非一個「自我封閉」的法律體制，但卻是「自
給自足」或「自成一體」的機制，在國內法的爭端解決機制和
WTO爭端解決機制並存中，DSB是建立於特定國家之間的協
議，但擁有自己的一套執行體系，違反WTO協定者按國際協定

的規定負責，促使國家願意履行條約義務，故可以說履行DSB
裁定是遵守條約之結果。

16　爭端解決機構（Dispute Settlement Body, DSB）

　　係在WTO總理事會下成立之機構，負責執行「爭端解決規則
與程序瞭解書」（DSU）所規定之職責，除內括協定另有規定外，
該機構管理內括協定有關諮商及爭端解決之規定。爰此，DSB有權
設立爭端解決小組、採認小組及上訴機構之報告、監督裁決及建議
之執行，並得授權暫停依內括協定所為之減讓及其他義務。

17　非違反協定之控訴（non-violation complaints）

1. 當一多邊貿易協定會員國措施未違反WTO多邊貿易協定，但其
他會員國利益仍因該行為而被剝奪或減損時，受損之其他會員
仍可以提出控訴，此一控訴稱為非違反協定之控訴。
2. 指控國欲透過非違反協定控訴獲得補償時，該被指控會員的作
為所造成的衝擊，必須是無法預料的。

18　何謂Cross-retaliation？

　　交叉報復（Cross-retaliation）係主張，例如：某一協定下之權
利被侵害之世界貿易組織會員，應有在某些情況下，對違反上述協
定之會員在其他協定下實施報復之可能性。世界貿易組織爭端解決
了解書即容許此一可能性。

19 何謂Cross-compensation？

交叉補償（Cross-compensation）為爭端解決之一部分，例如：被認定違反承諾之世界貿易組織會員國雖未撤回其措施或行為，但提供其他貿易領域之補償以代替之。

20 何謂Ceiling bindings？

關稅約束上限（Ceiling bindings）係指世界貿易組織中所有或大多數部門之特定關稅，通常在適用關稅稅率之上有一緩衝區。關稅約束通常是談判之結果，承諾受關稅約束之會員負有法律上之義務，不得提高其受到拘束之關稅水準。

21 何謂Cascading tariffs？

階梯式提高關稅（Cascading tariffs）可用以形容關稅級距。對製成品之零件課以較低之關稅，再依加工程度之增加提高關稅。其目的在於盡可能地增加在國內方面的價值。

第 18 章

貿易索賠

1 國際貿易索賠（claim）的意義及其發生的原因為何？

1. 索賠（claim）是指出進口交易中，因一方違反契約規定，直接或間接造成另一方有所損失，而損害的一方向違約方提出賠償要求。

2. 索賠的原因包括：

   (1) 信用不佳

   因交易對手信用不佳，不確實覆行契約義務，導致另一方遭受損害而提出索賠，這是最常見的索賠原因。

   (2) 契約條件不完備或用辭模稜兩可

   買賣雙方訂約未盡周詳，契約內容不夠完備或契約用辭模稜兩可，無明確定義，致履約發生問題時無法依約解決，亦為索賠發生的原因。

   (3) 法規慣例不一致

   各國經貿發展背景不同，外匯貿易管制情況互異，常因貿易法規慣例不一致，造成貿易遵循立場的困擾。

   (4) 語言文字不同（溝通落差）

   語言文字了解程度難以一致，致使雙方交易條件無法正確表達溝通，滋生執行上的偏差。

⑸ 不可抗力事故

　　例如：因天災致無法如期交貨，或因政策法令變動而無法順利匯出貨款，只要契約中有訂明不可抗力事故條款，這類索賠通常較易解決。

② 何謂商業行為之索賠？

　　係指貿易契約當事人，或由賣方向買方提起，或由買方向賣方提起，前者為賣方索賠；後者為買方索賠；例如：買方不開發信用狀，不履行付款義務，賣方不履行交貨義務，品質不符，數量不符，遲延裝船等。又買方的索賠中，有所謂市場性索賠，即由於輸入價格下跌時，買方故意以無關緊要的缺點為由，提出減價要求，以圖轉嫁虧損的不正當之索賠行為。上述所提到的買方索賠與賣方索賠，又可再細分為可避免索賠及不可避免的索賠兩類。

1. 可避免的索賠

　　係指當事人予以相當的注意和用心，事前可以充分避免的索賠。前者如不故意交運不良貨品，不無故遲延裝船，市價上漲時照常交貨，市價下跌時，不隨便取消訂貨等；後者如慎選交易對象，洽商或簽約時小心謹慎，履約時應付予最大的注意和用心等。

2. 不可避免的索賠

　　係指買賣雙方已盡善意與善心，但不幸由於商務往來上的錯誤，或非常不得已的過失，以致可能會發生索賠情事。是故選擇優良顧客亦可減少貿易糾紛的困擾。

3 國際貿易數量索賠常見的三種發生原因為何？

1. 短交、短卸

　　卸貨時發現貨物數量與提單所載不符，即保險上的遺失。該由誰來提出索賠，可由交易條件來界定。若交易條件以裝貨數量為準時，由買方承擔損失，故由買方向船公司提出索賠；若以卸貨數量為準時，則為由賣方向船公司提出索賠。

2. 短裝、漏裝

　　貨物開箱後發現與裝箱單所載不符有短少現象；或是價款已列入發票，但未列入包裝單，經開箱檢驗後也無此項貨物存在。從短裝方面來看，賣方若欲免除其責任，則需提出相反的證明。若從漏裝方面來看，賣方應當負起此責任。

3. 短少、短失

　　可分為重量短少和內容短少兩種。指包裝單及出口公證報告均已列明裝運，但到貨後發現貨物發生短少，短少的原因可能是因為賣方的惡意行為，或是包裝不全使在裝卸過程中發生散失，又或是在運送過程中遭到挖竊。

4 國際貿易包裝索賠常見的損失為何？

　　一般以包裝不良作為理由的索賠稱為包裝索賠：

　　包裝不良可能使買方遭受到的損失情形一般有三類：

1. 貨物因包裝不善導致損壞和短缺。
2. 如果貨物是連包裝一起轉售時，貨價可能因此受到損失。
3. 在運送過程中，如因需重新包裝或修復貨物時，買方則需在提貨時多付出這筆費用。包裝方法錯誤可能違反進口國家的法令

規章，導致買方在通關時發生困難，因此買方可以包裝不符為由，向賣方提出索賠。

5 國際貿易上之運輸索賠及其損害通知與期限為何？

1. 損害通知及期限

海商法第100條規定，貨物一經有受領權利人受領，視為運送人已依照載貨證券之記載，交清貨物。但有下列情事之一者，不在此限：

(1) 提貨前或當時，受領權利人已將毀損滅失情形，以書面通知運送人者。

(2) 毀損滅失不顯著而於提貨後3日內，以書面通知運送人者。

(3) 在收貨證件上，註明毀損或滅失者。

2. 索賠文件

貨主向承運人索賠時，應檢其下列文件：

(1) 索賠函（claim letter）。

(2) 附屬文件：提單正本或副本、公證報告或短損報告（damage and shortage report）、商業發票、包裝單、借項單（debit note）等。

3. 損害賠償的起訴期限

貨物受損，受損數量及金額一經確定後，即可向運送人提出正式索賠。

如發生爭議，貨主欲向承運人提起訟訴，依海商法第100條規定，應自貨物受領之日或自應受領之日起1年內提起訴訟，否則該損害賠償請求權即消滅。

6 國際貿易保險索賠應如何處理？

1. 備妥損失證明及通知。

2. 確實控管索賠權時效。

貨物抵埠，自承運船隻卸下後，應儘速提貨，至遲應於卸貨完畢之日起60日內提貨，以免逾越保險單時限。另依海商法第192條規定「要保人或被保險人自接到貨物之日起1個月不將貨物受損害通知保險人或其代理人時，視為無損害」。

3. 向事故責任人索賠

   (1) 索賠文件需齊全

   索賠進行採證據主義。辦理索賠時，除需發出索賠函件外，並應同時檢附相關單據。例如：索賠計算書、保險單、公證報告、提單、商業發票、包裝單、事故證明文件。

   (2) 國際貨物運送保險屬航程保險，因此除非於要保時有特別約定，否則保險人的賠償責任於貨物運交目的地予收貨人時，即告終止。

7 《漢堡規則》與《海牙規則》的適用範圍有何不同？

該規則適用於兩個不同國家間所有海上貨物運輸合約，且海上貨物運輸合約中規定的裝貨港或卸貨港位於其一締約國之內，或備選的卸貨港之一為實際卸港並位於某一締約國內；或者，提單或作為海上貨物運輸合約證明的其他單證在某締約國簽發；或者提單或作為海上貨物運輸合約證明的其他單證規定，合約受該規則各項規定或者使其生效的任何國家立法的管轄。同《海牙規則》一樣，《漢堡規則》不適用於租船合同，但如果提單根據租船合約簽發，並調整出租人與承租人以外的提單持有人之間的關係，則適用該規則的規定。

8 《漢堡規則》與《海牙規則》有關索賠與訴訟時效有何不同？

1. 索賠通知及訴訟時效

《海牙規則》要求索賠通知必須由收貨人在收到貨物之前或收到貨物當時提交。如果貨物損失不明顯，則此通知限於收貨後3日內提交。《漢堡規則》延長了上述通知時間，規定收貨人可在收到貨物後第一個工作日將貨物索賠通知送交承運人或其代理人，當貨物滅失或損害不明顯時，收貨人可在收到貨物後的15日內送交通知。同時規定，對貨物遲延交付造成損失，收貨人應在收貨後的60天內提交書面通知。

2. 訴訟時效

《漢堡規則》第20條第1款和第4款分別規定：「按照本公約有關運輸貨物的任何訴訟，如果在2年內沒有提出司法或仲裁程

式，即失去時效。」「被要求賠償的人，可以在時效期限內任何時間，向索賠人提出書面聲明，延長時效期限，還可再一次或多次聲明再度延長該期限。」可見，《漢堡規則》與《海牙規則》和《維斯比規則》相較，索賠和訴訟時效期間既作了延長，又體現了其更為靈活的特點。

3. 管轄權和仲裁的規定

《海牙規則》、《維斯比規則》均無管轄權的規定，只在提單背面條款上訂有由船公司所在地法院管轄的規定，此一規定顯然對託運人、收貨人極為不利。《漢堡規則》第21條規定，原告可在下列法院選擇其一提起訴訟：⑴被告主要營業所所在地，無主要營業所時，則為其通常住所所在地；⑵合約訂立地，而合約是透過被告在該地的營業所、分支或代理機構訂立；⑶裝貨港或卸貨港；⑷海上運輸合同規定的其他地點。

此外，海上貨物運輸合約當事人一方向另一方提出索賠之後，雙方就訴訟地點達成的協議仍有效，協議中規定的法院對爭議具有管轄權。《漢堡規則》第22條規定，爭議雙方可達成書面仲裁協議，由索賠人決定在下列地點之一提起：⑴被告的主要營業所所在地，如無主要營業所，則為通常住所所在地；⑵合約訂立地，而合約是透過被告在該地的營業所、分支或代理機構訂立；⑶裝貨港或卸貨港。⑷雙方也可在仲裁協議中規定仲裁地點。仲裁人或仲裁庭應按該規則的規定來處理爭議。

9 隱藏性貿易限制（disguised trade restriction）

係指有些WTO會員之國內措施，外表看似公平合理，實際上

隱藏了對貿易限制目標的追求。依據以往實務見解，WTO貿易與環境委員會從相關小組與上訴機構裁決中整理出三項檢驗GATT第20條前言「隱藏性貿易限制」的判斷標準：

1. 該措施是否經公告；
2. 該措施是否亦構成專斷或不合理歧視；
3. 該措施的設計、構造與外觀結構是否具有貿易限制的實際效果。

10 何時國內廠商可申請進口救濟？

貨品因輸入增加，致國內生產相同或直接競爭產品之產業，遭受嚴重損害或有嚴重損害之虞者，有關主管機關、該產業或其所屬公會、工會或相關團體，得向主管機關申請產業受害之調查及進口救濟。

11 何時政府會課徵平衡稅或反傾銷稅？

外國以補貼或傾銷方式輸出貨品至我國，對我國競爭產品造成實質損害、有實質損害之虞或對其產業之建立有實質阻礙，經經濟部調查損害成立者，財政部得依法課徵平衡稅或反傾銷稅。

12 我國進出口人有何種情形，經濟部國際貿易局得停止其輸出入貨品，但停止原因消失時，應立即回復之？

1. 輸出入貨品侵害我國或他國之智慧財產權，有具體事證。
2. 未依第21條第1項規定繳納推廣貿易服務費。

3. 自行停業或他遷不明。

　　因前項第1款情形而停止輸出入貨品之期間，不得超過1年。

13 可控訴補貼（actionable subsidy）

1. 依《補貼及平衡措施協定》之規定，補貼措施可分爲非禁止性補貼措施及可控訴之補貼二類。
2. 當會員使用補貼措施對另一會員國內產業或其利益造成損害時，該補貼措施可能構成違法，因此成爲可控訴之補貼措施。
3. 會員可透過WTO爭端解決機制（DSM）尋求解決，或者進口國可以實施平衡措施，調整因補貼而引起的貿易效果，惟進口國實施可控訴之補貼所引起的貿易不利效果，應由進口國負責舉證。

　　《補貼及平衡措施協定》中規定，若補貼造成如下列舉之不利效果，則該補貼成爲可控訴之補貼：(1)對其他會員國內產業造成損害；(2)會員在WTO所享有的利益受到剝奪和減損；(3)對其他會員利益造成嚴重損害。

14 國際貿易海運發生貨損索賠的原因為何？

1. 貨物短少（shortage）。
2. 貨物滅失，包括貨櫃落海以及其沿生之共同海損問題。
3. 貨物遺失、遭竊（missing、pilferage）。
4. 貨物誤裝、誤送、或出整櫃因託運人使用貨櫃不當產生之貨櫃損害、洗櫃費損失。
5. 無單放貨，一般是國外代理人之錯誤造成。

6. 貨物未提領。

7. 貨物因出口商申報不實遭進口國海關扣押。

8. 貨物毀損，包括破損、受撞、遭擠壓、海水濕（海上運輸）以及淡水濕（陸上運輸、拆併櫃或倉儲）。

9. 貨物運送遲延。

15 貨損索賠案件之求償時效規定。

　　貨物有無在時效內求償，依照海商法第56條第2項之規定：貨物一經有受領權利人受領，推定運送人已依照載貨證券之記載，交清貨物。但有提貨之前或當時，毀損滅失經共同檢定，作成公證報告書者，不在此限。貨物之全部或一部份毀損、滅失者，自貨物受領之日或自應受領之日起，一年內未起訴者，運送人或船舶所有人解除其責任。

五南圖解財經商管系列

書號：1G92
定價：380元

書號：1G89
定價：350元

書號：1MCT
定價：350元

書號：1G91
定價：320元

書號：1F0F
定價：280元

書號：1FRK
定價：360元

書號：1FRH
定價：360元

書號：1FW5
定價：300元

書號：1FS3
定價：350元

書號：1FTH
定價：380元

書號：1FW7
定價：380元

書號：1FSC
定價：350元

書號：1FW6
定價：380元

書號：1FRM
定價：320元

書號：1FRP
定價：350元

書號：1FRN
定價：380元

書號：1FRQ
定價：380元

書號：1FS5
定價：270元

書號：1FTG
定價：380元

書號：1MD2
定價：350元

書號：1FS9
定價：320元

書號：1FRG
定價：350元

書號：1FRZ
定價：320元

書號：1FSB
定價：360元

書號：1FRY
定價：350元

書號：1FW1
定價：380元

書號：1FSA
定價：350元

書號：1FTR
定價：350元

書號：1N61
定價：350元

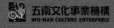
五南文化事業機構
WU-NAN CULTURE ENTERPRISE

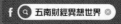
f 五南財經異想世界

國家圖書館出版品預行編目資料

速讀國貿實務精華：最好吸收的國貿問答
錦集／王有康，童中儀，黃振瑩著. －－
初版. －－臺北市：五南, 2018.03
　　面；　公分.
ISBN 978-957-11-9568-1（平裝）

1.國際貿易實務

558.7　　　　　　　　　　106025543

1068

速讀國貿實務精華：最好 吸收的國貿問答錦集

作　　者 ― 王有康　童中儀　黃振瑩

發 行 人 ― 楊榮川

總 經 理 ― 楊士清

副總編輯 ― 張毓芬

責任編輯 ― 紀易慧

封面設計 ― 戴湘琦Kiki

插畫設計 ― 吳靜芳

文字校對 ― 許宸瑞

出 版 者 ― 五南圖書出版股份有限公司

地　　址：106台北市大安區和平東路二段339號4樓

電　　話：(02)2705-5066　　傳　真：(02)2706-6100

網　　址：http://www.wunan.com.tw

電子郵件：wunan@wunan.com.tw

劃撥帳號：01068953

戶　　名：五南圖書出版股份有限公司

法律顧問　林勝安律師事務所　林勝安律師

出版日期　2018年3月初版一刷

定　　價　新臺幣560元